目 录

第二章 女皇的时代

古 月 ◎ 著

盛唐烟云

叁

凤舞九天

中国铁道出版社有限公司
CHINA RAILWAY PUBLISHING HOUSE CO., LTD.

图书在版编目（CIP）数据

唐盛唐衰 . 叁，凤舞九天 / 古月著 . —北京：中国铁道
出版社有限公司，2024.8
ISBN 978-7-113-31288-6

Ⅰ . ①唐… Ⅱ . ①古… Ⅲ . ①中国历史—唐代—通俗
读物 Ⅳ . ① K242.09

中国国家版本馆 CIP 数据核字（2024）第 106321 号

书　　名	**唐盛唐衰（叁）：凤舞九天**
	TANG SHENG TANG SHUAI (SAN)：FENGWU JIUTIAN
作　　者	古　月

策划编辑	王晓罡		
责任编辑	马慧君	电　　话	（010）51873005
封面设计	尚明龙		
责任校对	苗　丹		
责任印制	赵星辰		

出版发行：中国铁道出版社有限公司（100054，北京市西城区右安门西街 8 号）
网　　址：http://www.tdpress.com
印　　刷：河北燕山印务有限公司
版　　次：2024 年 8 月第 1 版　2024 年 8 月第 1 次印刷
开　　本：710 mm×1 000 mm　1/16　印张：15　字数：231 千
书　　号：ISBN 978-7-113-31288-6
定　　价：88.00 元

第六章 饱暖思淫欲

后 记

【第一章】 唐周交替

主角：武媚娘

配角：李显、李旦、李元嘉、李敬业、裴炎、骆宾王、狄仁杰、武承嗣、武三思、怀义和尚、周兴、来俊臣、丘神勣等

事件：李治驾崩后，武媚娘更加肆无忌惮，稳稳坐定政治舞台上的第一把交椅，甚至容不下自己的亲儿子当皇帝，废掉一个，再立一个，每一个都是傀儡，有很多人看不惯她这样折腾，用各种方式进行反抗，在此过程中流血冲突不止，有志之士层出不穷，当然也不乏想要浑水摸鱼的野心家。

要想毁掉李唐根基，重新建立一套属于自己的系统绝非易事，对于这一点武媚娘认识得很深刻，她豢养大量酷吏充当鹰犬，这群酷吏杀伤力极强，在武媚娘指挥下清理掉前进路上的荆棘。在李家子孙已是所剩无几之时，武媚娘终于登上皇帝宝座，成为中国历史上第一位公认的、名正言顺的女皇帝。

不如昙花的皇帝

唐高宗李治驾崩，太子李显（原名李哲）即位，庙号为唐中宗。

李显是李治的第七个儿子，武媚娘的第三个儿子。

李显当上皇帝的第一件事是尊天后武媚娘为皇太后，这样做合情合理，历朝历代均是如此，但是，把政事交给皇太后全权负责就显得有些让人难以接受。

此时，朝廷内外、举国上下，权力最大的莫过于武媚娘，武媚娘也知道自己处在权力的顶峰，只不过脚跟还不是很稳，还需要做些安抚工作。例如，现在的韩王李元嘉根红苗正，威望也高，他若是振臂一呼，说不定会带来不少麻烦。因此，武媚娘为李元嘉加官晋爵，保其稳定。（李元嘉是高祖李渊的儿子，太宗李世民的弟弟。）

李显虽然没什么大权，但还是个皇帝，多少还有些权力，刚坐上皇位，就提升皇后的老爹韦玄贞为豫州刺史（管辖今河南省部分地区）。

没过几天，李显想把岳父提拔成侍中，当上侍中可就是进了宰相圈，宰相责任重大，并不是谁都能当的，当不好会祸国殃民。

除了要提拔岳父，李显还打算给自己奶妈的儿子授个五品官。

李显这样做应该是有一定想法的，既能照顾亲戚，又能安插一些自己人在重要位置上，好跟皇太后抗衡。

皇帝的言谈举止实在出格，中书令裴炎不得不站出来制止。

对于裴炎阻止自己提拔韦玄贞的做法，李显暴跳如雷，放出浑话："这个天下我都可以交给韦玄贞，难道还舍不得一个侍中的职位！"

裴炎无法阻止李显胡作非为，但有人能。以目前武媚娘具备的实力，收拾李显很轻松，她可是做大事的人，对儿子也不会手软，如此合理的借口摆在眼前怎能不用？于是，她便开始策划废帝。

李显的胆子也忒大了，难道他不明白这个天下仅仅在名义上是他的，实质上和他就没什么关系，那是他妈的天下，他敢拿他妈的天下送人，他妈会怎么想！

当上皇帝的李显自以为够强大，忘记两个哥哥是怎么被弄死和被弄得生不如死的，武媚娘的手段是何其高明与残忍，李显此举明摆着是找死！

公元684年2月，武媚娘在乾元殿召集文武百官开会，命令裴炎、刘祎（yī）之、程务挺、张虔勖等亲信带兵入宫，一切准备妥当之后，宣布太后命令——废除李显帝号，降级为庐陵王。

此时的李显尚未缓过神来，傻乎乎地大喊："我犯了什么罪？为什么不让我当皇帝？"

"你想把天下交给韦玄贞，所以不配坐这龙椅。"这是太后给他的答案。

整个过程极其简单，除李显本人高分贝但毫无效果的呼喊之外，没有遇到丝毫阻拦，武媚娘的强大可见一斑。

李显在公元683年12月即位，公元684年2月下台，仅仅当了两个月左右的皇帝，如同昙花般一现而凋谢。

确切地说，李显并不如昙花，昙花盛开虽然短暂，但绽放之时洁白如雪、淡香怡人，李显当这几十天的皇帝除了提拔岳父之外，就再也没做过什么了。

打击和安抚

李治和武媚娘生的四个儿子已经有三个被迫害，武媚娘一琢磨，不能厚此薄彼啊，把老四也拉出来遛遛吧。

公元684年2月，李旦即位，庙号为唐睿宗。（李旦是李治的第八个儿子，武媚娘的第四个儿子。）

跟中宗比起来，睿宗更惨，名义上叫皇帝，实际上除了能把媳妇刘王妃升级成刘皇后之外就啥也干不了了。

现在的武媚娘不但可以光明正大地临朝，而且权力更加集中，朝廷内外大事小情全由她一人说了算，李旦是个完完全全的傀儡皇帝。

武媚娘对这次权力交接很满意，但有人不满意。

前几天一群侍卫军跟随裴炎、刘祎之入宫逼李显下台，李显根本没啥反抗，这群侍卫军没发挥出作用，也就没得到奖赏。逼皇帝下台可是件掉脑袋的事情，冒这么大风险竟然啥好处没捞到，谁都不会甘心，于是，十几个当兵的聚在一起喝闷酒，酒过三巡，菜过五味，有人喝多了嘴上也没了把门的，大放厥词："早知道冒那么大风险都没奖赏，还

不如拥护庐陵王当皇帝呢。"

说者无心，听者有意，就在大家一边喝酒一边侃大山的时候，一个士兵悄悄离席到后宫去打小报告，说有人散布忤逆言论。

这伙人还没喝完酒就直接被逮捕了，那个散布忤逆言论的被砍头示众，其余几人因知情不报被吊死，算是得保全尸。

那个到后宫打小报告的士兵直接升为五品官员，一步登天！

从此之后，告密之风骤然刮起。

有了各种小道消息，武媚娘便能更好地掌握朝廷内外的各种信息，当然这些信息的可信度肯定是有限的，一般人背后打别人小报告都会添油加醋甚至无中生有，这种行为虽然遭人唾弃，但为了升官发财仍然有无数不要脸的人奋勇争先、前赴后继，尽情地诋毁着那些自己通过正常手段竞争不过的对手。

通过这些小道消息，武媚娘也听到一些风言风语，在那个时代很多人不习惯让女人统治，在此之前因女人祸国殃民的例子数不胜数。武媚娘也有些心虚，她便给尚书省左仆射刘仁轨送了封信，信中写道："汉朝时期，刘邦很放心地把关中事务全权委托给萧何，现如今，我也很放心地把重要事务都委托给你，希望你能像萧何一样成为一代名相。"

刘仁轨这老头稍微有点不识时务，他虽然不敢像长孙无忌、褚遂良等人跟武媚娘对着干，但他打心眼里不愿意接受"垂帘听政"或者是女人当皇帝，因此，他回书一封，大意就是说自己才疏学浅，再加上年老体衰难以承担重任，正想着告老还乡呢，除了这些之外，刘仁轨还在信中讲述汉朝吕后的惨痛教训，后人应引以为戒。

吕后是刘邦的媳妇吕雉，关于吕雉的事情完全可以写成一本书，这里只能简单概括一下：刘邦死后，吕雉专权，把原来的情敌做成人彘，彘是猪的意思，人彘就是把人整成猪的意思；刘邦的八个儿子中，直接或间接被吕雉弄死的有四个；另外，她大肆提拔娘家人，差点夺取汉室江山。

吕雉做了很多人神共愤之事，但她实力太强大，大家斗不过她，可她死后吕家几乎被赶尽杀绝。

刘仁轨在信中特意强调吕后的惨痛教训就是为了提醒武媚娘不要犯同样的错误。

武媚娘看完回信并没有感到十分惊讶，刘仁轨不是很支持她工作是因为接受不了女人拥有天下，同时也未表现出强烈反对是因为他要明哲保身。

打击和安抚两手都要抓，对于刘仁轨这样德高望重的老臣，武媚娘十分不想得罪，只要他不公开站出来拆台，还是要尽量保持友好关系的，于是，她派人带话给刘仁轨，主要表达以下几个意思：

第一，自己并不是想临朝听政，只不过李旦刚刚即位还不熟悉工作，并且正处在为高宗李治守孝期间，没人管理政事，自己才会勉为其难，舍了这张老脸为国为民做些微薄贡献。

第二，吕雉及其家族的所作所为不但祸害了汉朝，而且其自身也没有好下场，还遭受后人的唾骂，这会让我引以为戒，绝不步其后尘。

第三，您年老体衰还能大老远地劝诫我，这样忠贞的节操、刚直的作风古今罕见，实在是难得的社稷之臣。

第四，虽然您年老体衰，但德高望重，为天下人所景仰，希望您能再大公无私一些，为大唐江山多出几年力，就别再提告老还乡的事。

话说到这份上，刘仁轨也没什么好说的，只好做好自己本职工作，同时也希望武媚娘能像她自己所保证的一样做好该做的，不做不该做的。

温水煮蛤蟆

武媚娘的表现并未像她所保证的一样，她的侄子武承嗣请求追封武家先祖为王，还要修建祖庙，供奉七代祖先。

这样的请求并不合理，武家未对大唐立过旷世奇功，古往今来也没有为皇后或者皇太后先祖修七代祖庙的规矩，对于这样的不合理请求，武媚娘竟然答应了，她就是要一步步打破常规，不停地做出不符合传统礼法的事情，让朝廷上下以及天下百姓一步步接受这些，直至大家都习惯了，她便可以登上皇帝宝座。

这道理就如同温水煮蛤蟆一样。

有好事者将蛤蟆扔到开水中，蛤蟆受不了突如其来的高温刺激，立刻奋力跳出水中，从而成功逃脱。

该好事者又把蛤蟆放到凉水中，然后慢慢加热，蛤蟆在熟悉的水中欢快游弋，最后被不知不觉地煮熟。

这个实验我没有亲自做过，也不知道是不是这样，但实验者想告诉我们的道理是非常可信的。

人们大多时候（或者说是不知不觉中）可以接受周围缓慢变化的环境，渐渐去适应，等到有一天他们发现自己身处险境之时，已经无力回天，这也是量变到质变的过程。

武媚娘这样步步为营就是为了让天下人缓慢适应她的出格行为。

并不是所有的"蛤蟆"都反应迟钝，有只"蛤蟆"感觉到水温的变化，觉得这样下去迟早会把大唐煮熟。

这只"蛤蟆"便是裴炎。

裴炎直言进谏，让武媚娘别着急修庙，理由如下："太后不仅是武家人，更是全天下人母亲，理当母仪天下，大公无私，不能偏袒亲属，更不要步了吕雉的后尘。"

武媚娘最不喜欢听的就是吕雉的典故，这个典故会让大家对自己执政格外排斥，因此她也极力争辩自己跟吕雉的区别："吕后把权力交给活人，导致吕家大权在握，最终落得个悲惨结局。我跟她不一样，我是追尊死人，不会有危害，只会体现出我的孝顺。"

武媚娘的理由看似充分，但裴炎也有自己的说法："做事情要防微杜渐，今天您追封先祖，明天便可能把权力交给活人。"

在裴炎的反对下武媚娘只好暂退一步，停止修建祖庙，但追封先祖的事情还是执行了。追尊五世祖父为鲁靖公，高祖父为太尉兼北平恭肃王，曾祖父为太尉兼金城义康王，祖父为太尉兼太原安成王，父亲为太师兼魏定王。

对于武媚娘追封先祖的事情，裴炎实在是拦不住，但他阻止了武家祖庙的建设，这已经足够让武媚娘怀恨在心。

讨武氏檄

武媚娘不断做大做强，反对她的人也越来越多，方式更是多种多样，有像裴炎那样用"文"的，也有人用"武"的，干脆扯起大旗造反。

有人造反在大家预料之中，但这个造反带头人还是很出乎大家预料的，竟然是重臣李勣的孙子李敬业。

眉州（今四川省眉山市）刺史英公李敬业和他的弟弟李敬猷（yóu）以及唐之奇、杜求仁、骆宾王、魏思温、薛仲璋等人犯了些小错误，降职的降职，革职的革职，都觉得不爽，便聚到一起商量着如何发泄郁闷之情。

对于大多数人来说，缓解郁闷的方法很简单，只要使让自己郁闷的人郁闷就行了，因此李敬业等人竖起拥护庐陵王李显的旗号讨伐武媚娘。

公元684年秋，在魏思温的谋划下，李敬业等人以迅雷不及掩耳之势占领扬州，设置三个府，分别是：匡复府、英公府和扬州大都督府，李敬业自称匡复府上将并兼任扬州大都督，魏思温为军师，唐之奇、杜求仁、骆宾王等人分别担任重要职务。

他们的声势极大，造反的理由也充分，短短十多天的时间便拉起一支十多万人的队伍。

李敬业站稳脚跟之后，向各个州县发布反武檄文，煽动大家一起造反，这份檄文出自骆宾王之手，骆宾王可是"初唐四杰"之一，那水平绝不含糊，檄文写得极好，甚至让目空一切的武媚娘为之动容，大加赞赏的同时说出这样的话："这是宰相的过失啊，竟让如此才华横溢之人漂泊失意！不能为朝廷所用。"

《讨武氏檄》到底好在哪里？我们可以一起学习学习。

檄文开篇写道"伪临朝武氏者"，短短六个字直中要害，揭示出武媚娘非法把持朝政的事实，然后用一连串掷地有声的词句对其展开人身攻击："性非和顺，地实寒微。"意思就是说武媚娘不是善良之辈，而且出身卑微。现在我们常说英雄不问出处，在那个君权天授的时代则不同，血统很重要，这也是为何高祖李渊要说自己是老子李聃后人的缘故。

除了说武媚娘出身不好之外，还要揭露其本质有多恶劣，连珠而发的"虺（huǐ）蜴为心，豺狼成性，近狎邪僻，残害忠良，杀姊屠兄，弑君鸩母。人神之所共嫉，天地之所不容……"真可谓字字见血，大致的意思就是说武媚娘有毒蛇一样的心肠，豺狼一样的品性，亲近不正派

的人，残害忠良，杀死侄子、姊妹和兄长，谋杀君王和毒死国母。这样的女人惹得人神共愤，天地不容……（虺是古书上所说的一种毒蛇，通常把它比喻成奸恶之徒。）

一个如此恶劣的女人想要干什么呢？骆宾王紧接着便给出答案："包藏祸心，窥窃神器。"意思就是说她没安好心，想要偷神器，这个神器不是指游戏里面的超级装备，而是指大唐江山。（《道德经》中写道："天下神器，不可为也，为者败之，执者失之。""神器"指的便是天下。）

这个没安好心的女人做了哪些事呢？"君之爱子，幽之于别宫；贼之宗盟，委之以重任。"这便是武媚娘做的事情。君之爱子指的是先皇李治的儿子中宗李显，贼之宗盟便是她武氏家族和那些奸佞小人。

那么，让这样一个蛇蝎心肠又将君之爱子囚禁起来的女人非法把持朝政会有什么样的后果呢？骆宾王引经据典告诉大家有多严重："龙漦（chí）帝后，识夏庭之遽（jù）衰。"这是一个典故，说的是夏灭亡之前，有孽龙的口水流淌在帝王的宫廷里。但孽龙毕竟是传说，大家都知道的是夏朝的灭亡跟夏桀的一个女人——妹喜——脱不了关系，这也是提醒大家不要让大唐因为一个女人而亡。

光说别人不好不行啊，还得夸夸自己有多好。

骆宾王接着写道："敬业皇唐旧臣，公侯冢子。奉先帝之成业，荷本朝之厚恩。"这几句话摆正了李敬业的位置，他是大唐的老臣，是王公贵族的长子，奉行的是先帝留下的训示，承受着本朝的优厚待遇。正是因为这样，所以才要"是用气愤风云，志安社稷。因天下之失望，顺宇内之推心。爰举义旗，以清妖孽"。

李敬业想要安社稷、清妖孽这个出发点是好的，是否具备这个实力呢？要是没实力谁会跟你混啊，因此，骆宾王给大家吃了一颗定心丸，告诉大家我们的实力相当雄厚，不信你看："南连百越，北尽三河；铁骑成群，玉轴相接。海陵红粟，仓储之积靡穷；江浦黄旗，匡复之功何远！班声动而北风起，剑气冲而南斗平。暗鸣则山岳崩颓，叱咤则风云变色。以此制敌，何敌不摧？以此图功，何功不克？"这段话可谓气势恢宏，让己方信心满满，让敌人胆战心惊。南至偏远的百越，北到中原的三河，铁骑成群，战车相连。海陵的粮食多得吃不完，都开始发霉长了红毛，仓库更是堆积如山，连个空地都没有，大江上下旌旗飞舞、彩带飘扬，匡复大唐的日子还会远吗？北风起处人喊马嘶，刀枪剑戟之光闪耀月星，勇士们的怒吼令山岳崩塌，令风云变色。什么样的敌人能抵挡这样的队伍？什么样的城池能阻挡勇士们一往无前的步伐？

对比武媚娘和李敬业孰正孰邪，然后标榜自己如何威猛，接下来就是要拉拢更多的人一起造反。

骆宾王话锋一转，写道："公等或居汉地，或协周亲，或膺重寄于爪牙，或受顾命于宣室。言犹在耳，忠岂忘心。"这几句的意思是说诸位要么是世代蒙受国恩，要么是皇亲国戚，要么是身负重任的将军，要么是接受先帝遗命的大臣，现在先帝的话仍在耳边萦绕，你们的忠心在哪里？

骆宾王觉得这样可能还刺激不到诸位的神经，紧接着写道："一抔之土未干，六尺之孤何托？"这意思就是说：先帝坟前黄土未干，尸骨未寒，幼主却不知道流落到何等悲惨的地步！

短短几句可谓将情煽到极致，光煽情还不够，还得利诱："共立勤王之勋，无废旧君之命，凡诸爵赏，同指山河。"意思就是：大家共同建立匡救王室的功勋，不至于废弃先皇的遗命，那么各种封爵奖赏，一定如同山河般牢固，并且经久不衰。

写到这里，差不多该说的都说了，造反毕竟是大事，很多人会犹豫，对于这一点，骆宾王也考虑到了，因此写了这样一句："若其眷恋穷城，徘徊歧路，坐昧先几之兆，必贻后至之诛。"这是提醒大家不要迷恋于眼前的利益，在关键时刻徘徊犹豫，这样做只会招来祸患，说不好还得掉脑袋。

此篇檄文一出，那绝对是震古烁今、响彻寰宇，至今读来心潮依然澎湃！

咏鹅神童

通过《讨武氏檄》不难看出，"初唐四杰"的水平不是吹的，绝对的真材实料。如果您不喜欢刚才那篇充满政治色彩檄文，那么看看下面这首朗朗上口的小诗是否会勾起童年的回忆：

鹅，鹅，鹅，

曲项向天歌。

白毛浮绿水，

红掌拨清波。

上面这首《咏鹅》绝大多数的中国孩子都应该会背，有些人可能会觉得这诗虽好可并不是好得那么出类拔萃啊，但是，我若告诉您这是骆宾王七岁之时所作，您是否就该瞠目结舌了。

骆宾王也正是凭借这首诗得到"江南神童"的美称。天生丽质、勤奋好学、刻苦钻研的骆宾王在青少年时期学有所成，结交天下名士，游览名山大川，在读万卷书、行万里路的过程中渐渐成长为少年英才。

二十二岁时，骆宾王进京赶考，不过因为他年轻气盛，恃才傲物，轻视权贵，不肯向世俗低头，最终名落孙山。

在《唐盛唐衰（贰）：贞观长歌》中曾经介绍过唐朝科举考试的一些习俗，其中很重要的一条是做好考前准备工作，有门路的人都会提前把自己的作品送给考官等影响录取的相关人士。骆宾王对此表示不屑，通过他赶考之前的几句诗便能看出来：

少年重英侠，弱岁贱衣冠。

既托寰中赏，方承膝下欢。

遨游灞陵曲，风月洛城端。

且知无玉馔，谁肯逐金丸！

考场失意对骆宾王打击很大，但也算是件好事，这次遭遇让他重新思考人生，也让他懂得如何处理人情世故。

几年之后，骆宾王步入仕途，在李渊的第十六个儿子李元庆手下做事，李元庆为人豪爽豁达，十分喜欢骆宾王的才学，按照当时的规定，官员任期满后一般都会有所调整，骆宾王只得再谋出路。

宦海沉浮、仕途坎坷让骆宾王心灰意冷，于是弃官还乡，当起农民。

农民这个职业无法实现骆宾王心中的理想和抱负，几年之后他再次找到机会踏上重返长安的仕途之路，此时的他已经是一位两鬓斑白、年近五十的老头子。

接下来的十多年间，骆宾王的仕途仍然坎坷，最悲惨之时竟然被人栽赃陷害，锒铛入狱。

官虽然当不好，但骆宾王在文学领域的地位却日渐提升，成果也越发丰硕，他在公元 676 年所作的《帝京篇》是初唐时期少有的长篇诗词，当时便传遍京畿，以为绝唱。

传统思想根深蒂固的骆宾王看不惯一个女人把持朝政，因此跟李敬业等人扛起反武大旗。

无家财，有忠贞

骆宾王的一纸檄文令武媚娘感慨万千，感慨的同时也不能耽误正事，抓紧派人平叛吧，万一让李敬业等人把事情闹大可就不好收场了。

武媚娘任命李孝逸为扬州道大总管，率领三十万大军浩浩荡荡地征讨李敬业。

李孝逸是淮安王李神通的儿子，跟李世民一个辈分的人物，虽然不是多么所向无敌，但对付李敬业这样的小辈，武媚娘心里还是十分踏实的，因此，不必太操心前线战事，再说了，那也不是她的强项，她的强项是在朝廷内部整人，尤其是再有人配合她一起整，那就更加无往而不利。

这段时间武承嗣和武三思哥儿俩盯上了韩王李元嘉和鲁王李灵夔。

武承嗣和武三思都是武媚娘的侄子，武媚娘为巩固壮大自己的势力，大肆提拔武家子弟，武承嗣和武三思都是干坏事的好手。《新唐书》对武三思的描写是："三思性倾谀，善迎谐主意，钩探隐微，故后颇信任。"此时武媚娘正需要这样的坏人，所以这哥儿俩升迁极快。

李元嘉和李灵夔两位王爷都是李渊的儿子，也是皇族中德高望重的长辈，武家要想雄霸天下，就得清理一些李家人，二武数次跟武媚娘商量找机会拿两位王爷开刀。

欲加之罪，何患无辞，借口是比较好找，但都不够充分，都有一定破绽，每次武媚娘要下手的时候裴炎都会给出充分的反对理由，让武媚娘极其郁闷，干脆把两位王爷放到一边不管，先琢磨起如何除掉裴炎。

裴炎身正不怕影子歪，但此次李敬业一伙人造反还是让他感到有

些不安，因为参与造反的重要人物之一——薛仲璋——是他外甥。

裴炎很少参与平叛话题的讨论，武媚娘想找机会除掉他，自然就得让他参与讨论，这样才能趁机找到借口。

当武媚娘向裴炎询问平叛策略之时，裴炎知道自己大限已到，被毒蛇盯上的鸟雀大都凶多吉少，与其苟且偷生，不如轰轰烈烈求死，能用生命捍卫自己热爱的大唐，能用鲜血渲染民族之魂魄，也算不虚妄此生。

裴炎回答道："李敬业等人起兵的理由是您把持朝政，现如今皇帝已经是二十多岁的成年人，完全可以担当领导大唐的重任，您若能还政于皇帝，李敬业等人自然不战而降。"

这个裴炎真是哪壶不开提哪壶，武媚娘就喜欢权力，你却偏偏让她还政，那还不如杀了她。

有人的地方就有正义，有人的地方也就有奸佞，有像裴炎一样的君子，也有像崔詧（chá）一样的小人。

监察御史崔詧进言，非说裴炎图谋不轨，想让太后还政自己好能独揽大权。

（崔詧后来也混进了宰相圈，《旧唐书》和《新唐书》一般都有宰相传，但没有崔詧的，可能是不管多客观、多宽容的史学家也容不下这样的奸佞小人吧。这样的人物也很难有善终，并且都会死得很惨，崔詧后来便是倒在自己的主子武媚娘的脚下。）

武媚娘借坡下驴，将裴炎关进大牢，让骞味道和鱼承晔（这两个都是獐头鼠目的小人）对其刑讯逼供。

面对诸多刑具，裴炎慷慨激昂，宁死不屈。有好心人劝他，让他低头认错，说不定能保住条命。裴炎宁为玉碎，不为瓦全，已经抱了必死的决心，坚决不肯向恶势力摇尾乞怜。（《新唐书》对裴炎的描述：宽厚，寡言笑，有奇节。）

宰相是大官，要想杀他当然理由越充分越好，为了巴结武媚娘，更多的人站出来证明裴炎谋反之心昭然若揭，也有部分人坚持说裴炎是冤枉的，其中刘景先和胡元范便是将正义进行到底的，他们据理力争，用生命担保裴炎的清白。

结局在大家预料之中，刘景先和胡元范先后被关进大牢，骞味道、鱼承晔以及诬陷裴炎的人全部加官晋爵。

数日之后，裴炎被斩于洛阳，其家被抄，按照正常情况来说抄宰相的家可是个油水颇丰的肥差，但这次抄家的人却是郁闷至极，累了一身臭汗，把裴府翻个底朝天，仅仅找到不足一担的积蓄。

裴家无万贯家财，却有旁人无法企及的节操，一门忠贞令后人敬仰。

裴炎的侄子裴先（裴炎弟弟的儿子）年仅十七岁便敢于向武媚娘呈上奏章，让朝廷还伯父一个清白。

武媚娘召见裴先，指着他的鼻子训斥道："你伯父谋反，死有余辜。"

裴先不卑不亢，答道："我来找您不是为了我伯父，而是为了大唐。您是李家的媳妇，先帝在位时就独揽大权，现在您儿子当皇帝，您还独揽大权，排斥李氏，扶植武氏，这样下去国将不国啊，您也将成为千古罪人，我是替您感到惋惜，所以才来进言的。"

裴先不顾武媚娘已经气得脸色发青，继续说道，"您应该及早还政，让皇帝复位，自己隐退深宫，当好太后，这样不但可以保全宗族，而且也不会遭受后世唾骂。"

快被气疯了的武媚娘在朝堂上狠狠打了裴先一百大板，将其流放外地。

此次受裴炎牵连致死或被流放的人有很多，他们遭受痛苦的时候，赢得了无数赞誉。但也有人因此掉了脑袋，不但没有美誉，还被人当成笑柄。

一个叫姜嗣宗的人从东都洛阳到长安，在长安留守的刘仁轨问他东都最近发生什么大事了，姜嗣宗便把裴炎被杀的事情添油加醋地讲述一遍，说完之后又补充道："我早就发现裴炎行为反常，知道他必然会谋反。"

姜嗣宗这样说是为证明自己有智慧，眼光好，高瞻远瞩，但真正有智慧的人是不会如此自夸的。

刘仁轨都懒得用正眼看这种货色，写了份奏章递给他，说道："我有事上奏，你帮我交给朝廷。"

第二天，姜嗣宗返回洛阳，武媚娘看完奏折，命人将姜嗣宗推出大殿，在大庭广众之下干净利落地吊死。

原来，奏折写道："嗣宗知裴炎反，不言！"

自夸丧命的姜嗣宗成为后世笑柄，让大家明白：当人们显摆自己是智者的同时，也会让大家看到他那令人忍俊不禁的尚未进化好的"红屁股"。

目的不纯

宫廷斗争的残酷远非一般人所能承受，姜嗣宗仅仅是因为自作聪明便丢掉性命，但前线的战争则更上一层楼，往往一个错误的决定便会让人一败涂地，死的不仅是自己，还有三军将士要跟着一起倒霉。

李敬业起兵可谓是兵精粮足，打仗没问题，问题是打哪儿？

经过长时间商讨，基本形成两种意见。一种是魏思温提出的，他认为：您是以恢复皇权为口号，就应该大张旗鼓向东都洛阳进军，天下人知道您是去救援皇帝的，就会从四面八方赶过来捧场，各方势力围攻东都，武媚娘便不得不交出皇权归政于皇帝，您的功劳堪比日月。

另外一种意见是薛仲璋提出来的，他认为：金陵（今江苏省南京市）有帝王之气，又有长江天险，进可攻、退可守，应该先夺取常州（今江苏省常州市）和润州（今江苏省镇江市），坐守金陵，在那打牢基础再北上进攻中原，如果能赢，大事便成，输了的话还有个老窝可以藏身。

哪种策略好，哪种策略不好，其实并不难判断，只要将其放在特定的环境中稍加分析，好坏立判。

若是在隋末那会儿，应该是薛仲璋的建议好一些，那时天下大乱，谁能安定下来，稳扎稳打便有机会脱颖而出。

但在盛唐这样一个安定的社会里，再加上武媚娘非法把持朝政是此次起兵的原因，那就应该是魏思温的建议好一些，现在天下太平，只有把水搅浑才能创造奇迹，若是按部就班跟朝廷对抗只有死路一条。

看李敬业犹豫不决，魏思温再次劝道："天下豪杰因武媚娘专权都感到愤愤不平，听说你高举义旗之后，纷纷备好干粮、磨好刀枪等着大军北上，你若在此时退缩，那便前功尽弃。"

魏思温磨破了嘴皮子，李敬业仍然不听他那一套，派唐之奇守江都，自己亲率大军渡过长江攻打润州。

通过李敬业这个举动，可以推测出他此次起兵目的不纯，不见得是为了匡复李唐，更像是自己要称霸一方，另立山头。

魏思温痛心疾首，李敬业这样分散实力，不握紧拳头攻击洛阳，反倒东一指头西一指头地乱戳，迟早会让人把每个指头都掰断。

此刻的李敬业已经不想听魏思温的建议了，因为他旗开得胜，一举拿下润州，生擒了刺史李思文。

李思文不是外人，是李敬业的叔叔，但在残酷的斗争中亲情变得一文不值。李敬业虽没有杀掉叔叔，但也对其进行了肆无忌惮的羞辱，因为李思文依附武媚娘而建议让他改姓武。

李敬业闹得很凶，朝廷很气愤，军事反扑尚未全面展开，便在其他方面开始打击。首先，削去李敬业祖父李勣和父亲李震的官职爵位；其次，刨了祖坟；再次，收回唐朝赐给他们的"李"姓，让他们恢复姓徐。

姓李还是姓徐对敬业来说并不重要，他现在要处理的是眼前问题。

李孝逸大军将至，李敬业不得不从润州撤兵回防，同时分派手下李敬猷、韦超、尉迟昭等人分兵驻守在都梁山、淮阴、高邮等险要之地。

李孝逸大军驻扎在临淮（今江苏省泗洪县附近），偏将雷仁智与李敬业交锋不利，李孝逸信心受到严重打击，底气有点不足，于是按兵不动。

侍御史魏元忠看不下去了，对李孝逸说："你不能一仗失利就认怂啊，朝廷派你来是打仗，不是让你来度假的，天下安危在此一举，你这吃了败仗就退缩不前，朝廷会很失望，天下百姓也会很失望，后果可能很严重的。"

李孝逸没办法，只好硬着头皮继续进军。

几天之后，李孝逸的手下马敬臣击杀尉迟昭，算是给唐军扳回一局，但整体战局仍不明朗，武媚娘看李孝逸并不是十分给力，要是只依靠他一个人说不定坏了事，于是，公元684年11月，任命左鹰扬大将军黑齿常之为江南道大总管讨伐李敬业。

黑齿常之是个狠角色，《旧唐书》对他的描写中有这样一句话："骁勇有谋略。"

有黑齿常之做后盾，唐军的斗志又上来了，开始谋划如何彻底消灭李敬业一干人等。

眼下，唐军有个重大战略问题需要解决。韦超占据都梁山，易守难攻，而李敬业的老巢在江都，打哪儿？是个问题！李敬业和李敬猷分兵两地，打谁？也是个问题！

大多数人认为韦超凭借天险展开防守，我们不一定能拿下，尤其是骑兵在山区发挥不出来作用，不如分兵牵制韦超，然后大军直扑江都，端掉他们的老巢。

有人认为韦超虽然据险而守，但兵少将寡，不如先收拾他，若是能攻下都梁山，淮阴、高邮等地的敌人都会望风而逃。

魏元忠建议先打李敬猷，大多数人认为应该先打李敬业，战败李敬业可以说是树倒猢狲散，此次讨贼也就圆满完成。假如先打李敬猷的话，万一李敬业带兵过来救援，咱们腹背受敌，可就凶多吉少。魏元忠不这样认为，他分析过，先打李敬猷，李敬业根本来不及救援，打败李敬猷之后，我军必然士气大振，乘新胜之威定可大破李敬业。

最终，李孝逸采用魏元忠的战略思想，大败韦超之后又击败李敬猷。

决战很快到来了，但情形并非魏元忠所说的那样，唐军数次被李敬业击败，李孝逸又开始怂了，准备撤退。

魏元忠再次拦住李孝逸让他不要丧失信心，并且提出新的破敌良策——火攻。

根据地形，唐军处于上风区，又赶上天干物燥，实在是太适合放火了。

两军阵前，李敬业意气风发，准备再次痛击唐军，结果一场大火铺天盖地而来，火借风势、风助火威，烧得李敬业丢盔弃甲，一战定了胜负。

李敬业溜得还算快，带领残兵败将逃进江都城，带上老婆孩子连夜逃往润州，准备乘船出海到朝鲜半岛上避避风头。

李孝逸得势不饶人，派出大军紧逼李敬业，让他的手下人心惶惶，终于有人顶不住压力，调转矛头指向自己的将领，李敬业、李敬猷等人措手不及丢了脑袋，唐之奇、魏思温等主要将领一个也没逃掉，成为阶下囚，最后也掉了脑袋。

不废江河万古流

在叛军高层将领中有这样一个角色备受关注，那就是《讨武氏檄》的起草者骆宾王，他到底落了个什么下场？

这个问题不仅今人关心，古人也表示很纠结。

《资治通鉴》记载："其将王那相斩敬业、敬猷及骆宾王首来降。"王那相就是上文中说到的那个调转矛头砍原将领脑袋的人，通过这段记载来看，骆宾王也是身首异处。《朝野佥载》（唐朝笔记小说集）记载："宾王后与敬业兴兵扬州，大败，投江水而死。"通过这段记载来看骆宾王被喂了鱼虾。

《新唐书》记载："敬业败，宾王亡命，不知所之。"通过这段记载来看骆宾王成功逃脱，之后便不知所踪。

《本事诗》记载："当敬业之败，与宾王俱逃，捕之不获。将帅虑失大魁，得不测罪。时死者数万人，因求戮类二人者，函首以献。后虽知不死，不敢捕送。故敬业得为衡山僧，年九十余乃卒。宾王亦落发，遍游名山。至灵隐，以周岁卒。"这段记载是说骆宾王当了和尚，最终在灵隐寺圆寂。

今天看来骆宾王是死是活并不重要——因为人总是会死的，重要的是他牵动那么多人的心，正史野史都有其一席之地，甚至《新唐书》也有《骆宾王传》。

除了正史野史，历代诗人也竭尽所能地赞扬骆宾王，诗圣杜甫曾经写过这样一首诗：

> 王杨卢骆当时体，
>
> 轻薄为文哂未休。
>
> 尔曹身与名俱灭，
>
> 不废江河万古流。

这诗的大概意思是："初唐四杰"——王勃、杨炯、卢照邻和骆宾王——的作品在当时达到极高造诣，现在他们的文章被一些好高骛远、夜郎自大的人取笑，这些人才是真正令人耻笑的，他们的名声会随着身体一起被掩埋在黄土之下，"初唐四杰"则会像滔滔江河一样奔流不息。

人总是要死的，关键在于活着的时候做了什么，为世界、为人类留下些什么。人的身体无法摆脱"尘归尘，土归土"的结局，人的精神却可以万古长青，永世长存。

若是有人觉得我太夸张，不妨亲自读一读骆宾王的作品，写景、叙事、说理、抒情无不淋漓尽致，为中国文坛以及古诗词做出巨大贡献，他的传世佳作甚多，例如：《帝京篇》《冒雨寻菊序》《畴昔篇》《夏日游德州赠高四》《萤火赋》等，其文清新俊朗，如行云流水一般，读过之后，他的丹青妙笔定然会在你的心底激起永不平息的波澜。

怀义的幸福生活

李敬业之乱平息后，武媚娘心情大好，公元685年重修白马寺，让怀义和尚坐上住持宝座。

怀义是谁？

大多数人会认为怀义一定是个得道高僧，不然咋能当上太后修复的寺庙的住持呢。

不过，这次大多数人错了，怀义并不是什么得道高僧，反倒更像个假和尚。

怀义原名冯小宝，没什么正经工作，在洛阳街头卖药，卖药并非他的强项，他的强项是拈花惹草。他与李渊之女千金公主的侍女鬼混，被千金公主发现之后不但不惩罚，反倒经过一番调查取证，详细分析之后献给武媚娘。

这又是为何？

《旧唐书》对冯小宝有这样的描述："伟形神，有膂力。"意思就是说这小伙儿高大威武，阳刚强壮，并且腰力极好。（在民间膂力有腰力的意思。）

至于千金公主如何发现冯小宝是个人才的我们不得而知，总之是把他当成个宝贝送给了武媚娘。

冯小宝进宫之后，很快将其才能展现在武媚娘面前，武媚娘如获至宝，越来越离不开这个"伟形神，有膂力"的小伙儿，但是，让一个大男人进出禁宫传出去实在难听啊，因此，便让他剃度出家，冯小宝摇身一变成为怀义和尚。（《资治通鉴》记载：本姓冯，名小宝，卖药洛阳市，因千金公主以进，得幸于太后；太后欲令出入禁中，乃度为僧，名怀义。）

上面的说法是正史记载，民间传说是武媚娘在感业寺当尼姑的时候冯小宝在白马寺当和尚，冯小宝经常帮武媚娘挑水，一来二去便产生感情，后来两人经常在一起烤山鸡、烤野兔消磨寺中无聊时光。武媚娘得势之后不忘旧情，冯小宝因此有幸成为白马寺住持。

…………

怀义和尚进出禁宫方便了，但出身卑微容易让人看不起，体贴的武媚娘当然也考虑到这个问题，便让他跟太平公主的老公薛绍结为同族，让薛绍称怀义为叔叔。太平公主是武媚娘的女儿，这样辈分刚好相当。

小人得志便猖狂！卖药的一步登天嚣张起来，平时出门骑皇帝的马，十多个小太监前呼后拥，在大街上都跟螃蟹一样横着走，见到谁不顺眼就暴打一顿，不管是平民百姓还是朝廷官员，想揍谁就揍谁。万一哪个倒霉的道士遇到怀义就更惨了，被暴打之后还要剃成光头，然后才放回道观。

右台御史冯思勖不识时务，数次冲撞怀义，被打得半死，扔到路边，打完之后，怀义还跟他说："你个小屁官还敢跟老子斗，老子是什么后台你不知道吗？武承嗣、武三思那样太后跟前的红人儿牛不牛？在老子面前不是照样低三下四！"

怀义横行在东都洛阳，难道就没人收拾得了他？

苏世长的长子苏良嗣与怀义在朝堂邂逅，怀义竟敢在苏良嗣面前装螃蟹，也不打听打听苏良嗣是个什么人物，他可是完全继承了他老爹的那一身浩然正气，即便是武媚娘也得退让三分。[《唐盛唐衰（壹）：秦王破阵》中介绍过苏世长，他批评李渊做错了事，李渊也得笑脸相迎。]只能怪怀义自己倒霉，以往都是他打别人，这次换成他挨打，脸肿得跟个馒头似的跑到太后那里告状，武媚娘心疼也没办法，只好安抚道："以后你从北门走吧，别去南门招惹那些宰相了。"（北门是后宫的门，南门是上朝的门。）

事已至此，怀义只好忍了，不过很快他便把这不愉快抛到脑后，

因为武媚娘对他真是太好了，让他感到无比欣慰。为让怀义长期合理合法居住宫中，武媚娘给他安排了重要工作——负责宫中的建设，理由是怀义擅长建筑设计，总有奇思妙想。

怀义到宫中搞建筑这个理由很充分，别人也拦不住，但还是有人看着不顺眼，给武媚娘上表写道："太宗当皇帝的时候，有个叫罗黑黑的人善于弹琵琶，太宗将其阉割召到宫中做内侍，教宫女弹琵琶。太后若是认为怀义心灵手巧擅长设计，想让他到宫中搞建筑，那也应该把他给阉了，以免扰乱后宫，让世人耻笑。"

（《资治通鉴》记载，太后托言怀义有巧思，故使入禁中营造。补阙长社王求礼上表，以为："太宗时，有罗黑黑善弹琵琶，太宗阉为给使，使教宫人。陛下若以怀义有巧性，欲宫中驱使者，臣请阉之，庶不乱宫闱。"表寝不出。）

武媚娘看完表章，心中暗道："你是想跟老娘过不去吧？要是把怀义阉了我还要他进宫干啥！"

这个表章被当成垃圾丢在一边，完完整整的怀义在后宫和武媚娘过上了幸福生活。

恶鬼现世

公元686年正月，武媚娘善心大发，要还政于皇帝，睿宗李旦先是高兴然后郁闷，高兴纯属本能反应，郁闷是因为思考后的结论。

武媚娘还政不过是做做样子，演戏给朝廷内外看，若是李旦真从她手里接过大权，她肯定会找机会把他除掉，中宗李显不就是因为有些猖狂，所以仅仅当了两个来月皇帝便被废黜，李旦知道若是想踏踏实实地活着，那就乖乖地当他的傀儡皇帝吧，因此，毅然拒绝当政。

就这样，武媚娘继续风光地行使着皇权。但她也能清晰地认识到风光背后潜藏的风险，李敬业造反把动静闹得那么大，举国震惊的同时也为武媚娘敲响警钟，长期非法把持朝政，品行不端，手段残忍，从而导致很多人对她有意见，尤其是皇族之人更是心怀不满。

大家不服怎么办？

一步一步走到今天的武媚娘当然有她自己的一套处事方法，打击和安抚并举，威胁不到自己的一律安抚，能够威胁到自己的必须往死里整。

武媚娘这边要杀人，立刻就有一些鹰犬扑上来献媚，场面异常红火，不光是京城遍地鹰犬乱吠，其他地区的虎豹豺狼也是争相出巢，纷纷跑到东都洛阳来告密，为方便告密，武媚娘专门设置绿色通道，告密者途经各个州衙府县受到盘查的时候，只要说"我是到东都告密的"，便没有哪个官差衙役敢耽搁人家一秒钟时间。

告密通道畅通无阻，告密者的待遇更是好得离谱，他们到驿站的时候，驿站要积极主动地无偿提供马匹，伙食跟五品官员一个标准。

一时之间，洛阳城如同个大茅坑，全国各地的苍蝇闻味而来，昨天可能还是种地的、打鱼的、砍柴的、卖药的、游手好闲的……今天便可能被皇太后召见，万一自己打的小报告被采用，那可就是一步登天，即便小报告不准确，诬陷了好人，那也没关系，宽宏大度的皇太后绝不治罪，她老人家只会鼓励你，让你再接再厉，争取早日打个合格的小报告。

有个胡人（古代中国称汉族以外的人叫胡人，通常指匈奴、鲜卑、氐、羌、吐蕃、突厥等西方或北方的部族）叫索元礼，这个老外跨越万水千山，不远万里来到大唐，成为武媚娘手下一员酷吏，载入史册遗臭万年。他的事迹让古今中外很多人大发感慨：这是一种什么样的精神病啊！

索元礼看透了武媚娘的心思，屡屡告密，武媚娘对这个心狠手黑、品性凶残的老外十分满意，抛却种族障碍破格提拔其为游击将军，特意让他对监狱里的犯人严加审问。

索元礼如鱼得水，开始大展拳脚，他的水平明显比一般官吏高那么一点点，能够充分认识到在既有犯人身上是玩不出什么新花样的，要以他们为突破口开枝散叶，把原本没在监狱里的人抓进监狱，那才能看出来本事，才能赢得皇太后赏识，他层出不穷的手段很快便显现出异乎寻常的效果，一牵十、十牵百，照这样下去，监狱很快就会人满为患了。可是，人们很快发现这样的担心是多余的，犯人激增，但监狱并未爆棚，因为处理尸体的官吏几乎天天都需要高强度地加班。

仅仅一个索元礼要想弄死那么多人也着实辛苦，有人挺身而出帮他分担任务，周兴、来俊臣等人都是酷吏行列中的中坚分子，豢养大批地痞流氓充当爪牙，他们经常在一起互相学习、互相切磋，通过不断地

交流与实践达到共同进步的目的。

自己进步的同时，他们也不忘将成功的经验介绍给同僚，来俊臣和万国俊等人出版了专著——《罗织经》，此书乃中国第一部集邪恶智慧之大成之作，教人如何将人性中的恶发挥至极致，深入浅出地讲解如何坑人害人，另外还系统地阐述如何搜罗无罪之人的言行，将其编造成谋反的罪状。《罗织经》绝对是中国整人史上的一朵奇葩，是酷吏们嚣张而赤裸裸的吼叫，它让世人看到奸佞之人并非都是无才的草包。狄仁杰看到此经后冷汗直流，武媚娘看到此经后自叹不如。用今天的眼光来看，此经对于后人了解酷吏政治以及还原武媚娘统治时期的历史原貌有重要意义，它虽然与人类文明背道而驰，但它的史学价值毋庸置疑。（友情提示："三观"不固、心智不坚、不能以道为本者勿读此经。）

酷吏们虽然在酷刑方面没有出版专著，但业内人士也给予充分肯定，对各种刑具和整人的方法给出或威风、或优美的名号，例如："定百脉""突地吼""死猪愁""求破家""驴狗拔撅""凤凰晒翅""仙人献果""玉女登梯"等。

有些名字一看就知道效果肯定相当理想，连死猪都会发愁，何况活人呢！

那些美丽名称的背后有着令人毛骨悚然的手段："凤凰晒翅"是用棍子串连起人的手脚，然后开始旋转，把人拧得跟麻花一样；"仙人献果"是让人跪在地上捧着枷锁，然后在枷锁上垒砖……

除了这些有名号的之外，还有更多是没名字的酷刑，例如把人倒吊起来之后在脑袋上挂石头；把醋往鼻子里灌；用铁圈箍住脑袋，往里打楔子，这种方法的弊端是经常把犯人搞得脑浆迸裂，流得满地都是，异常恶心。

这些酷吏简直就是从阴曹地府中爬出来的恶鬼，令朝廷上下人心惶惶，但这群恶鬼却取得武媚娘的宠信，使得他们更加肆无忌惮。

木丸口中含

即便在这酷吏横行的年代，依然有人敢于用胸膛迎向矛头，此人便是陈子昂，大家对这个名字可能并不太熟，但对"前不见古人，后不见来者。念天地之悠悠，独怆然而涕下"这首诗应该有所耳闻吧，陈子昂便是这首诗的作者，这里不谈他的诗歌，只谈他的直言劝谏。

公元 686 年，大唐上下陷入诬告和酷刑的恐慌之中，陈子昂上疏劝谏，大概内容如下：有关部门以李敬业造反为借口大范围抓人，严刑拷打，很多人被屈打成招，更有人趁机打击异己，栽赃陷害，还有些人为升官发财不惜大开杀戒，我想这不应该是皇帝和太后的本意吧。自从李敬业的叛乱平息之后，再无事端、海内安然，可见内部已无动乱之象，为何还要继续死揪这事不放，在这上面大做文章呢？另外，我还发现被抓之人有罪的并不多，基本都是被冤枉的，陛下和太后仁爱宽厚，大公无私，怎能任这样的事情随意发展，照这样下去后果不堪设想，当年杨玄感造反的时候，隋炀帝杨广大开杀戒，使得万民遭殃，最终人心离散，群雄并起，隋朝也因此走到尽头。前事不忘，后事之师，陛下和太后可要深思啊！

陈子昂的表章写得简明扼要，句句切中要害，但武媚娘不为所动，依然我行我素，该弄谁就弄谁，即便是三品大员也难逃厄运。

刘祎之任凤阁侍郎，那可是堂堂的三品官，因为一句话惹了武媚娘，便被赐死家中。

（凤阁即原来的中书省，之前介绍过唐朝为三省六部制，中书省是其中一省。武周时期将尚书省改称为文昌台，门下省改称为鸾台，中书省改称为凤阁，又将六部中的吏部改为天部，户部改为地部，礼部、兵部、刑部、工部各改为春、夏、秋、冬四部。）

刘祎之是立过大功的人，废黜中宗李显的时候，他是带军入宫的几个重要人物之一，也正是因为这个原因，武媚娘才将其提拔至三品大员。

刘祎之敢带兵入宫参与废帝是因为当时的中宗的确够浑的，太后出来主持大局，刘祎之才会尽自己微薄之力。李显被废之后，新皇帝仍然只能当武媚娘的傀儡，刘祎之对此表示不满，对同僚贾大隐说："我们支持太后废昏庸立贤明，但立了贤明的皇帝她仍然把持朝纲，这就不对了，应该早日还政于皇帝，使天下太平。"

只能怪刘祎之瞎了眼，这个贾大隐可不是个好东西，刘祎之刚跟他说完这段话，转身他就去报告了武媚娘。

武媚娘一听当时就怒了，大骂道："刘祎之这个狼心狗肺的东西，他可是我一手提拔起来的，竟然也能说出'还政'这种我最不爱听的话，看我不找机会给他点颜色瞧瞧。"

机会都是人创造出来的，很快便有人诬告刘祎之收受贿赂，跟别人的小妾私通。公元687年的夏天，武媚娘借机将其赐死家中。

在刘祎之刚刚犯事的时候，睿宗李旦为其求情，刘祎之的亲朋好友纷纷表示祝贺，认为他能逃过此劫，但刘祎之看问题比他们更透彻，他明白这只能加速他的死亡，因为太后不会让皇帝培养起自己的势力。

临刑之前，刘祎之神态自若，沐浴更衣之后，起草谢恩表，然后淡然赴死。

郭翰和周思钧看了刘祎之的谢恩表，被其文采折服，大加赞赏，武媚娘知道后二话不说将两人降职处理。

刘祎之死得很淡定，但不是所有人都甘愿淡定地死。

几年前，郝处俊极力反对李治让位于武媚娘，武媚娘恨他恨得牙根直痒痒，还没来得及下手，郝处俊便老死榻上，他是两眼一闭到下面去躲清静了，但他的子孙还都捏在武媚娘手心里。

有人诬告郝处俊的孙子郝象贤谋反，武媚娘让周兴象征性地审讯一番之后，便定了个满门抄斩的罪名。

行刑路上，郝象贤扯开嗓子大骂武媚娘，把后宫那些淫秽不堪的丑事抖出来，搞得天下沸沸扬扬。

武媚娘从郝象贤身上吸取了教训，那就是决不能让死刑犯开口说话，尤其是在公开场合。从那以后死刑犯上刑场的时候，都会在他们的嘴里塞一个木头疙瘩，让他们无法瞎嚷嚷。（《资治通鉴》记载：自是终太后之世，法官每刑人，先以木丸塞其口。）

据说，这个方法传承了很多很多年。古往今来，被堵上嘴巴杀死的人不计其数！

当时，敢得罪武媚娘的人几乎都没有好果子吃，有些人即便没得罪她也不会有好果子吃，因为这类人的出身太好了，让武媚娘很不放心。

右卫大将军李孝逸平定李敬业叛乱后，声望值暴涨，姓武的人就更加讨厌这位姓李的王爷，开始排挤，但排挤的效果不太明显，毕竟人家没干啥坏事也不好直接弄死人家。

为此，武承嗣再次开动脑筋编造罪名，很快罪名就想好了——蓄谋造反，具体情况是：武承嗣指使手下人诬告李孝逸，说李孝逸自称名中有个"兔"字，兔乃是月亮里的东西，属于天上的物种，有当皇帝的命。

瞎扯！

忒瞎扯了！

但不管多瞎扯，这都足以给李孝逸定个死罪，最终武媚娘"大发慈悲"，免其死罪，流放儋州（今海南省儋州市），不久李孝逸便死在凄凉的海风中。

天助媚娘

公元688年，武媚娘又有了重要事情要做——修建明堂。

早在太宗李世民、高宗李治执政之时，他们就想修个明堂。明堂相当于现在的大型多功能会议中心，但比会议中心复杂得多，主要功能包括朝会、庆赏、选士、讲学、宴会、祭祀、布政等。

之前的两位唐朝皇帝要修明堂都被别人拦住了，大臣们认为明堂这东西可有可无，属于锦上添花的，没有明堂不是也该祭祀祭祀，该朝会朝会嘛，啥也没耽误，反倒是建完明堂会有麻烦，还需要修改制度，例如：什么样的祭祀要在明堂搞？什么样的宴会要在明堂开？诸如此类的问题还挺多，没必要非得搞个明堂给自己添乱。

武媚娘有些好大喜功，明堂是一定要建的，至于相应的制度嘛，她也不用太操心，她的那群北门学士正在制定，根本不需要征求宰相和文武百官的意见。

公元688年2月，拆除既有的乾元殿，在此建设明堂，怀义和尚是该项目总指挥，他除了高大威猛、有臂力之外，工作能力也不错，带领数万役夫干得热火朝天。

根据史料记载，明堂为木结构建筑，中间有一根能破当时世界纪录的通天柱作为主干，高八十八米，分为三层，下层按照春、夏、秋、冬四时规划，中层按照十二时辰设计，上层效法二十四节气，以圆盖覆顶。（20世纪80年代的一次考古发现了明堂遗址，虽然通天柱已不复存在，

但其下面的四方柱础石依然完好，以及外侧的包砖、夯土清晰可见。）

除了这些中规中矩的东西之外，还有一支鎏金铁凤立于穹顶，舞于九天之上，这绝对是对传统的巨大冲击，象征皇权的东西一直是龙，凤只能见于后宫，通过这个大胆的举动，武媚娘把自己布置的棋局推向了最后一步。

要走完这最后一步棋绝非易事，武媚娘还有很多工作要做，还需要多方帮忙，在君权天授的年代，"天"必须也得掺和进来。

"天"当然不会随随便便就帮忙的，这就需要武家人动点小心思，使点小手段。

武承嗣派人找了块品相良好的大石头，叮叮咣咣凿上"圣母临人，永昌帝业"八个大字，安排一个叫唐同泰的人上表献石，声称这石头是从洛水中捞出来的，完全是上天赐予的，绝无半点人为造假痕迹。

虽然是在演戏，但武媚娘很入戏，表现出异常高兴的样子，就如同这刻字的石头真是从天上掉下来的一般，还给这块石头起了个名字——宝图。

唐同泰也没白忙活，被破格提拔为游击将军。

公元688年5月，武媚娘下诏，准备亲自去祭拜洛水，感谢上天赐予的"宝图"掉在洛水之中。

数日之后，武媚娘趁着庆祝"宝图"降世之机给自己加了个更加威风的尊号——圣母神皇。

眨眼之间，两个月的时间过去了，围绕"宝图"的炒作工作依然如火如荼，先是大赦天下，普天同庆，然后将"宝图"改名为"天授圣图"，洛水也跟着沾了光，改名为永昌洛水，虚无的洛水神都被封为显圣侯。

大家都高兴的时候，也有一部分人开始担心起自己的温饱问题，因为从此开始，禁止在洛水打鱼垂钓，渔夫们都失业了，需要另谋出路。

除了洛水的渔夫失业之外，还有部分地区的樵夫也失业了。武媚娘改称嵩山为神岳，也不知道是否存在的嵩山神被莫名其妙地封为天中王，同时禁止人们上嵩山砍柴放羊。

李家的反抗

天好糊弄，人难摆平。李家还有很多李渊的子孙，这些子孙中部分还是德高望重的王爷，这使得武媚娘如芒在背、如鲠在喉，王爷们也是人人自危，为了自保，他们开始暗地里研究如何才能继续让姓李的当皇帝。

李渊的这些子孙主要有李元嘉、李元轨、李灵夔、李贞、李撰、李绪、李融、李蔼、李冲、李慎等，这些兄弟、叔侄之间先是通过书信往来沟通情况，然后各自纷纷起兵。

博州（今山东省部分地区，管辖聊城、博平、高唐等地区）刺史李冲竖起了第一面反抗的大旗，率先招募五千余人想要横渡黄河夺取济州（今山东省济宁市），想法是好的，但操作过程并不理想，还没摸到济州的边就被一个小小的武水县（今山东省聊城市附近）拦住去路。

面对龟缩在城中的守军，李冲想到个好办法——火攻，他准备用火烧开城门，再一鼓作气大破武水县。

大火很快便烧了起来，但还没等李冲笑出声来，一股小风刮得他打了个冷战，可能是天意吧，在火烧城门的关键时刻，大风逆转，李冲的部队被大火扰得人喊马嘶，更关键的是部队士气一落千丈，一个叫董玄寂的手下临阵倒戈在军中散布谣言，说李冲这种做法就是造反。

李冲杀了董玄寂，局面却已经控制不住了，五千多人呼啦一下四散而去，李冲仅仅带着几十个小弟狼狈逃窜至博州城（今山东省聊城市附近），结果被博州守军砍下脑袋。

李冲这面旗仅仅竖了七天就倒了，甚至连武媚娘派出的由丘神勣负责的平叛队伍都没派上用场。丘神勣带着一群人辛辛苦苦跑了一大圈，寸功未立，这绝不是他的风格，他也无法接受这么残酷的事实，因此，他到达博州城后大开杀戒，一千多个不幸的家庭家破人亡。

越王李贞听到李冲竖起大旗之后，自己也坐不住了，立刻在豫州起兵，并且取得开门红，顺利攻下上蔡（今河南省上蔡县）。

武媚娘派出麴崇裕和岑长倩（岑文本的侄子）率领十万大军讨伐李贞。

唐军的队伍刚刚出发，李贞便听说李冲的大旗已经倒了，他这边

当时也就蔫了，想弃械投降，不过很快又改了主意，因为他的手下傅延庆轻轻松松便招了两千多人，这又让李贞看到希望，于是，他对外声称李冲已经攻城拔寨取得丰硕成果，正带着二十多万战无不胜的大军前往这里准备会师。

在李贞虚假宣传的鼓动下，更多人加入造反的队伍中，很快便组建起一支五千人的队伍，李贞让手下裴守德指挥军队，又任命了五百多个九品以上官员，大多数官员都不想跟他造反，几乎毫无斗志，只有裴守德干劲十足，李贞把女儿嫁给了这个忠心耿耿的手下，希望能让他死心塌地跟自己坚持到底。

仅仅一个忠心的手下和五千临时集仑的兵士能抵抗唐朝十万大军吗？

李贞觉得有点悬，想来想去，他便决定采用一些超自然的力量来强化自己的队伍，好打一场以少胜多的大仗。

用超自然的力量强化队伍具体分两步走：第一步，让和尚、道士昼夜不停地诵读经文，祈求菩萨保佑；第二步，制作大量神符，全军上下每人佩戴一个。

李贞的队伍刚刚强化完，麴崇裕的大军便已经在城东四十里的地方安营扎寨。

有了经过超自然力量强化的队伍，李贞信心满满，当然不会怕麴崇裕的那群凡夫俗子，于是，派他儿子和裴守德率兵迎战。

有一件事情，李贞没搞明白，观音菩萨也好，三清祖师也罢，他们岂会管凡间这点琐事，如果他们真要插手这些纠纷那还真是挺闹心的，假如参战双方都请和尚老道念了经，也都给神仙们上了供，那神仙保佑谁赢呢？难道是谁用的馒头大，谁烧的香粗，神仙就向着谁？

交战结果可想而知，当李贞的士兵发现即便带着好几个护身符被砍之后仍然哗哗流血的时候，他们迅速崩溃。

李贞无法理解经过强化之后的士兵为何还是如此不堪一击，但他必须接受兵临城下的事实。思前想后，与其城破受辱而死，不如自己了断来得干脆。几位重要人物喝药的喝药、上吊的上吊。

数天之后，李冲和李贞的人头被悬挂于洛阳城中。

当初李家子孙准备群起反武的时候，鲁王李灵夔的儿子范阳王李蔼给李贞和李冲写信说："四方诸王如果一起兴兵，一定可以成功。"并且在这之后开始商量起兵时间，还没等商量出结果，李冲就沉不住气了，李贞也很快步了李冲的后尘，他们的失败导致其他王爷不敢继续闹事。

常言道：谋定而后动！

如果还没谋划好就草率行动，那只能听天由命，输赢便不在自己掌握之中。

《中庸》说："凡事豫则立，不豫则废。"豫同预，意思就是说：任何事情，事先有预备就会成功，没有预备就会失败。李冲他们虽然也有准备，但准备不充分还是不行。

另外，《孙子兵法》也表达了这个意思："胜兵先胜而后求战，败兵先战而后求胜。"意思是：打胜仗的军队总是在具备必胜的条件之后才交战，而打败仗的部队总是先交战，在战争中企图侥幸取胜。

李冲和李贞太冲动，他们不明白这样的道理——越是疯狂的时代，越需要冷静！

他们的不冷静给李家带来灭顶之灾，武媚娘下定决心趁此机会斩草除根，要把韩王李元嘉、鲁王李灵夔以及其他李家子孙一网打尽，于是派监察御史苏珦调查两位王爷密谋造反的事情。

苏珦经过一番调查之后，得出结论——王爷是清白的。

大家都明白这显然不是武媚娘想要的结果，因此有人趁机诬告苏珦，说他和两位王爷是一伙的。

武媚娘心中有数，苏珦跟王爷都是清白的，但王爷必死，不识时务的老苏杀了意义也不大，反倒会得罪读书人，干脆把他扔一边不管也就是了。

周兴代替苏珦接过关于两位王爷造反的案子，武媚娘对他的办事能力和效率绝对放心，周兴也没让武媚娘失望，很快便有了结果，大多数人明白这结果是伪造的，但这并不影响处死两位王爷以及其他几位重要皇亲国戚的结果。

李元嘉和李灵夔是武媚娘的心头大患，除掉他们两个，剩下的那些小辈便好收拾了。

公元688年冬，武媚娘下诏让皇族到明堂开会，东莞公李融拿不

定主意，秘密派人向高子贡咨询自己是否应该去。

高子贡给他的回答是：来了的话，必死无疑。

李融声称肚子疼不能来开会，然而他也没躲几天便被武媚娘抓起来直接弄死，高子贡也被武媚娘的特务团伙揪出，成为李融的陪葬。

李敬业也好，李冲也罢，他们反武的失败并不仅仅是战略和战术的问题，还有更深层次的原因，那就是没有得到老百姓支持。

在一部译名为《V字别动队》的电影中有这样一句经典台词："人民不应该害怕政府，政府应该害怕人民。"这句台词揭示了百姓和政府之间的关系。

正直，圆滑

这段时间，老李家死了不少人，受牵连的人更多。

李贞的叛乱平息后，朝廷派狄仁杰担任豫州刺史，收拾李贞留下的烂摊子。

狄仁杰上任后发现这个摊子还真不小，受李贞牵连的有六七百户人家，要到官府充当奴隶的有五千多人。

狄仁杰明事理并且心地善良，要收拾这么多无辜百姓，还真下不去手，他便给武媚娘秘密上了一道奏折，大致内容是夸武媚娘心胸宽广、仁爱怜悯，不应该让这么多人家破人亡。

武媚娘看完狄仁杰的奏折，大发善心般原谅了那些百姓。

狄仁杰的话如此有分量也在情理之中，他的爷爷狄孝绪曾给李世民当过尚书左丞（正四品的官职），老爹狄知逊做过长史，狄仁杰比父辈更优秀，被大画家阎立本称赞为"河曲之明珠，东南之遗宝"。

在李治当皇帝期间，狄仁杰曾担任大理寺丞一职，一年之中判决大量积压案件，涉及一万多人，结案之后竟无一人申冤上诉，一时间，狄仁杰名声大振，被称作断案如神、惩奸除恶的大法官。

不过那些案件都是小案子，真正让大家印象深刻的是狄仁杰跟李治之间的那场摩擦。

公元676年的时候，左威卫大将军权善才和左监门中郎将范怀义两人不小心砍了昭陵的柏树，昭陵那可是李世民的坟地，一草一木都是国家重点保护对象。

李治大笔一挥判了权、范二人死罪，狄仁杰立刻站出来阻拦："根据国家法律，这二人罪不至死。"

李治的理由也很充分："法律是法律，特权是特权，我是皇帝就说了算，他们破坏我爹的陵墓，不杀他们就是不孝。"

狄仁杰一看皇帝发火了，话锋一转，说道："冒犯皇帝的尊严，直言劝谏，自古以来就被认为是件很困难的事情，但我认为要分情况而定，如果对夏桀、商纣那样的昏君直言劝谏的确很难，如果对尧、舜、禹、汤那样的明君直言劝谏则并非难事。"

狄仁杰在谈话方面的技巧简直无人能比，他这简单几句话便让李治的气消了很多，哪个皇帝不愿意自己被比作尧舜禹汤啊！

狄仁杰看皇帝情绪有所好转，便接着说道："按照大唐法律，权善才和范怀义罪不至死，如果陛下因个人原因杀了他们，那陛下就是凌驾于法律之上，法律的威严何在？如果法律丧失威严，那如何取信于民？"

说完这些，狄仁杰又引经据典讲了不少例子，最终，李治根据法律规定流放权善才和范怀义二人。

几天之后，狄仁杰升为侍御史。

通过这事不难看出狄仁杰是个聪明人，该拍马屁的时候下得了手，不知不觉中夸李治是位像尧舜禹汤一样的明君，这马屁拍得水过无痕，如春风拂面般使人舒服。

正直的狄仁杰有其圆滑的一面，这大概也是他后来既能做很多好事的同时还能得到武媚娘信任的重要原因吧。

圆滑归圆滑，狄仁杰确实做了不少好事，刚刚在豫州救了那么多人的性命，还阻止了唐军在豫州欺压百姓，保得一方安宁。

不是所有官员都有这样的智慧，有些人往往既没干啥好事，又遭大人讨厌，例如那个曾经对裴炎严刑逼供的骞味道，讨得武媚娘一时的欢心，但由于太不会做人做事，很快便被冷落起来。

说起骞味道被冷落这事，还真不怪武媚娘。

朝廷中有人被降职，去找宰相哭诉，骞味道不能给出降职的合理

解释，便说都是太后的意思。

武媚娘知道后当然很生气啊，做下属的哪能把好事都揽给自己，把坏事都推到太后身上，屁大个事都不能替太后扛，这样的下属谁会喜欢？

失宠的骞味道日子非常难过，他这样的小人得志之时能猖狂，失意便是众矢之的，被他原来的下属周矩抓住小辫子，给定了个谋反的罪名，跟他的儿子骞辞玉一起被处以极刑。

日月当空

公元 689 年正月，大唐举办大规模祭祀活动，武媚娘身着盛装第一个进献祭品，睿宗李旦沦落到第二位。对于这样的祭祀顺序可能也会有人觉得不合适，但并没有人敢提出来，现场气氛十分融洽。

祭祀结束后，武媚娘驾临明堂接受朝贺，颁布教诲官员的政令，让大家认真学习，学完之后摆开酒席，大宴群臣。

一个月后，武媚娘追封父亲武士彟为周忠孝太皇，追封母亲为周忠孝太后，又给各位素未谋面的先祖加官晋爵。

爹都是皇帝了，那闺女离皇帝也就不会太远了。

在接下来的几个月中，武媚娘先后杀害汝南王李炜、鄱阳公李諲（yīn）等十余位皇族子弟，将他们的家属流放到偏远地区。

被弄死的皇族子弟有些是参与了造反活动的，也有些一直在安安分分地过自己的日子，例如纪王李慎可以说毫无劣迹，仍然逃不出武媚娘的魔爪，在发配途中不明不白地死掉了。

被弄死的这些李家子弟死后也不得安宁，武媚娘剥夺他们的"李"姓，让他们统一姓"虺"。

除了迫害李姓皇族之外，朝廷上下也实现大换血，武媚娘的本意是将一些不听话又没什么威望的人除掉，让他们别在自己的好日子上捣乱，实际操作过程却出现很大偏差。您想啊，一群奸佞小人聚在一起能消停了吗？狗咬狗一嘴毛的情况时有发生，今天他给他一拳，明天他又踹他一脚，分寸把握不好的话就演变成流血事件，甚至还会掉脑袋，这些奸佞小人互咬致死可以说是大快人心。

也有不少正直善良的人因得罪酷吏而被冤枉致死，例如魏玄同、刘易、黑齿常之等人。

血腥的公元 689 年终于熬过去了，新的一年会有新气象吗？

对于武媚娘来说，她是有新气象的，因为她终于有了自己的名字，不是任何人赐给的，而是自己起的名字——武曌（zhào）！

封建社会仅有少部分女人有自己的名字，大多数是有姓没名的，结婚之后还要改成夫君的姓，例如姓钱的妇女嫁给姓赵的男人之后，这个妇女便被称为赵钱氏。

现如今，武媚娘再也不用叫先皇李世民赐给她的"媚娘"这个名字了，她有自己更响亮的名字，仅从字的结构就能看出"曌"字霸气外露，那可是日月当空啊！在封建社会谁能大得过"日""月"？以前是没有这个字的，这个"曌"字是目空一切的武曌自己发明创造的。

武曌对李家皇族心狠手辣，对平民百姓还是不错的，她有伟大的政治理想，要想治理好国家，最基层的百姓才是根本。如何才能让普通百姓有机会跻身于统治阶级？之前曾经介绍过科举考试是个很好的途径，武曌对此格外重视，今年还特意在洛城殿亲自主持考试，这是举子们第一次有幸到皇宫参加考试，虽然还未形成完善的制度，但此举也是开创了殿试的先河。

一个普通百姓除了科举考试之外还有更好的途径升官发财吗？

有！

侯思止就是个很好的例子。

侯思止出身贫寒，以卖饼为生，他头脑灵活、狡黠奸诈，天生就是个无赖，诬告成风的年代正是属于这种人的年代，他受人指使诬告舒王李元名谋反，立下大功，武曌提拔他为游击将军，但按照当时标准衡量，通过告密扳倒一个王爷的一般会当上五品官，所以侯思止对这个游击将军的头衔并不满意，竟然跟武曌要起无赖，非要当个御史。

武曌并不是不想给侯思止个大官，只不过侯思止是个文盲，斗大的字不认识一筐，咋当御史啊？

侯思止知道武曌不让他当侍御史的原因后并未后悔自己当初不好好学习，而是跟武曌说："请问太后，獬豸有学历吗？它不是照样能用犄角惩奸除恶。"（獬豸俗称独角兽，传说中的上古神兽，是勇猛、公

正的象征，能辨善恶，发现坏人就用角去顶。）

也不知道侯思止在哪听说神兽獬豸的故事，当着武曌这么一忽悠，还真就管了用，被封为朝散大夫、侍御史。武曌将以前没收的大宅子赏赐给侯思止，侯思止坚决不要，理由是这些房子都是乱臣贼子住过的，自己最讨厌的就是那些不忠、不孝、不仁、不义之徒，怎么会住他们曾经住过的房子呢？

侯思止讨得武曌欢心，也加入酷吏行列中，和索元礼、周兴、来俊臣、丘神勣等人肆无忌惮地迫害着李家子孙。

泽王李上金、许王李素节、南安王李颖先后被武曌弄死，连故太子李贤的两个儿子也被人用鞭子活活抽死。

日月当空，普照大地，让李家子孙无处藏身，除了那些特别老实的几乎快被杀干净了，剩下一些年幼无知的也被发配到岭南（岭南是指由越城岭、都庞岭、萌渚岭、骑田岭和大庾岭组成的五岭以南地区，大体包括现在的广东、广西、海南、湖南和江西的部分区域，在唐朝时期，由于受地理环境等因素限制，岭南的经济、文化远落后于中原地区）等偏远山村。

并不是所有的李氏子孙都遭了殃，也有个别人跟武曌投脾气，关系处得极其融洽，太平公主就是代表人物之一。

太平公主是李治和武曌的女儿，长得并非现在电视剧中的那么娇小可爱、楚楚动人，不过在唐朝时期绝对是极品美女，典型特征就是大脸盘子，《新唐书》用这样一个词描写太平公主的脸型——方额广颐，翻译成白话文就是方脑门子、大脸蛋子。（喜欢研究古人物的朋友可以看看《簪花仕女图》《挥扇仕女图》《宫乐图》以及唐三彩等作品，里面的美女都是这样的大脸盘子，那时不流行瓜子脸、尖下颏。这就如同不能用现在的标准衡量以往的社会制度和传统一样，也不能用现在的审美看唐朝的美女。）

作为政治人物，长相并不是最重要的，重要的是性格，太平公主的身体里流淌着和她妈一样不安分的血液，骄横放纵、凶狠毒辣，有心机，也有才干，擅长谋略，武曌觉得这个女儿跟自己就是一个模子刻出来的，格外喜欢。

女皇登基

经过多年努力，武曌终于扫清全部障碍走到皇帝宝座之前，目前她要登上宝座无非就差几个台阶，对于这几个台阶武曌不用自己去花心思，手下那么多识时务的人会帮她铺好。

第一个铺台阶的是个秃头，该秃头在东魏国寺出家，法号法明，之所以称其为秃头而不是和尚是有原因的，和尚是出家之人，不会参与红尘中的名利之争，没有跳出红尘的只能被称为秃头。

法明和怀义等人编写了四卷《大云经疏》（《大云经》的注释）将其献给武曌，经中说武曌是弥勒佛转世，上天派她下界取代李唐主宰人间。

秃头都这么会来事，在红尘中摸爬滚打的俗人更是挖空心思讨好武曌，侍御史傅游艺带领近千百姓大张旗鼓到皇宫门前游行，号称他们代表民意，请求武曌顺应天意自立为帝，改唐为周，再把现在的皇帝李旦赐姓武氏。

武曌政治素养这么高，肯定不能接受傅游艺的"民意"啊，这么个小角色请求自己当皇帝，自己就当皇帝，那显得多沉不住气啊。

武曌虽然没同意傅游艺的请求，但仍然大加封赏，文武百官纷纷效法，短时间内竟然有六万多人请求武曌当皇帝。

这下差不多了，只需要最后一位关键人物推一把便水到渠成，那就是现任皇帝李旦。

大厦将倾，李旦势单力孤，哪有能力挽狂澜于既倒！于是，他顺势而为，请求退休，并跟随母亲姓武。

公元 690 年 9 月，武曌假装扭扭捏捏地接受群臣请求，表示自己为国为民将勉为其难地当这个皇帝，两天之后，武曌在则天门城楼大赦天下，宣布改唐为周，尊号为圣神皇帝，前皇帝李旦为皇位继承人，赐其武姓。（十几年后，中宗李显再次登上皇位，为武曌上尊号为则天大圣皇帝，后世习惯称其为武则天，另外，则天二字有效法天帝法则之意。）

【第二章】女皇的时代

主角：武曌

配角：狄仁杰、李昭德、娄师德、徐有功、安金藏、张柬之、宋璟、吉顼、张昌宗、张易之、武承嗣、武三思、武攸宜、来俊臣、周兴、阎知微、田归道、阿史那默啜、李尽忠、孙万荣等

事件：经过数年准备工作，武曌终于名正言顺地登基称帝，称帝后的武曌发生重大转变，逐渐弃用酷吏，启用德才兼备的大臣，国内安定团结，百姓生活水平不断提高，社会上升趋势明显。

身为女皇帝的武曌也想像男皇帝一样有个庞大的后宫，怀义和尚、张昌宗、张易之以及其他一些帅小伙走进她的生活，这在封建社会绝对是极大程度地挑战了传统，偏偏怀义和张氏兄弟都不是什么善良之辈，他们也是武曌执政的一个突出败笔。

除了男宠这个问题之外，武曌这皇帝当得还不错，她的结局如何呢？另外，她曾经犯下那么多错误，临死之前自己又有何感悟呢？

《资治通鉴》将武曌在位的时期划归为唐朝，在国号上更多地使用"唐"，很少使用"周"，对武曌也很少称呼为皇帝，更多的称呼是太后。本人认为，虽然从表面上来看武曌登基跟历史上大多数篡位者有所不同，但实质却是一般无二，有国号，有七庙，皇帝该有的她都有，这个政权是客观存在并且应该被认可的，因此本书将这段时期的中国称为周朝，为了区别周文王、武王那个周，称武曌的周为武周。

女皇的政治天赋

武曌适合"皇帝"这份难度极高的工作吗？

客观来讲，武曌在政治方面天赋极佳，虽然在朝廷内部和后宫之中劣迹颇多，但在治理天下方面还是有很多可圈可点之处，早在她"垂帘听政"之时，便上书高宗李治，提出十二条改革措施，后人称之为"建言十二事"。

从大的方面来看，"建言十二事"主要包含以下四方面：

第一方面，劝课农桑，轻徭薄赋，减少工程建设，取消部分特殊区域的苛捐杂税，以此减轻农民负担，提高百姓生活水平。武曌明白老百姓都穷的话，国家怎能富？只有老百姓富了国家才是真正的富，财富分散在广大老百姓手中才是最安全可靠的。

第二方面，提高官员待遇，该升职的升职，该加薪的加薪，使得他们工作更有干劲。在任何时期、任何群体中，良好的奖惩制度都是十分重要的，"多劳多得、少劳少得"应该是一条基本原则，如果能靠溜须拍马升官发财，还有多少人会想着努力工作？

第三方面，广开言路，杜绝谗言。这个道理再简单不过，多听多看才能了解情况，一个人毕竟只有一双眼睛、两只耳朵，能力是有限的，只有言论自由，大家都能说、都敢说，统治阶级才能了解真实的民情，也才不会被小人的谗言混淆视听。

第四方面，提高女性社会地位。例如，在当时社会，父亲去世后，子女要守孝三年，但如果父亲健在，母亲去世，子女只需守孝一年，武曌要求子女为母亲守孝也得三年，父亲和母亲对子女来说是一样重要的。

除了这些之外，"建言十二事"还涉及偃武修文、勤俭节约等方面。这些内容大多数是为国为民的，武曌也借机提升了自己的地位，不管她出于何种目的，最终的效果都是富民强国，使得社会安定团结，推动了历史的进步。

武曌提出的十二条有些她自己身体力行做得很好，有些她却背道而驰。

在鼓励农业生产和勤俭节约方面，武曌身体力行，亲自带领宫中妇女养蚕织布，简化自己的裙子以节省布料。可她在杜绝谗言方面做得太差了，不但不能杜绝，反倒鼓励大家广进谗言。

武曌在位期间，功过是非让人难以说清，即便是她自己也不好下定论，因此她最终将这个权利留给后人。

后人依靠什么来评价武曌呢？

我想，没有什么会比事实更有说服力。

请君入瓮

女皇登基之后，首先设立代表正统皇权的"七庙"（"七庙"即祖庙，皇帝的祖庙可祭祀七代祖先，因此称为七庙），追封武氏列祖列宗为皇帝，又为活着的武氏子孙加官晋爵，封武承嗣为魏王、武三思为梁王、武攸宁为建昌王，另外稍有功劳的武家子弟均被封为郡王，武家姐妹被封为各种名号的公主。

除了姓武的尝到甜头外，其他文武百官也都得到封赏，封赏最多的便是那个带头游行的傅游艺，一年期间，他从九品芝麻官升到三品宰相，这速度就算是坐火箭也追不上啊，唐朝时期各个品级的官服颜色不同，傅游艺一年之内穿遍了青、绿、朱、紫四种颜色，被人们戏称为"四季官"。

不过他这样靠投机取巧而风光一时的官很难长久，因为这样人所走并非大道，常在河边走哪能不湿鞋！

这个傅游艺升官升得太快，有点刹不住车，做梦都会梦到升官，有一天晚上他梦到自己登上湛露殿（皇帝接见重要大臣的地方），早上一起床便唾沫星子乱飞地跟亲朋好友吹牛，说自己又快升官了。

亲朋好友也需要升官啊，当时最快捷的方式就是告密，于是有位亲友向武曌告发傅游艺梦游湛露殿。

武曌听后大怒，心想："你不明白吗？我才是湛露殿的主角，你哪有梦游湛露殿的资格。""四季官"被扣上造反的帽子逮捕入狱，傅游艺也是明白事理之人，他已成为别人的垫脚石，绝无翻身可能，与其受尽折磨而死，还不如自己选个舒服点的方式到阴曹地府谋发展。

傅游艺的死并未给他的同僚敲响警钟，那些沉迷于权势的官员仍

然兢兢业业地坑害着身边的人。

旧唐宗室的李行褒兄弟被人诬告，说他们反周，刚好这个案子的负责人之一徐有功是个正直的大法官，他调查取证之后发现李行褒兄弟是冤枉的，就让负责此案的周兴进行改判。

周兴也知道李行褒兄弟是冤枉的，但绝不会为其改判，自己能有今天的地位靠的不就是冤枉这样的人嘛。

周兴对于徐有功的举动不但不生气，反倒很高兴，心想："天堂有路你不走，地狱无门闯进来。我又可以多杀一个人，多得一份功劳。"

就这样，周兴向武曌提交了两份报告，一份是关于李行褒兄弟谋反的，另外一份是关于徐有功跟李行褒兄弟是同谋的。

徐有功是什么样的人，武曌再清楚不过，这样的人才是治理天下所需要的，只要他们别太出格就行，至于周兴这样的酷吏不过是特殊时期的特殊工具，等到不需要他们的时候自然会卸磨杀驴。

此刻周兴还有利用价值，徐有功还得暂时委屈一下。武曌将徐有功削职为民，过了段时间又想重新启用，但徐有功不想再干这份工作了，他不是那种做一天和尚撞一天钟的人，接下这差事就会尽力把它做好，严格执法的话迟早会触龙逆鳞而一命呜呼。

胳膊拧不过大腿，武曌坚持让徐有功担任侍御史，徐有功只好硬着头皮戴上乌纱。

徐有功事件对武曌还是有一定触动的，她已经开始有了拿一两个酷吏开刀，顺应一下民心的想法。

第二年，即公元 691 年，御史中丞李嗣真向武曌上书说："近年来有很多告发案件，大多都是冤假错案，那些酷吏为了能够升官发财不惜使朝廷重臣家破人亡，他们掌握生杀大权，行使着君王才能行使的权力，长此以往将积累大量民怨，恐对朝廷不利。"

此时的武曌终于也下定决心用一两个酷吏的人头收买人心。

谁会是那个倒霉蛋？

周兴！

丘神勣！

这哥儿俩最近运气不太好，以前都是他们诬告别人，风水轮流转，今天他们成了被告者，罪名是现成的——串通谋反。

说他俩谋反，傻子都不信，天生的酷吏就不是谋反的料。虽然没人信他们会谋反，但几乎所有的人都希望他们死，最关键的是武曌要卸磨杀驴。

审讯的过场得走，那一纸罪状还是要展现给世人的。

谁来审讯？

这是个难题！

周兴可是酷吏中的佼佼者，人送绰号"牛头阿婆"，秀才出身，遍读典籍，各种法律知识烂熟于胸，想要给他定罪并不会太容易。

武曌将这个艰巨的任务交给了周兴的死党——来俊臣。

来俊臣接到这个任务之后异常兴奋，这可以说是酷吏之间的巅峰对决，没有什么比扳倒周兴和丘神勣更能体现自己水平的事情了。

来俊臣这小子是头顶上长疮、脚底下流脓——坏透腔了，他知道周兴是酷刑领域的高手，一般的手段不会放在眼里，假如自己不能让周兴招供，武曌肯定不会放过自己，而且自己的"一世英名"也就毁了。于是，就想出来个好主意，俗话说，知己知彼百战不殆嘛，就先看看周兴自己怕什么吧。

在一个阳光灿烂的日子，来俊臣杀猪宰羊，置办了一桌上好的酒席请周兴喝酒，表现得异常谦虚谨慎，向周兴请教问题，请他在专业知识方面给予指导，两人本就同道中人，此刻更是酒逢知己千杯少。

酒过三巡、菜过五味，来俊臣开口了："周大师，在咱们这个领域您是头号领军人物啊，前无古人后无来者，小弟实在是佩服！佩服！"

"岂敢、岂敢，老弟你的造诣也不在我之下啊，以后咱俩还得多交流。"周兴还假装谦虚了一下。

这时，来俊臣面露难色，说道："最近有批犯人，骨头很硬，我都黔驴技穷了，他们还是不肯招供，周大师能指点一二吗？"

周兴听完这话，心里那叫一个美啊，暗中想道："平时咱俩水平不分伯仲，现在你终于还是败在我的手下。"

周兴强压那种鹤立鸡群、独占鳌头的优越感，说道："这个容易，我教你一个方法，拿一口大瓮，在下面点燃炭火，把囚犯放在瓮中烘烤，看他招不招！"

来俊臣命人按照周兴的说法取来大瓮，点好火，然后问道："是

这样的吗？"

周兴得意扬扬地答道："看不出来你这么好学，刚听到新的方法就立刻实践，孺子可教啊！"

来俊臣也不在乎他挖苦自己，笑眯眯地说道："您平时把别人放到这个瓮里面，自己愿意进去吗？"

"当然不愿意进去了。"周兴对来俊臣这样跟自己说话表示不太满意。

来俊臣拿出武曌下令审讯他的文书，说道："那今天我就请您进瓮过过瘾了。"

周兴这才明白自己被人要了，事已至此除了招供还有更好的选择吗？

"请君入瓮"这个成语正是根据这段历史而来。

不知出于何种原因，武曌并未杀周兴，而是将其流放岭南，但他仇家太多，还没等到发配地便被人给暗杀了。

丘神勣的下场比周兴还要惨，他曾经逼死过武曌的儿子李贤，虽然是武曌的意思，但毕竟血浓于水。

因此，丘神勣在菜市口被砍了脑袋。

周兴和丘神勣的死是否会让来俊臣学到"兔死狐悲"这个词？

不会！

因为，来俊臣很自信，他自认不会落得跟其他酷吏一样的悲惨下场，跟他们相比，自己有三大优势：第一个优势，长得帅，虽然跟武曌没啥不正当关系，但爱美之心人皆有之，长得帅讨人喜欢；第二个优势，绝对忠于皇帝，他的忠心日月可鉴；第三个优势，专业素质高，多难的问题他都能搞定。

新的炒作点

傅游艺、周兴和丘神勣的下场没有让来俊臣引以为戒，也没有让那些鬼迷心窍的人觉醒，他们一如既往地昧着良心做事，一如既往地栽赃嫁祸同僚，这也应了那句话——人为财死、鸟为食亡，被名利遮住双眼的人是看不见死亡的。

现如今，大家要想再像傅游艺那样在武曌登基问题上做文章已经不可能了，但想要升官发财的人们总会找到新的点。

这个新的炒作点便是下一任皇帝问题，此时的武曌已经年近古稀，说不定哪天就会崩掉，有远见的人自然会想在下一任皇帝上台之前就开始拍他马屁，同时也可以讨现任皇帝的欢心。

在这事件中拔得头筹的是王庆之，以他为代表的数百人给武曌上表，请求立武承嗣为太子。

武曌登基的时候已经明确了原来的睿宗李旦为太子，到现在为止李旦没犯过什么错误，不管是作为武曌的儿子，还是旧唐的皇帝，或者武周的太子，他都老老实实、规规矩矩，这样的孩子让当妈的无可挑剔，武曌心中一直在纠结，是让姓李的儿子当太子，还是让姓武的侄子当太子。

就在她正头大的时候，王庆之跳出来指手画脚，让武曌有些心烦意乱，更让她心烦意乱的是宰相岑长倩也跟着出来添乱。

岑长倩的立场很坚定，已有合法的太子，在这种情况下提出另立太子是违法乱纪行为。

看着"挺武"和"挺李"两派人打得不可开交，武曌十分无奈，她自己没打定主意，不知道该支持谁好，干脆让他们去打，自己躲个清净。

岑长倩父母早亡，在他叔叔岑文本身边长大，"近朱者赤，近墨者黑"。岑长倩是个不折不扣的正人君子，要是放在清平世界那绝对是不可战胜的，但在那个乌烟瘴气的社会，他这样正直而又不懂变通的君子在酷吏眼中简直就是赤裸的羔羊。

来俊臣等人随便用了点手段就把岑长倩以及他的两个支持者——格辅元和欧阳通——一起抓进监狱。

令来俊臣想不到的是，这些读书人的骨头出奇的硬，比那些五大三粗的武将更难搞，任凭你毒刑用遍，人家眼都不带眨一下。

像来俊臣这样的人永远也不会明白，读书人吃的精神食粮更加能够强筋壮骨。你可以砍下他的脑袋，却不能令他弯腰。

不过像来俊臣这样的人并不需要明白这些道理，他只需要知道如何伪造证据就足够了。

就这样，岑长倩、格辅元、欧阳通等人全部枉死于酷吏之手。

岑长倩等人的死让王庆之更加嚣张，隔三岔五地到武曌那里献媚，一门心思要捧武承嗣当太子。

王庆之这样没完没了地折腾，气坏了那些想要维护李家正统的大臣，这些大臣斗不过武曌，只能眼睁睁看着她废唐立周，但总不能一错再错让李唐彻底灭亡吧，因此，这些人将矛头指向王庆之。

此刻的王庆之并不知道武曌还没想好选谁来当接班人，他也不懂得看武曌脸色行事，依然纠缠不休，终于惹怒武曌，得到一顿杖刑。

负责执行杖刑的人是李昭德，他对王庆之恨之入骨，听武曌说赏王庆之一顿杖刑之后，二话不说，把王庆之扔到殿外，然后对大家说："这厮便是想废当朝太子的混蛋，皇帝赏他杖刑，你们看着办吧。"

李昭德话音刚落，一群胸中极度憋闷的大臣蜂拥而上，使拳的使拳，使脚的使脚，刀枪棍棒、斧钺钩叉十八般兵刃一起往王庆之身上狠命地招呼。

王庆之没有得到荣华富贵，反而死于乱棍之下，更惨的是千百年后仍然要遭受世人的唾弃。

收拾王庆之并不能彻底解决太子问题，这只能算是治标，要想彻底解决问题需要治本，这个本就是武曌。

太子问题为何让武曌如此纠结？因为她知道儿子比侄子亲，也知道自己的皇位是从李家手里拿过来的，但是，她姓武，她想把武家发扬光大。这个太子之所以不好定，更重要的原因是这不仅仅是个太子的问题，更是两个家族的问题，等她死后，李家当上皇帝可能会诛尽武家，反之亦然。

李昭德为了此事可以说是挖空心思，他明白从常规角度劝皇帝是不会有效果的，于是剑走偏锋，从死后说起。

李昭德对武曌说："陛下的丈夫是皇帝，自己是皇帝，陛下的儿子将来也应该是皇帝，陛下儿子的儿子也会是皇帝，这样才是千秋万代的基业。如果陛下把皇位传给侄子可就不会这样了，自古以来哪个皇帝会给姑姑立庙？陛下自己追封先人的时候只追封爷爷奶奶、爷爷奶奶的爷爷奶奶……为皇帝，根本不会考虑七大姑八大姨的问题，所以说，即便武承嗣会供奉陛下，传下几代之后说不定人家就把陛下给忘了，到时连个祭祀的人都没有，陛下不饿得慌啊？"

（《资治通鉴》记载，昭德因言于太后曰："……陛下身有天下，当传之子孙为万代业，岂得以侄为嗣乎！自古未闻侄为天子而为姑立庙者也……若以天下与承嗣，则天皇不血食矣。"）

大多数人是自私的，尤其是武曌这样以自我为中心的人更自私，她要为自己活着的时候着想，也要考虑好身后事。那个时代的人更信鬼神，认为人死了并不是彻底的终结，只不过是换了一种方式继续存在，那种方式仍然需要供养，没人供养就会是恶鬼。

李昭德的话深深触动了武曌，为让自己以另外一种方式存在的时候仍然能够享受帝王待遇，她最终决定保持李旦太子的地位不动摇。

狄入"例竟门"

不管出于什么原因，武曌在太子问题上做出了正确选择，没有后顾之忧的武曌开始把更多的精力放在治理国家上。

治理国家最重要的是要有人才，为了招贤纳士，武曌设置了比以往更多的管理岗位。这个出发点是好的，但产生的负面效果也很突出——龙蛇混杂，滥竽充数者层出不穷。

当时凤阁就有大量的舍人、给事中、员外郎、侍御史、拾遗、补阙、校书郎等，由于混饭吃得比较多，老百姓就有些看不惯了，也不知道哪个好事者编了一段顺口溜，这个顺口溜很快便传得妇孺皆知，甚至后世的司马光大师还将其记录在《资治通鉴》中，这段顺口溜的内容是这样的："补阙连车载，拾遗平斗量；榷（qú）推侍御史，碗脱校书郎。"

大概意思就是说：补阙一车一车的，拾遗要用斗来量，侍御史多得要用耙子搂，至于校书郎简直就是用模子批量生产的。

有个叫沈全交的举人觉得这顺口溜还不过瘾，闲来无事还给补了两句："面浆糊心的存抚使，眯了眼睛的圣神皇。"

侍御史将沈全交五花大绑推到武曌面前，请求皇帝对这种敢于诽谤国家的穷酸书生严加管教。

武曌此刻正在笼络人心，要是严惩沈全交岂不把人才都吓跑了，

也会显得自己心胸狭窄，容不下唱反调的。

武曌面带笑容地对大臣们说："如果你们自己能做好本职工作，个个称职，何必在乎人家怎么说？如果你们不称职的话，那人家这顺口溜说的不是挺对吗？"

武曌虽然滥用官位，但基本还算明察事理，该提拔的提拔，该撤职的撤职，因此，天下有志之士也都积极踊跃地投身到国家建设中，为武周繁荣富强尽心尽力。

在这些人才中，狄仁杰格外优秀，这几年在不同的岗位上政绩都很突出，让酷吏们看得不顺眼，想把他给收拾了。

酷吏们编造的谣言很快传到武曌耳朵里，她明白狄仁杰是清白的，对自己又没威胁，便想重用他，她对狄仁杰说："你为国为民做了很大贡献，所管辖的百姓对你评价很高，但有人在我面前诽谤你，说了不少坏话，想知道都谁说你坏话了吗？"

狄仁杰精明得很，他这样回答："如果陛下认为他们说得对，我有过失，那请给我改过自新的机会；如果陛下相信我的人品，知道我一心为国为民，那是我的荣幸，我并不想知道是谁在诽谤我。"

狄仁杰的回答恰到好处，令武曌十分满意。

即便如此，狄仁杰仍然难以逃脱酷吏们的魔爪。

公元692年1月，来俊臣撒开大网，一举将狄仁杰、裴行本、任知古、崔宣礼、卢献、魏元忠、李嗣真七位大员扣上谋反的帽子，这七位大员有宰相，也有刺史，都被关进武曌设置的特殊监狱——"例竟门"。

这所特殊监狱设置在丽景门（洛阳的一个城门）内，其谐音为"例竟门"，当时人们对这个监狱的评价是："入此门者，例皆竟也。"

"竟"有"终结"的意思，也就是说进到这个门里的人也就走到了人生的终点。

在此之前被关进这座监狱的人，不管是当朝宰相，还是贩夫走卒，几乎都是竖着进来横着出去，此刻，狄仁杰身陷囹圄，能否转危为安呢？

乐家有儿已长成

"例竟门"简直就是鬼门关的代名词，刚直不阿、不肯低头者必然会在里面洒尽一腔热血，要想活着走出来就得熟知律法，制定出一套逃生方案。

当时的律法是：坦白从宽，抗拒从严。

犯人被抓进监狱后，第一次审问就招供的从轻处理，哪怕承认谋反也能免去死罪。

狄仁杰的圆滑再次体现出来，还没等来俊臣等人下手，他便招了，承认自己作为唐朝旧臣所以反对武周。

有人一看狄仁杰是软柿子，便想趁机利用一下。

来俊臣的下属王德寿嬉皮笑脸地跟狄仁杰商量："狄大人，您很配合我们的工作，现在这条命应该是能保住了，能否再帮我们个小忙？"

"我不过是个阶下囚，有啥能耐帮您啊？"狄仁杰嘴上这样说，心里早已知道王德寿葫芦里卖的什么药。

果然不出狄仁杰所料，王德寿直言不讳地说出自己的想法："您能否帮我诬告杨执柔（一位跟酷吏有仇的大臣），就说他跟您是同谋。"

狄仁杰虽然圆滑，但不失正直，诬赖好人的事他是不会干的，大骂王德寿一顿后一头撞在柱子上，搞得血流满面。

王德寿一看狄仁杰的态度就知道自己这买卖做不成，只好灰头土脸地跑了。

入狱的七位大员正直程度和狄仁杰不相上下，但圆滑程度就差得远了。

卖饼的文盲侯思止负责审讯魏元忠。面对严刑拷打，魏元忠破口大骂，侯思止气炸了肺也拿他没办法。

魏元忠是个直肠子，看不惯那些得势的小人。想当初有一个叫郭霸的人靠阿谀奉承当上监察御史，刚好是魏元忠的手下，魏元忠看这手下气就不打一处来。郭霸却不在乎，不管上官多看不上自己，马屁都照拍不误。

有一次，魏元忠生病了，郭霸屁颠屁颠跑来看望并亲口吃了他的大便。

您没有看错，郭霸不是狗，但的确吃了魏元忠的大便，吃完还高兴地说："您放心吧，这病不严重，很快就能好了，因为大便是苦的，如果这大便要是甜的，那可就麻烦了。"

047

郭霸这种人比癞蛤蟆还恶心，魏元忠烦透了他，见人就说郭霸之流都是吃屎的货。他说的是郭霸，影射的却是酷吏，魏元忠进入"例竟门"，落到酷吏手里吃了不少苦头。

（《旧唐书》记载，时大夫魏元忠卧疾，诸御史尽往省之，霸独居后。比见元忠，忧惧，请示元忠便液，以验疾之轻重。元忠惊悸，霸悦曰："大夫粪味甘，或不瘳。今味苦，当即愈矣。"元忠刚直，殊恶之，以其事露朝士。）

魏元忠等人誓死不肯招供，但狄仁杰已经供认不讳，酷吏们也就放松了警惕，狄仁杰找到机会将自己的冤情写成血书藏在棉衣里，让人把棉衣交给家里人。

狄仁杰的儿子狄光远看见父亲的血书后向皇帝汇报冤情，武曌看了血书便问来俊臣是怎么回事，来俊臣脑子转得很快，对答如流："狄仁杰等人入狱后好吃好喝、好穿好戴，我也没欺负他们，不存在屈打成招的可能性，他们若不是真的谋反怎会招供！"

武曌立刻派人核实狄仁杰等人的状况，被派去的人是个胆小鬼，怕得罪酷吏，走个过场就回来跟武曌汇报说来俊臣的话句句属实。

来俊臣有惊无险地化解此次血书风波，但他也认识到这事必须尽早彻底解决，以免夜长梦多。于是，伪造狄仁杰等人的谢死罪表上交给武曌。

此时的狄仁杰等人已是叫天天不应，叫地地不灵，还有谁能拯救他们？

令人万万想不到的是，把狄仁杰等人从"例竟门"拉出来的竟然是个不满十岁的孩子。

这个孩子是乐思晦的儿子。乐思晦前一年被来俊臣冤死，他的儿子后被抓进司农寺当奴隶。

小乐要替父申冤，要阻止来俊臣继续残害忠良，因此他号称有特殊情况向皇帝汇报。

在当时，很多人要去武曌那里打小报告诬陷别人，他们都声称有特殊情况向皇帝汇报，有关部门便不会阻拦。

小乐说有特殊情况向皇帝汇报，各级官员谁也不敢拦，他便顺利地见到皇帝。

当武曌问小乐有何特殊情况时，小乐答道："我爹死了，我家破了，这些我都忍了，但实在不忍心陛下被来俊臣等人玩弄啊！"

然后，小乐又简单明了地陈述了一些事实情况，武曌听完之后觉得很有道理，传令召见狄仁杰等七位大员。

这几位大臣见到武曌之后都高呼冤枉，武曌问狄仁杰："为何喊冤？你不是承认自己谋反了吗？"

狄仁杰答道："我要是不假装承认谋反的话，早被他们给打死了。"

武曌又问："那你们写的谢死罪表又是怎么回事？"

狄仁杰等人一头雾水，自己也没写过那东西啊，武曌把谢死罪表拿出来一研究才发现是伪造的。

虽然来俊臣等人并未因此受到惩罚，但狄仁杰等人算是捡了条命。

一个不满十岁的孩子从"例竟门"中救出七位朝廷大员，一时间传为佳话。

乐思晦有这么一个有胆有识的好儿子，九泉之下也能瞑目了。

擦亮眼

狄仁杰等人的案件告一段落，来俊臣没有受到惩罚是因为武曌还用得到他们，但武曌对这些奸佞小人越来越看不惯。

武曌并不是杀人狂，她是一个不折不扣的政治家，在她看来杀那些人都是政治需要，现在要杀的人越来越少，"狡兔死、走狗烹"的味道便越来越浓郁。

周兴和丘神勣的死，以及本次"例竟门"中有人竖着出来，这都预示着武曌执政思想的转变，虽然还不能彻底改变告密之风和酷刑，但其端倪可见一斑。"例竟门"事件刚刚结束几个月，武曌又开始拿爱打小报告的人开涮。

事情是这样的。

右拾遗张德的媳妇生了个大胖儿子，高兴之余杀猪宰羊大宴宾朋，酒席宴间同僚杜肃往兜里揣了不少羊肉，他揣羊肉不是为了回家给老婆孩子吃，而是为了给皇帝。

为何要把肉给皇帝？

原来武曌为体现自己慈悲为怀，刚刚下了一道圣旨，禁止杀生、打猎、捕捞鱼虾，江淮地区发生饥荒也不能抓条鱼吃，只能活活饿死。

张德杀羊违反皇帝旨意，杜肃认为这是自己踩着同僚肩膀往上爬的好时机，于是揣了羊肉向武曌告发张德。

第二天上朝，武曌恭喜张德喜得贵子，然后问道："酒席宴上的肉是哪儿来的？"

这一问差点把张德吓得失禁，连忙磕头请罪。

张德是虚惊一场，武曌和颜悦色地对他说："朕是下了圣旨禁止宰杀牲畜，不过有吉事、凶事的情况下是可以杀的，你生个儿子属于吉事，杀羊不犯法。"

听完武曌这样说，张德才擦干脑门子的汗，长长出了一口气。

"你杀羊是不犯法，但朕还是要批评你。"听武曌这样一说，张德放松的神经再次紧绷起来，还没等他缓过神来，武曌接着说道，"你以后请客可要擦亮眼睛，别谁都请，拿大鱼大肉喂只狗，那狗还会对你摇尾巴呢，有些人不如狗，喂了他，他反倒背后咬你！"

说完之后，武曌将杜肃告发他的文件拿了出来。

被武曌这么一折腾，杜肃再不要脸也受不了啊，差点被文武百官的唾沫给淹死。

武曌此举大快人心，这显然是她政治手腕高明的一种表现，出卖走狗以收买人心，这也是为何她能延续繁荣的一个重要原因。

武曌在称帝之前杀人如麻，手段残忍，举国上下陷入极度恐慌之中，社会环境长期如此的话，必然难以持久，说不定哪天就会重蹈杨广的覆辙。

武曌没有蹈杨广的覆辙，是因为她上台之后调整治国的方针政策，虽说仍有一些惯性行为导致酷吏继续行凶，但这种不利局面很快便得以扭转，朝廷也得以重回正轨，各地的人才也都蜂拥而至，积极主动地投入武周建设之中。

请客需要擦亮眼，招贤纳士也得擦亮眼。

补阙薛谦光向武曌上疏陈述自己选拔人才的观点，他认为："选拔人才是一个国家的头等大事，仅仅是皇帝重视还不够，使用正确的方法才是关键。目前文官考试几乎只考经史子集，通过考生的文采来判断优劣；武官考试只考弯弓射箭，谁的武功高强就录取谁。这样实在是大错特错。例如，从前汉武帝读到《子虚赋》后十分震惊，认为这是古圣先贤的作品，因为不能跟该文作者生在同一年代而懊恼不已，大家告诉他这篇文章就是当时的司马相如所写，并且把司马相如请到他面前。见面不如闻名，汉武帝发现司马相如文采虽好，但无治国之策，因此没法重用。这是文官方面的例子，武官方面的也有，吴起是战国时期著名的军事家，曾经有人在一次大战之前将宝剑递给他，他没有接宝剑，而是说道：'将领的任务是制定战略战术，两军阵前排兵布阵，根据战局变化指挥作战，拎着大刀砍人这不是将领该做的事情。'通过这两个例子可以看出，文官选拔要注重考察他的品行和治国能力，武官选拔要看他的勇气和谋略。"

武曌的转变

武曌登基之后的执政理念发生很大转变，由铁血转向怀柔，能够越来越多地听取大臣们的建议，大臣们也更愿意献计献策。

万年县主簿徐坚上疏认为："古代审案采取'五听'的方法，即辞听、色听、气听、耳听、目听（辞听是观察当事人的语言表达，理屈者会语无伦次；色听是察言观色，观察当事人的面部表情，理屈者会面红耳赤；气听是观察当事人的呼吸，理屈者会呼吸急促而慌乱；耳听是观察当事人的听力，理屈者会心神不宁而导致听语不清；目听是观察当事人的眼睛，理屈者目不敢直视，且两眼无神），贞观年间的死罪需要三次审查才能行刑，这些都是为减少冤假错案，避免伤及无辜。臣看近年来审讯犯人的时候，常常是审判官定了犯人有罪就立即执行。人命关天，死而不能复生，万一杀错人，岂不让人痛心疾首。另外，有些法官徇私舞弊滥用职权，他们实在是祸国殃民。这样的做法无法彰显皇帝的宽宏与仁慈，臣认为应该恢复贞观时期的政策，同时选择英明的法官，让他们公平而宽大地执法，这样老百姓才会高兴，皇威才能远播。"

徐坚所说的也正是武曌所想的，但还得一步一步来，多年积累下

来的恶果太丰硕，而且还有很多得势便找不到北的武家子弟从中作梗。

对于很多武家子弟身居要职并且危害朝廷安全的情况，一些耿直的大臣直言不讳地向皇帝说出自己的想法。

夏官侍郎李昭德对武曌说："魏王武承嗣位高权重，是否应该适当削弱一下？"

武曌并不赞同李昭德的说法，她认为武承嗣是她亲侄子，是值得信赖的人。

李昭德早就知道武曌是这样想的，他是有备而来，因此继续说道："侄子对于姑姑来说，怎么能比得上儿子对于父母的关系呢？儿子尚且会杀死父母，何况是侄子呢？"

这话对武曌有一定的触动作用，她听完之后脸色微微一变。李昭德乘势追击，说道："武承嗣是您的侄子，又是亲王，还担任宰相，可以说是一人之下万人之上，现在太子是李旦，万一武承嗣不肯屈居人下，那陛下和太子就都有危险了。"

武曌听后大惊，这的确是她之前没想到的，因为之前她对付李家要借助武家的力量，武家便是她的盟友，现在情况发生变化，原来的盟友变成可能威胁到她的敌人，即便武曌如此聪明也忽略了这点，今天在李昭德的提醒下才如梦方醒。

古代的政治斗争就是这样的残酷，没有永远的朋友也没有永远的敌人，有的只是永远的利益，今天需要张三帮你对付李四，明天可能就需要王五帮你对付张三。

武曌立刻进行大规模人事调整：公元 692 年 8 月，免去武承嗣、武攸宁等人的宰相职务，提拔李昭德为凤阁侍郎、崔元综为鸾台侍郎、姚璹（shú）为文昌左丞、李元素为文昌右丞。

此次提拔的人几乎都是支持李旦的，武承嗣再傻也能从这次人事调整中嗅到些什么，他也知道李昭德一直跟自己作对，于是，展开反击，在武曌面前说李昭德坏话，此时的武曌对他已经没那么亲近和信任，给他的答案是："重用李昭德朕才能吃得香、睡得甜，才能高枕无忧当皇帝，你就别在这废话了。"

李昭德借助武曌对他的信任，做了不少利国利民的工作，除揭露酷吏们的恶行之外，还会帮助武曌纠正一些错误，例如，破除封建迷信。

武曌长期以来信奉鬼神，再加上为了让自己从李家手里抢过来的皇位显得名正言顺，她恨不得哪天能有一位金甲天神脚踏七彩祥云降到人间，对天下百姓说："这位美貌与智慧并重的武曌是上天赐给你们的皇帝，你们要关心她、爱护她、拥护她、支持她……"

这个世界上可能并不存在金甲天神，即便存在也不会闲得无聊管老武家的事，虽然没有金甲天神，但尘世间的马屁精却数不胜数，这些马屁精知道武曌喜欢祥瑞。

有个人不知道在哪儿捡了块破石头，仅仅因为这块白石头上面有些红花纹，便乐颠颠地捧着石头要献给武曌。

负责检查的官员把石头翻过来调过去看了个够也没发现啥门道，便问献石者："你啥意思？拿个破石头来蒙谁？"

献石者拍着胸脯答道："这当然不是一块破石头，你看它多么与众不同，白色的石头上有红色花纹，花纹还像心的形状，这分明是一块有赤胆忠心的忠诚石头。"

李昭德知道后大怒，反问道："这块石头忠心耿耿，难道其他石头就想造反吗？"

在场人员哄堂大笑，献石者无言以对，灰溜溜地跑了。

献石者受到挫折，其他人还在顶风作案，又有人用红漆在乌龟壳上写了"天子万万年"五个大字，乐颠颠地跑到皇宫门口要献给皇帝，李昭德将其拦下，把那五个朱红大字刮得一干二净，将那人臭骂一顿，关进小黑屋。

武曌认为在龟壳上涂鸦的人没啥坏心眼，便把他给放了，但也为那些没事捧着祥瑞来讨皇帝赏赐的人敲响警钟，不正之风在一定程度上有所遏制。

除了李昭德之外，还有很多人在坚持不懈地跟酷吏作斗争。

高宗李治驾崩之后，武曌重用酷吏诛杀李唐皇族和其支持者，无数大臣被抄家灭门，在最残酷的时期，甚至一有新官上任，宫女闲聊便会说"鬼朴又来矣"这样的话，她们的意思是说这些当官的马上就会变成鬼了。

监察御史严善思为人正直，经常直言不讳地批评酷吏，因此被很多人诬告，还一度被流放外地，武曌知道他是清白的，便再次重用他。

补阙朱敬则是个聪明人，他也想明白了武曌这些年任用酷吏的目的，现在她已然坐稳龙椅，天下也算安定，要想维持良好的社会局面应该采取怀柔政策，因此，朱敬则向武曌上疏说："几百年前，秦始皇统一中国，建立了一个无比庞大的王朝，这个庞然大物仅仅维持十余年便被人颠覆，若说这其中原因必然是十分复杂的，例如，秦始皇将宽厚仁慈的大儿子扶苏排挤到边关，把那个中国字典都找不出词来评价的胡亥带在身边；'焚书坑儒'这种赶尽杀绝地禁人言论的做法当然也是导致社会崩盘的重要原因。今天我想说的不是这些，而是关于应该如何治世的，秦始皇用武力取得天下，这无可厚非，但其统一天下之后仍然用残酷的手段来统治天下，这就不应该了，他应该及时调整策略用宽容而温和的政策领导百姓，这样才有可能像他想象的那样成就千秋万代的王朝。与之形成鲜明对比的是汉高祖刘邦，他也是靠武力取得天下的，同样也是积尸如山、流血漂橹，但天下平定之后他能够在大臣的劝谏下调整思路，以仁义礼智信对待百姓，因此西汉江山传了十几代。历史总是惊人的相似，目前陛下所面临的情况跟上述二人如出一辙，前些年李敬业以及几位李姓王爷制造不少祸端，陛下设置铜匦，大开告密之门，铲除大量叛乱，现如今已是罪恶尽除、百姓安宁，陛下也坐稳皇位，过去的那些方法现如今已无用武之地，愚臣恳请陛下能借鉴秦始皇和汉高祖的经验教训，放弃之前的手段，及时制定出新的适合社会发展的方针政策。"

朱敬则的话说到武曌的心坎里，武曌很高兴，赏了他三百匹布帛。

做皇帝的开始转变，尤其是朝好的方向转变，那么就会有很多的大臣跟着转变。

武曌刚看完朱敬则的报告，侍御史周矩也发表了自己的看法，出发点跟朱敬则是一致的，只不过表达方式和阐述问题的切入点有所不同。周矩更多地从细节方面揭示出为什么明明没那么多乱臣贼子，可一经酷吏审讯之后都会招供，原因就是酷吏太酷，一般人受不了那折磨，都是屈打成招。

阐述完这些之后，周矩也做了简单总结，那就是：秦朝用刑罚而衰，周朝行仁义而盛，想盛还是想衰虽然不完全取决于皇帝，但皇帝在这过程中起到非常重要的作用。

武曌对周矩的观点也是大加赞赏，并一步步开始付诸实际行动，那座特殊监狱——"例竟门"——也开始由盛转衰。

永安村

"例竟门"的生意开始惨淡起来，但武曌真要从残暴转变成温柔，还是需要个过程，这期间难免会发生些不愉快的事情，发生不愉快的事情的一个重要原因是——皇帝开始转变了，爪牙还跟不上步伐，依然做着令人发指的事情。

武周大地刮起的那场栽赃告密风可谓是无孔不入，那样的环境容易滋生病毒，更容易长出畸形的怪胎，例如，一个得宠的宫女敢跟太子一较高下，不过她的悲哀就在于此刻的皇帝已经不想整人了，她却刹不住车。

这个宫女叫团儿，深受武曌喜欢，有句话说得没错——小人得志便猖狂！团儿得宠之后竟然跟李旦起了摩擦。

团儿并未直接对李旦下手，而是先拿他媳妇试试刀，她对武曌说李旦的两个媳妇太子妃刘氏和德妃窦氏心肠歹毒，用巫术诅咒婆婆早点死，这样李旦才能当上皇帝，她们自己便可以由媳妇熬成婆。

这样的作案动机合情合理，经过团儿一说，武曌还真就信了，连调查都没开展，直接派人把两个儿媳妇弄死，埋在后宫之中。

这种事情根本无须隐瞒，也没有隐瞒的必要，敢在皇宫之中杀死太子媳妇的也就只有皇帝一个人。李旦死了媳妇，也顾不上伤心，此刻的他简直是惶惶不可终日，担心步了几个哥哥的后尘。

团儿一看原来弄死个人这么简单啊，于是再次把黑手伸向李旦，可能是李家气数未尽，李旦命不该绝，关键时刻武曌的一个宠臣揭发了团儿的恶行，调查之后发现全部属实，团儿被武曌处死，李旦暂时躲过一劫。

李旦的消停日子没过几天，又有人来找碴儿，公元693年1月，有好事者向武曌密报说李旦行为异常，大有造反迹象。

武曌特别怕别人抢走本来并不属于她的东西，对"造反"这个词十分敏感，听到有人说李旦要造反，立刻让来俊臣把李旦身边的几个人

抓起来严刑拷打。

来俊臣可是令周兴这种酷吏折服的狠角色，其手段绝非一般人所能抵挡，眼瞅着李旦身边的几个人就快撑不住了，若真是屈打成招，那李旦可就惨了，不死也得重伤。

就在这关键时刻，太常寺的安金藏挺身而出，对来俊臣说："李旦是不会造反的，你若不信，我可以挖出心肝以证其清白。"说完之后，安金藏手起刀落，肚子上就多了一条大口子，血如泉涌，染红大地，连肠子都流了出来。武曌知道后，立刻派太医紧急抢救，把流出来的内脏塞回去，然后再把肚皮缝好。

第二天，安金藏奇迹般地活了过来，武曌亲自去探望，满面愧疚地对他说："朕连自己的亲儿子都不相信，才让你受这种痛苦，实在惭愧啊！"

安金藏的鲜血唤醒了武曌，武曌停止对李旦的猜疑和对其手下的刑讯逼供。

像安金藏这样的忠义之士不但值得武曌敬佩，也是我等之榜样，他的精神永垂不朽，千百年来仍被后人称颂。

20世纪80年代，陕西省公布的第一批文物保护单位便有安金藏墓，该墓位于陕西省咸阳市永寿县监军镇永安村，墓是何时修建的无法得知，根据史料记载，碑石上"唐代国公安金藏墓"几个大字是清朝乾隆年间陕西巡抚亲手所书。永安村村民都姓安，自称是安金藏的后裔，他们以此为荣、以此为傲，并誓将先祖的精神传承下去。

小小永安村坚守着忠义，坚守着美德，他们是炎黄子孙，也是中华民族的缩影。

臣子过与皇帝德

李旦的性命是得以保全了，但他的两个媳妇死得确实冤枉，更冤枉的是不但自己被埋到后宫之中，家人也跟着受牵连。

德妃窦氏死后，她的妈妈庞氏日夜心神不宁，有个家奴教唆她每天晚上偷偷摸摸烧香拜神，家奴这样做并不是为主子着想，而是想自己平步青云，在当时，奴婢诬告主子以谋取荣华富贵已经成为一种时尚。

窦家家奴向相关部门汇报，说庞氏晚上打着烧香拜佛的幌子，干些见不得人的勾当——诅咒皇帝早日见阎王。

就这样，还未从丧女之痛中缓过劲来的庞氏被关押起来，负责审讯她的是监察御史薛季昶。薛季昶可不是什么善类，他想借助这个机会给自己某些福利，于是，开始令人发指的表演。

薛季昶在武曌面前表现出十分惋惜的样子，欲言又止了半天，终于说道："唉！我实在不忍说出庞氏的行为！"

话说到这份上，也就没必要再说下去了。

薛季昶升为给事中，庞氏被关进死牢。

庞氏的儿子窦希瑊救母心切，找到侍御史徐有功，向其喊冤。大家都知道徐有功是位正直的大法官，能在鬼头刀下救出庞氏的非他莫属。

徐有功查明事情的来龙去脉之后，立刻下令停止行刑，然后向皇帝上奏，说庞氏无罪，是遭小人陷害的。

薛季昶从这事儿中捞到了好处，他必须死咬不放，坚持庞氏罪该万死，还把徐有功牵扯进来，认为其偏袒皇帝的敌人，应当绞死。

面对这样的局面，徐有功一声长叹："难道只有我一个人会死，其他人永远都不会死吗？"

他说这话的意思是人总是要死的，问心无愧的话，死又何妨！若是见利忘义坏事做尽，不但留下千古骂名，最终也难逃一死。

徐有功对生死看得很开，根本没把薛季昶想要吊死他的事放在心上，吃饱喝足之后倒头就睡。不了解他的人还以为是故作镇定呢，特意走到床前仔细观察，通过那均匀的呼吸、细微的鼾声可以得知，他的确睡得很香。

如今的武曌已经不会那么轻易就弄死一个大臣了，虽然对徐有功不满意，但也没任凭薛季昶把他吊死，而是叫到跟前亲自责问。

武曌开门见山，直接问道："听说你最近办案的时候，经常是重罪轻判，这是为何？"

"重罪轻判顶多算是做臣子的有些过失，给人活路却能体现皇帝大德！"徐有功中气十足、不卑不亢地回答武曌的问题。

武曌听后陷入沉思。

最终，庞氏免了死罪，跟三个儿子一起流放到岭南，德妃的父亲

窦孝谌被降了职，徐有功也被免了官。

这事的处理结果仍然不尽如人意，但总算没人冤死。武曌的转变需要个过程，在此过程中需要徐有功这样的忠臣辅佐，才能使皇帝少犯错误，这个时期像徐有功这样的大臣并不多，更多的是像万国俊这样的为了升官发财啥都肯做，甚至是杀人，杀很多人，杀到血流成河。

一些年来，很多人被流放到岭南地区，也就是说，那个地区的"不稳定因素"相对于别的地区来说要严重一些，因此，有人便借题发挥，说岭南百姓谋反。

公元 693 年 2 月，武曌派万国俊前去岭南调查。万国俊在整人方面可是个好手，他的凶残从《罗织经》可见一斑，除了理论水平高之外，动手能力更是一流。他到广州之后，把流放人员抓到一起，假传圣旨说皇帝让他们自行了断。大多数的流放人员并非奸恶之徒，无罪而死不甘心啊，还想以后找机会申诉，结果，万国俊手起刀落便开了杀戒，一顿早饭时间就有三百多人人头落地。

万国俊在岭南地区玩了命地杀人，杀完之后编造他们谋反的罪状上报给武曌，武曌看到后非常高兴，除口头表扬之外，还为其加官晋爵。

武曌表扬完万国俊之后，又派出刘光业、王德寿、鲍思恭、王处贞、屈贞筠到各地审查流放人员。这几个东西没一个好人，他们看万国俊杀人可以升官，也都开始效仿，走到哪儿杀到哪儿，杀不够三位数的都不好意思跟同僚打招呼。

还好，武曌很快便缓过神来，了解到滥杀无辜的情况，下令赦免流放人员，惩罚了几位酷吏。

最终，万国俊等人无一善终。

唾面自干与得意忘形

万国俊等人的死再一次证明善有善报恶有恶报的道理，奸恶之徒就算是能够凭借手段获得一时风光，但终究不会有好下场，唯有胸襟宽广、宅心仁厚、谨言慎行才能保得一世平安。

人要想长期保持低调并非易事，尤其是身居高位者更容易张扬，不过也有特殊情况，例如娄师德。

公元 693 年，武曌任命夏官侍郎娄师德为同平章事，成为宰相的娄师德依然保持着一贯谦虚谨慎、戒骄戒躁的优良作风。

有一天早朝的时候，娄师德跟李昭德在皇宫门口邂逅，李昭德嫌他长得胖动作缓慢，便骂他乡巴佬。

再怎么说娄师德也是当朝宰相，被人鄙视了理当奋起反击，以牙还牙，结果，娄师德不但不生气反倒大大咧咧地笑着答道："您说得对，我就是个农民，呵呵。"

娄师德自己奉行着这样低调的做人原则，还让亲属也要低调行事。

娄师德的弟弟被任命为代州刺史，要上任之前被娄师德叫到跟前训话："我是宰相，你又当上了刺史，咱们娄家可以说是风光至极，肯定会有很多人羡慕、嫉妒、恨，正所谓物极必反，风口浪尖上的日子可不好过啊！"

这一番话让刚当上刺史的弟弟惊出一身冷汗，连忙问道："那咋办？"

娄师德并未直接回答弟弟，而是反问了他一个问题："要是有人向你脸上吐唾沫，你怎么处理？"

弟弟也是有悟性的人，略微思考了一下，答道："哥哥你就放心吧，我以后一定低调行事，严格做到打不还手，骂不还口，别人往我脸上吐唾沫，我自己擦掉也就是了！"

即便是这样的答案娄师德仍不满意，他叹了一口气，对弟弟说道："这正是我所担心的啊！"

"啊？！这样都不行？！"弟弟眼睛瞪得比牛眼还大。

"人家向你脸上吐唾沫说明人家讨厌你，想要羞辱你，你若是自己擦干净了，人家没达到羞辱的目的，心里能舒服吗？所以，不要擦！"这是娄师德给弟弟指出的明路，也是娄家能够经久不衰的根本原因。（《资治通鉴》记载：夫唾，不拭自干，当笑而受之。）

娄师德兄弟能够唾面自干，其他身居高位的人却无法保持低调的作风。

近些年来，李昭德做了不少好事，也得到武曌的高度宠信，独揽大权，有些得意忘形，四处树敌。

张扬的李昭德招来四面八方的攻击，很多人跑到武曌面前去告他

的状，开始武曌不相信，但终究逃不出"三人成虎"的规律，当坏话多到一定程度的时候，武曌也就开始动摇了，最让武曌不踏实的是李昭德的权力的确太大了，当有人警告她"大权旁落，再收极难"的时候，她终于决定对李昭德下手。

总算武曌还念及旧情，没有赶尽杀绝，李昭德保住了性命，从一人之下万人之上的大人物变成阶下囚，被流放到外地。

李昭德的大起大落在于他不能急流勇退，没有能够像娄师德一样位高权重而保持低调。

当大家说到李昭德得意忘形的时候，有人嗤之以鼻，表现出十分不屑的样子，"他那样也能称得上得意忘形？实在太不把贫僧放在眼里了。"说这话的不是别人，正是怀义和尚，他跟武曌在后宫的幸福生活过有些腻歪，经常到处活动活动，找些事情来做，从领兵打仗到修屋建房啥都干过。武曌并不希望他干这些事，而是希望他多在后宫陪自己。

最近这段时间怀义在后宫的时间越来越少，几乎天天待在白马寺里当他的住持，除了当住持之外还找了上千精壮的男人当和尚，没事就跟他们混在一起。

怀义的反常行为被侍御史周矩发现了，于是向武曌汇报，武曌便让怀义到周矩那里配合调查。

令周矩想不到的是怀义根本没把他放在眼里，袒胸露乳的怀义大大咧咧来找周矩，气得周矩暴跳如雷，立刻让手下上前将其捆了，结果怀义飞身上马绝尘而去。

周矩立刻去见武曌，请皇帝严惩这个无法无天的和尚。令人意想不到的是，武曌并未把这事放在心上，轻描淡写地对周矩说道："不过是个疯和尚，不要跟他一般计较，把他手下那些和尚遣散也就是了。"

怀义如此嚣张是可以理解的，他并未把武曌当成皇帝看待，而是把她当成媳妇，媳妇出轨（跟一个叫沈南璆的御医搞得火热），怀义自然要吃醋，便想找机会跟媳妇大打一架，好出了胸中这口恶气。（《资治通鉴》记载：时御医沈南璆亦得幸于太后，怀义心愠。）

这媳妇对老公还是真够好的，不管怀义做啥无法无天的事情，武曌都视而不见、听而不闻，怀义频频出招，武曌就是不接，这样一来，怀义没有发泄渠道，心中积压的怨气越来越大，结果就是——没有在沉默中死亡，终于在沉默中爆发。

皇帝的新衣

公元 695 年的一个夜晚，怀义火烧天堂。

这个天堂并非神仙居住的场所，而是武曌修建的建筑，根据史料记载，天堂共有五层，第三层跟明堂一样高，明堂高八十八米，以此推算天堂的高度应在一百五十米左右，这在当时绝对可以破世界纪录。天堂内有一巨佛像，佛像的一个小手指便能装下数十人。

因爱生恨的怀义竟然将这样一座耗费亿万钱财的旷世奇观付之一炬，风助火势火借风威，其火之大甚至殃及远隔百米的明堂，天堂与明堂相映生辉，两支无比巨大的火把照得整个洛阳城如同白昼一般。

等到第二天早晨清理现场的时候，武曌发现，天堂、明堂片瓦不存，巨佛像也已变成渣渣。

这场大火烧得武曌七窍生烟，她又不好说明真相，总不能向文武群臣及天下百姓说由于和尚吃醋放火出气吧，最终官方公布的调查结果是：在天堂干活的临时工疏忽大意，操作失误点着佛像，烧了天堂，连累明堂。

（《资治通鉴》记载：是夕，密烧天堂，延及明堂，火照城中如昼，比明皆尽，暴风裂血像为数百段。太后耻而讳之，但云内作工徒误烧麻主，遂涉明堂。）

不管调查结果是什么，灾难的后果武曌还得承担，为抚慰她这颗受伤的心，大臣们挖空心思，引经据典证明这其实是件好事！

好事！？

这绝对是谎言！而且是弥天大谎！

一把大火烧成这样还能是好事？

当然能！

这样才能体现出人家水平高。

秋官尚书姚璹说道："恭喜皇上，贺喜皇上！"

[姚璹是"十八学士"之一的姚思廉的孙子，姚思廉就是那位在《唐

061

第二章 女皇的时代

盛唐衰（壹）：秦王破阵》中以浩然正气镇退李家军的书生，老姚乃是人中之龙凤，没想到能有这么个孙子，要是听完这孙子下面的话，准会气得从坟里爬出来教训他一顿。]

面对一脸问号的武曌，姚璹接着说道："想当年，周朝的一个重要建筑着火后，占卜的结果是国家将会更加兴盛；汉武帝时期一个重要建筑着火后，重新建造了建章宫，西汉更加昌隆……如今，天堂、明堂着火预示着我朝一定会有个更好的将来，因此，臣实心实意地恭喜皇上！"

谎言如同"皇帝的新衣"，用根本不存在的东西遮住羞处，可以让愚蠢的人昂首挺胸于光天化日之下，但其丑恶的嘴脸却已令世人忍俊不禁。

披着"皇帝的新衣"的武曌稳坐于端门之上，如同什么灾难都没有发生一样观看着天下盛况，并且命令重新建造天堂和明堂，项目负责人仍是怀义。

武曌比一般的皇帝聪明一些，她知道自己穿的是露着屁股的"皇帝的新衣"，愈加不舒服，总要弄死几个人心里才会好过点。

于是，几个倒霉蛋浮出水面——一个老尼姑、两个老神仙。

这个世界上是否有神鬼我们无法得知，但我们知道装神弄鬼的人从不缺少，尤其是在皇帝比较好糊弄的时代，会有更多的"神仙"横空出世。

前一年，有位老尼姑给自己起了个霸气十足的法号——净光如来，开始招摇撞骗，号称能够预知未来，明眼人很容易就会发现老尼姑是个骗子，世间可能真有那种前知五百年、后知五百载的世外高人，但这样的高人应该不会招摇过市跟卖白菜的一样满大街瞎嚷嚷。

老尼姑的手段并不高超，大体上就是白天只吃一点儿粮食，依然能够保持面色红润和精力旺盛，原因很简单，那就是夜深人静的时候，她和百十来号弟子开始过起丰富多彩的夜生活，杀猪宰羊大摆宴席，吃饱喝足之后再开个淫乱的晚会。

分明一个假和尚，在蠢人看来，却是活脱脱的转世菩萨！

虽然老尼姑没什么智慧，但她明白一个人单打独斗没有组团忽悠的效果好，于是和另外两个人组成诈骗团伙。

这两个人一个叫韦什方，另一个是没有名字的老胡人。韦什方号称出生于三国时期，算下来大概有四百多岁；那个老胡人更夸张，说自己经历过五百次寒来暑往，二百年前曾经偶遇过怀义和尚，没想到现在的怀义比那时候更年轻了。

当时社会的悲哀就在于即便这样不靠谱的谎言都无人站出来揭穿，武曌被人家组团忽悠给整蒙了，除了表示尊敬几位神仙之外，还授予官职，而且授予的还是宰相之职。

仅仅给几位神仙授予官职还无法表达武曌心中那如滔滔江水般的敬仰之情，还特意强调："他胜过轩辕时代的广成子，超越西汉时期的河上公。"广成子和河上公都是传说中的神仙，其中，广成子还是小说《封神演义》中的"十二金仙"之一。（《资治通鉴》记载，"制云：迈轩代之广成，逾汉朝之河上。"）

韦什方也是个讲究人儿，不能辜负皇上的宠信，要送给她长生不老金丹作为报答，怀义纵火之前韦什方正在岭南收集药材。

天堂、明堂被烧，武曌要发泄郁闷，向老尼姑责问道："你能预知未来，为何不肯告诉朕将会发生这场火灾？"

老尼姑的谎言被揭穿，进了监狱。

韦什方在从岭南返回洛阳的路上得到这个消息，思前想后，终于用一根麻绳让自己去寻找广成子、河上公去了。

知难？ 行难？

处理完几位"神仙"，武曌进行了深刻地反思，决定借此机会让大臣们直言进谏，有问题不能回避，"皇帝的新衣"永远不可能用来遮羞，要想以后不被人笑话，只有改正自己的缺点和错误，用功绩织就一身华服。

有人说过：打磨自己的过程会很疼痛，最终却能收获更好的自己，世间不会有比这更具成就感的事情了！成就感可能是虚幻的，但人的一生确确实实应该是个不断自我完善的过程。

想收获更好的自己的武曌很快便体会到这种切肤之痛，她让大臣

直言进谏，大臣也就没客气，正所谓忠言多逆耳，刘承庆的上疏极其难听，甚至让武曌痛入骨髓。

上疏内容大致可以归结为以下几点：

第一点，此次火灾的源头既然是佛像，那就说明修筑佛像是徒劳无益的，他自身尚且难保，何谈保佑别人，陛下应该下令停止此类劳民伤财的事情。

第二点，明堂是群臣在此交流感情增进友谊的地方，现在明堂被毁大家哪还有心情参加聚会，即便聚会之时也会无比悲伤，近期就不应该再搞活动让大家强颜欢笑。

第三点，有人说汉朝房子着火国家昌盛，还有人说弥勒佛得道之时天魔烧宫，七宝台瞬间崩塌……这些纯属无稽之谈，陛下不应该化无稽为美谈，这样岂不贻笑大方。

最后，臣希望陛下能自强不息、兢兢业业做个好皇帝，不违天理、顺应民心，多为百姓做实事。

获嘉县主簿刘知几也不失时机地提出自己的四点建议：

第一点，赦令不断，严重干扰正常司法程序。赦令是法外开恩，这种事情偶尔搞一次还能体现出陛下的宽容，若是隔三岔五地经常搞，不仅是滥用职权，而且还会导致法律被轻视，不管是当官的还是平民百姓没事干点儿违法乱纪的勾当，在监狱待几天就可以被特赦。这样还会产生另外一个负面效果，那就是行善的人得不到皇恩，作恶的人经常可以得到皇恩，"小人之幸，君子之不幸"说的就是这种情况。

第二点，晋升无度，高官无数。缺少科学合理的奖惩制度，好多官员啥也没干便被升了官，大家都是混吃混喝等升迁，根本没人想着如何为老百姓服务。

第三点，选才宽松，官员泛滥。官府年年扩张，导致官员泛滥，后果十分严重。首先，过多的官员会增加老百姓的负担；其次，龙蛇混杂，有滥竽充数者；再次，职权不清，有些事好多人管，有些事没人管。应该清理官场，精简机构，让那些"南郭先生"无所遁形，有德有才之士才能崭露头角。

第四点，官员调动频繁，不能安心做好本职工作。铁打的衙门，流水的官。但这水也不能流得太快，不然可就真是水过无痕了。当官的任期太短不利于开展工作，很多人知道自己过段时间就会离任，对既有岗位没感情，只是当成升迁的跳板。

刘承庆和刘知几的建议得到武曌认可，有些事情实际操作起来比较困难，但目前来看还是有好操作的，例如，处理怀义和尚。

武曌一直宠着"伟形神，有膂力"的怀义，可这和尚实在太嚣张，更关键的是他竟然开始不听话了，对于控制欲极强的武曌来说，这绝对是不可容忍的，因此她决定挥剑斩情丝。

武曌举起绝情剑也就预示着怀义的死期将近，不过怀义不能被公开审判，他身上有太多见不得人的事情。有些时候就是这样的，明明大家都知道是怎么回事，但绝对不可以说破。

武曌训练了一百多个悍妇，组成女子武功队，将怀义秘密逮捕，然后让武攸宁带人将其击毙。

怀义的幸福生活就这样被终结了，武曌却风光依旧，刚刚又完成了一件旷世奇观——天枢柱。

武曌明白大臣们让她少建工程是正确的，但就是禁不住那种诱惑，就是喜欢那些张扬的东西，这根顶天立地的天枢柱直径十二尺，高一百零五尺，柱下是一座巨型人工铁山，环绕铁山的是铜铸的蟠龙和麒麟，柱顶上放置一直径三丈的巨盘，名曰承露盘，寓意是承接仙人所赐雨露，承露盘上站着四个龙人，各捧高一丈的火珠。

该柱规模之大、设计之妙、修饰之精美，古今少有，中外罕见，为此，武三思特意撰文，把文武百官和周边部族首领的名字刻在天枢柱上，武曌一高兴便提笔写下匾额——大周万国颂德天枢！

天枢柱完工的第二年，即公元696年，武曌再次收获一项丰硕成果——新明堂！

明堂建设总指挥怀义被女子武工队降服，建设工作并未因此耽搁，宏伟的明堂仍然保质保量地按期收工，几乎跟原明堂一模一样，顶端仍然屹立一支鎏金铁凤，只不过铁凤没立几天就被大风吹飞了，后来改成群龙捧珠，除了这点小小的变化之外，明堂还多了一个新名字——通天宫，并为此大赦天下。

这样一来，大臣们提出的宝贵建议并未被采纳多少，武曌虽然赞成他们的观点，但实际操作起来仍然不尽如人意，让人们深深感受到知

易行难。

"知易行难"这个词乍一听起来很对，细一琢磨还是有点儿问题的。其实"知"并不容易，对于很多道理，我们自以为知道了、懂得了，其实并未理解好，也没有真正地去接受他，或者说那种思想或观点并未融入自己的意识中去，并不能称得上是真正的"知"。

我一直有这样一个观点——"心灵鸡汤"虽好，绝大多数人却并不能从中获益。草草读过一遍，看似知了，实际并不知。这个知很难，若是真的知了，便会豁然开朗，行起来也就不那么难了。

兵败碛石谷

明堂落成让武曌心情稍好，可惜的是这样的稍好并未持续太久，因为又有人给她添乱，并且添的还是大乱。

公元696年5月，契丹的李尽忠和他大舅哥孙万荣起兵反周，攻陷营州（今辽宁省朝阳市），杀死都督赵文翙（huì），公开跟武曌叫板。

契丹是从哪儿来的？

这个还要从很久很久以前的一个十分老土的故事说起。

在我国北方辽阔的草原上有两条河，一条叫潢河，另外一条叫土河，传说中，一位坐着青牛车的仙女从潢河而来，一位骑着白马的王子从土河而来，二人在两河交汇处邂逅，扎根于此并生下八个儿子，繁衍出契丹族。

这个故事是土了点儿，但还是有一定逻辑性的，在几千年前的农牧社会，人们居住的地离不开水，潢河与土河两个流域分别孕育出两个原始部族，他们的图腾分别是青牛和白马，不知什么原因，这两个部族最终渐渐发展到两河交汇处，彼此联姻，不断发展壮大形成八个部落，也被称为契丹八部。

上面的情形是人们世世代代口口相传的，被很多人认可，但缺少充分的史料证明，史料记载是这样的：公元4世纪末，鲜卑族的柔然部被北魏打败，一部分人跑到潢河和土河地区游牧，形成契丹族。

大唐建立以后，契丹归附大唐，太宗李世民封契丹首领大贺窟哥为左武卫将军，契丹与大唐之间一直保持睦邻友好关系，直至高宗李治时期，契丹和奚（鲜卑族的另外一个分支）联手挑衅大唐，被打得鼻青脸肿之后躲在家里再也不敢出门。

武曌建周之后，周边很多原本臣服于唐的部族再次背信弃义，导致武周战事不断，尤其是像突厥和吐蕃这样的狠角色更是让武曌头疼不已。看到这种情况，契丹人也开始摩拳擦掌准备趁机捞点儿好处。

正好赶上此时的营州都督赵文翙是个种族主义者，瞧不起契丹人，欺负人家，大贺窟哥的孙子李尽忠召集起那些不甘受压迫的契丹人将矛头指向武周。

武曌立即派出曹仁师、张玄遇、李多祚、麻仁节等人率兵讨伐，两个月后又任命武三思为榆关道安抚大使，姚璹为其副手。

此时武周的军事力量已经远不及贞观年间，要想在战场上迅速见到成效确有难度，那怎样才能打击契丹人的嚣张气焰呢？

这问题难不倒聪明的武曌，她用精神攻击法恶毒地诅咒两个契丹首领，该方法的具体表现方式是替人家改名，武曌下旨将李尽忠改名为李尽灭，将孙万荣改名为孙万斩。

这样的伎俩不过是文字游戏，在真刀真枪的战场上当然不会有什么效果，契丹人的气焰依然嚣张，兵锋益盛，十来天的时间便组建起一支数万人的队伍，攻城略地，所向披靡，直至杀到檀州（今北京市密云区附近）的时候，才被武周的张九节当头一棒打退几步。

公元696年8月，曹仁师、张玄遇、麻仁节与契丹军大战于硖石谷（今河北省迁安市附近）。

此战对于武周军相当不利，因为未战已失先机。几个月前，契丹人攻下营州之时，抓了几百个俘虏，这些俘虏并未没受虐待，反而被无罪释放，释放的同时还对他们说：契丹人斗不过武周王朝，只要官军一来我们便会弃械投降。

这些俘虏回到幽州把情况一汇报，武周军乐了，这下可有大便宜捡了，于是马不停蹄地进军，准备去收编契丹人。

契丹人怕周军来的速度不够快，半路上又派出一队老弱残兵前来投降，这下周军更沉不住气了，曹仁师、张玄遇、麻仁节等一干将领干脆让步兵按原计划行进，自己带着骑兵疾行。

几位高级将领的心情无比舒畅，骑在马上哼着小曲儿，憧憬着平

叛之后接受封赏的情景，马也跟着高兴，撒了欢儿地跑。

突然！

数道绊马索横空出现，几位高级将领摔得门牙乱飞，成了俘虏。周军几乎全军覆没，尸体填满硖石谷。

此时，周军的噩梦并未醒来，契丹人的谋略还在继续施展。

契丹人缴获了周军的印信，伪造文书，让张玄遇等人在文书上签名画押。

张玄遇一看这文书就知道周军的后果将会很严重，但那也得签名啊，不签的话自己的后果会很严重。

文书中写道：贼军已破，速来庆功，如若来晚，斩首示众。

幽州总管燕匪石、宗怀昌看到有签名、印章的文书，也没多想，带领三军火速前进，昼夜兼程，饭都顾不上吃，准备到营州吃庆功宴。

庆功宴没有，锃亮的钢刀却是货真价实的。

契丹人精心布置的伏击效果非常理想，燕匪石、宗怀昌全军覆没！

栋梁之臣

初次在硖石谷跟契丹人的大战让武曌郁闷至极，目前来看她手头还真没太多余力来复仇，于是，决定采取点儿特殊方法征兵。

公元 696 年 9 月，武曌颁下圣旨：凡天下囚犯、家奴孔武有力者，官府出钱将其赎出，发往前线，对抗契丹。

同时，任命建安王武攸宜为右武威卫大将军，担任清边道行军大总管，右拾遗陈子昂为参谋，讨伐契丹。

对于武曌的圣旨，陈子昂提出异议，他认为：赦免犯人和招募家奴来讨伐契丹只能是应急措施，并非长久之计，而且目前犯人也不多，家奴大多胆小怕事，上战场哪能打得了仗。

武曌觉得陈子昂说得有道理，再加上一直跟自己作对的突厥阿史那默啜可汗认了怂，答应以后不作对，还认她当干妈，帮她打契丹。武曌军事压力骤减，便把赦免罪犯和收编家奴的事放在一边。

刚刚收到个实力不错的干儿子，让武曌十分开心，更开心的是李尽忠病逝，虽然没有死在周军刀枪之下那样令武曌解气，但毕竟是少了头号劲敌。

孙万荣接过李尽忠手里的大旗，带领契丹人继续给武曌添堵。

刚刚归顺的阿史那默啜一看孙万荣给干妈添堵，立刻火冒三丈，带领大军突袭契丹，生擒李尽忠和孙万荣的妻子儿女。

阿史那默啜之所以能得手并不是突厥比契丹厉害，而是由于孙万荣没想到突厥会捅这么一刀，猝不及防下吃了大亏。阿史那默啜心中也有数，硬碰硬的话自己不见得能捡到什么便宜，奇袭成功，也得到武曌封赏，见好就收吧，难道还真的为干妈抛头颅洒热血啊！

孙万荣吃了大亏，但想要在大草原上找骑着马到处乱跑的阿史那默啜报仇实在太困难，只能将这腔怒火发泄到武曌身上，率领大军攻陷冀州（今河北省衡水市冀州区），屠杀百姓，又进攻瀛州（今河北省河间市），黄河以北地区被他搅得翻天覆地。

在这危急时刻，武曌连忙起用狄仁杰、姚崇（改过好几次名字，也叫姚元崇、姚元之）、徐有功等一批高水平、实干型的栋梁之臣，她也知道那些酷吏整自己人行，真正面对强敌的时候只有被吓尿裤子的份儿。

这些大臣没有让武曌失望，狄仁杰安抚百姓，稳定时局；姚崇处理各种军事文件，剖析决断，有条不紊。

徐有功也再次当上侍御史，还没等他开展实际工作，其上任的正面效果便展现出来，朝廷上下欢欣鼓舞，有人还为此专门写了一篇文章。

写文章的是一位牛人，叫潘好礼，他在文中极力称赞徐有功能够遵循正道、依从仁义，坚守气节，不因贵贱死生改变自己的品德。为了让大家对徐有功认识得更加深刻，潘好礼采用的是"主人"和"客人"之间问答方式进行描写的。

客人问：普天之下谁可以与徐公相比？

主人答：四海极大，人物众多，有些世外高人秘藏行踪，不为世人所见，因此我不敢妄下断语，但是，我目之所见，耳之所闻，当世无一人能与徐公相提并论，恐怕只有从古人中才能找到与其媲美者。

客人又问：那与西汉的张释之相比，他俩谁更胜一筹？（张释之以执法公正而闻名。）

主人答：二人相比差距极大，张释之是汉文帝的臣子，当时天下太平，事情自然好处理，他的几个经典案例虽被传为美谈，不过都是按章办事。徐有功却不同，他与周兴、来俊臣等恶鬼同殿称臣，简直就是在刀尖上跳舞，数次身陷险境，不屈不挠，坚守自己心中的正义。

客人再问：假如徐公掌管刑法，是否就能施展其才华？

主人再答：你只看到了徐公执法公平，明察秋毫，但不知其雄才大略，这朝廷内外哪有他胜任不了的职务呢！

潘好礼的文章写得有些夸张，不过徐有功在大家心目中的地位是毋庸置疑的。

恶鬼回地府

狄仁杰、姚崇、徐有功等人被起用，令大家欢欣鼓舞，接下来发生的事情更是让大家疯狂——来俊臣被斩。

将来俊臣送上末路是很多人齐心协力的结果，但其中一人功不可没，他便是吉顼（xū）。

吉顼是历史上一位颇具争议的人物，《旧唐书》评价他"阴毒敢言事"，就是说他阴险毒辣，敢于跟君王谈论政事。另外各种史料也记载了很多关于他的事迹，这些事迹包括他坑人害人的，也包括他维护朝廷秩序和李唐利益的。由此可见，他确实是个有争议的人物，不能简单地用"好"或者"坏"来评价，不过能将来俊臣这只恶鬼送回地府他确实出了不少力。

此事还得从一桩案件说起。

公元697年，箕州（管辖今陕西省和顺县、榆社县、左权县等地区）刺史刘思礼不把心思放在如何治理好辖区和为百姓做事上，而是向术士张憬藏学相面。

根据《旧唐书》记载，张憬藏是个高人，在当时与袁天罡齐名，曾经为很多人相过面，从未失误。最神奇的是他为刘仁轨相的面，在刘仁轨曾经还是五品官的时候，张憬藏断言此人会位极人臣，最终刘仁轨果然当上宰相，另外张憬藏还说没人给他送终，刘仁轨哈哈大笑，说道：

"我有三儿子怎么会没人送终呢？"没过多久三儿子全先他一步而去。

这次张憬藏说刘思礼能坐上太师的宝座，刘思礼兴奋至极，兴奋过后一琢磨，一般人是不可能当上太师的，除非是开国元勋才能有这机会。[在《唐盛唐衰（贰）：贞观长歌》中曾经介绍过，担任太师的条件极其苛刻，就算为大唐立过大功，当个宰相也就封顶了。]

刘思礼为了能当上太师，便和一个朋友商量着造反的事。

令刘思礼万万想不到的是，这次张憬藏出了点小状况，相面这东西毕竟难以达到百发百中，偶尔错一次也是合情合理的嘛，刘思礼运气实在太差，人家张憬藏估计一辈子都没相错过几次面，结果就被他给赶上了。

刘思礼造反未遂，被吉顼告发，吉顼将这情况汇报给来俊臣，来俊臣再汇报给武曌，武曌下旨让武懿宗负责审理此案。

武懿宗可不是个好惹的主，在酷吏排行榜上绝对名列前茅，他跟吉顼一起以刘思礼为切入点，大刮诬告之风，趁机把自己看着不顺眼的人都牵扯进来，三十多位高官受牵连，被诛杀或流放的有一千多人。

这件大案取得了丰硕成果，见利忘义的来俊臣想独吞此功，他觉得自己弄不过武懿宗，对付个吉顼应该绰绰有余吧，因此便诬告吉顼。

也是吉顼命不该绝，刚好他要向武曌上报别的造反案件，有机会面见武曌，诉说了冤情，最终逃过一劫。

吉顼死里逃生，恨透了来俊臣，一直寻找机会报这一箭之仇。

此时的来俊臣已经嚣张到一定程度，他甚至觉得普天之下除了武曌之外，再也没有他不敢收拾的人，这次把黑手伸向武氏诸王、武曌爱女太平公主、皇位继承人李旦、庐陵王李显等超一流人物。

大家深知来俊臣的手有多黑，稍有不慎就会被他拉进阴曹地府，在这种情况下，各位皇亲国戚使出浑身解数，祭出各种法宝，终于齐心协力把来俊臣送进监狱。

对付来俊臣这样的人必须一击致命，等他缓过神来大家一定会遭殃，怕遭殃的人们再度联手递给武曌一份关于应该立刻处死来俊臣的奏章。

令大家意想不到的是，这份奏章递上去之后竟然石沉大海，一连三天没有动静，王及善等几位大臣催促武曌抓紧行刑。武曌用惯了来俊

臣，一时之间有些舍不得下手。来俊臣的水平确实高，深深地迷惑了武曌，取得极度宠信。

众人心中开始打鼓，看来来俊臣比他们想象的还要厉害，即便是被大家联手送进监狱，数日过去仍是毫发未伤，说不定哪天就会活蹦乱跳地出来害人。

在这关键时刻，吉顼站了出来，他认识到这是一次千载难逢的良机，若是把握不住，恐怕将来就再也对付不了来俊臣，来俊臣缓过劲来必然大肆铲除异己，权力会更加集中，并且有了这次教训，他行事也会更加小心谨慎，很难露出破绽。

于是，吉顼寻找机会落井下石，准备直接把来俊臣砸死。恰好赶上武曌游园，吉顼牵马，武曌问他最近宫外大家都在关注什么问题，吉顼答道："现在外面的人都很奇怪，为何来俊臣还没被正法，难道是诸位大臣及皇子皇女的奏章有问题？"

武曌叹了口气，答道："来俊臣有功于国家，朕正犹豫是否杀他呢。"

吉顼立刻装出一副异常惊诧的表情，表示出对皇帝的说法十分不理解的样子，反问道："他有功于国家？"还没等武曌反应过来，吉顼接着说道，"来俊臣实乃大奸大恶之徒，贪赃枉法，收受贿赂，搜刮民脂民膏，他家的金银财宝堆积如山，被他冤死的人更是数不胜数，他的存在极大地威胁着国家的安危，陛下可不能心慈手软啊。"

吉顼的几句话说得非常到位，武曌算是一位相当关注民生的皇帝，十分痛恨贪污腐败、搜刮民脂民膏的官员，另外，吉顼说那些被冤死人的事都是来俊臣干的，跟皇帝一点关系都没有，大家恨的是来俊臣，如果把他杀了，大家就会更拥护武曌的统治。

听吉顼这样一说，武曌立刻就明白了，"弃车保帅"是上策，心中暗道："小来啊，别怪朕心狠手辣卸磨杀驴，你替朕干了那么多坏事，就再成全朕一次，用你的脑袋彰显朕的英明伟大吧。"

数日后，来俊臣被处死在繁华的市区，尸体被扔到大马路上。

官员也好，百姓也罢，长期被酷吏压迫而产生的愤怒终于毫无顾忌地发泄出来，人们蜂拥而上……（这段描写过于血腥，属于限制级读物，但绝非杜撰。《资治通鉴》记载：仇家争啖俊臣之肉，斯须而尽，抉眼剥面，披腹出心，腾蹋成泥。）

当武曌听大臣描述这个场面的时候，更加肯定自己的做法是正确的，也对劝自己这样做的吉顼深表感激，提拔其为右肃政中丞（即原来的右御史中丞）。

武曌之所以能成大事，很重要的一个原因是她够狠，当她知道全天下的人这么恨来俊臣的时候，便痛打落水狗，下诏对来俊臣口诛笔伐，痛斥他的罪恶，还表示应该把他全家都杀了。

大家不在乎武曌怎么想，总之把这只恶鬼送回地府，并且这么隆重地为其送行实在是大快人心。

来俊臣的死标志着酷吏时代的终结，同时也警醒世人——不要做强权的走狗，走狗可以风光一时，但必然不得好死。

六郎与莲花

在武曌处理来俊臣案件的这段时间里，发生了两件事：一件让她快活如神仙，另外一件开始让她郁闷至极，转而又让她无比畅快。

前两年，痛失怀义和尚的武曌深感空虚寂寞，她的女儿太平公主看在眼里、急在心上，为了让七十多岁的老娘再次焕发青春，太平公主一咬牙一跺脚，将自己的最爱——超级帅哥张昌宗——献给娘亲。

太平公主可不是个随便的女人，人家收藏的必定是极品，一般的男人怎能入她法眼？果然，没过几日，武曌再次容光焕发，那情形就如同怀义和尚初入禁宫之时一样。

张昌宗发达后不忘兄弟，将自己的哥哥张易之推荐给武曌，张易之排行老五，张昌宗排行老六，奸佞小人亲切地称呼这哥儿俩为五郎和六郎。

武曌原本以为这人世间像张昌宗一样完美的男人仅此一位而已，但是，当张易之出现在她闺床之时，她开始深刻检讨自己不应该这么武断，不应妄下断言，张易之与张昌宗相比毫不逊色，这风流倜傥的兄弟二人都是面如敷粉、唇如施朱、鼻如悬胆、眼如点漆，张昌宗更是美如莲花。

有人可能会问我：你又没见过张昌宗，咋知道他美如莲花呢？

把他跟莲花相比的人并不是我，而是身为宰相的杨再思，这位宰相不学无术，靠溜须拍马、阿谀奉承混饭吃。

有一次，大家在一起搞聚会，酒席宴间，有人夸张昌宗长得漂亮，说："六郎面似莲花。"

张昌宗听完这个高兴啊，像三伏天喝了杯冰水一样舒坦，他这正舒坦呢，突然响起一个不和谐的声音："我不赞同这个说法！"说这话的不是别人，正是宰相杨再思。

在场之人听完这话就开始纳闷儿了，这话不像杨再思说的啊，杨大人可是马屁界的高手，阿谀奉承人的宗师，难道他今天吃错了药？

张昌宗刚要发作，杨再思连忙说道："乃莲花似六郎耳！"

哎呀！这话听得张昌宗舒坦得不能再舒坦，比在饥渴难耐的三伏天喝冰镇的蜂蜜水还舒坦。

一般人觉得这两句话差别不大，实则不然，说"六郎面似莲花"那主角是莲花，但"莲花似六郎"的主角可就是六郎了，看似简单地将几个字重新进行排列组合，实际上主角和配角的关系发生转变，产生的效果当然是成几何倍数地上涨。

杨再思的马屁功夫之高令人惊叹，也是后世爱拍马屁之人的偶像。说到这里，我想提个建议：那些平时靠拍马屁过日子的人应该在家供奉一座杨再思像，早晚一炷香，赶上初一、十五再敬个猪头，那他的马屁也一定会越拍越响亮。（一朋友看到本书草稿时，让我把这段删了，对我说："万一哪个爱拍马屁的读者看见这段该不高兴了。"我说："没事，爱拍马屁的人都不读书，爱读书的人都不拍马屁。"朋友："你好像在拍读者的马屁啊！"我："……"）

宰相都会给这兄弟二人拍马屁，可见他俩有多得宠。为巴结他俩，像武承嗣、武三思、武懿宗这样的朝廷大员没事都在老张家门口溜达，运气好的话能赶上五郎、六郎出游，这些大员们当即把"脸"往旁边一扔，屁颠屁颠地跑上去给人家牵马坠镫。

很多不要脸的大臣争先恐后地往老张家跑，也有个别人想躲开他们，不过往往事与愿违，想躲的偏偏躲不开。

原来，张家兄弟的爹死得早，母亲臧氏一直守寡，这哥儿俩相当孝顺，得势之后锦衣玉食地伺候着母亲，但这些并不是阿臧想要的，她想要的是——男人！

哥儿俩也发现了这个问题，经过调查，得知母亲喜欢的是凤阁侍郎李炯秀。

李炯秀嫌弃阿臧年老色衰，不想跟她好，张家兄弟为实现母亲的心愿，拿皇帝来压李炯秀，李炯秀无奈，只得成为奉旨通奸第一人。

这张家兄弟做事情可真够绝的，不过大家不用怀疑其真实性，上述描写均出自正史。

下面咱们再看看非正史还记载了些什么。

根据《朝野佥载》记录，张昌宗和张易之有一大爱好是吃，还爱炫耀吃的品位和奢侈程度。

张易之做了一个大铁笼子，里面放着一个装满调料的铜盆，把活鸭、活鹅赶进里边，在笼中烧起炭火，鸭鹅在笼子里面热啊，于是就去喝那盆调料，喝着喝着就被烤熟了，成为张家兄弟的盘中餐。除了虐待家禽之外，他们还虐待家畜，用上述方法烤驴肉，驴的惨叫声响彻京城。他们不是仅仅跟鸭、鹅、驴子过不去，所有动物他们都不曾放过，经常还是花样翻新。也正是因为他们花样多，所以才能伺候好武曌，但不管武曌在后宫之中多么舒服，她总要面对那些让她郁闷至极的事情。

接下来，咱就看看是谁让武曌郁闷至极。

瞬息万变

公元 697 年，王孝杰任清边道行军大总管，苏宏晖任副总管，率领十八万大军讨伐契丹。

几十年来，李唐也好、武周也罢，他们跟周边的战争从未停止过，可惜的是没有名将诞生，从战绩来看，王孝杰还算是员不错的将领，前些年与吐蕃、突厥交战过程中胜多负少，所以武曌才派他讨伐契丹。

同年 3 月，王孝杰、苏宏辉在东硖石谷被契丹军围攻，由于地形狭窄，周军互相踩踏，乱作一团，关键时刻，王孝杰一马当先率领精锐冲出谷外，列阵迎敌。

契丹人也是个个骁勇，两军酣战一场。

此时，苏宏辉还在硖石谷另一侧，他本应率军增援，结果这个孬种被凶悍的契丹人吓尿了裤子，领着周军掉头就跑。他这一跑后果很严重，直接导致周军溃散难阻。王孝杰没了增援，军心也随之动摇，在这样的战场上，支撑士兵血拼到底的就是士气，士气没了就只能被屠杀，或者被战友踩死。

王孝杰虽勇，但真实的战场并非武侠小说描写的那般，凭一己之力根本改变不了什么，最终，周军全军覆没，王孝杰坠崖而死。

就这样，一员猛将找到了他的归宿——战死沙场！只不过死的有些不值，他战死的一个很重要的原因是苏宏辉临阵脱逃，也正应了那句话：不怕神一样的对手，就怕猪一样的队友。

任何人都会痛恨这种在战场上抛弃战友的猪队友，武曌也不例外。她得知前线战况之后，立刻派使者去砍苏宏辉的脑袋，使者刚刚到达幽州的时候，苏宏辉打了胜仗，戴罪立功，得以保全性命。

武曌惩罚苏宏辉的同时，表彰王孝杰的忠勇，追封其为夏官尚书、耿国公，提升他的儿子王无择为散朝大夫。

王孝杰的死让武曌感到十分痛惜，但她此时已经来不及伤心了，契丹军乘胜南下，长驱直入，骚扰黄河以北区域，严重影响中原地区的生产生活。

就在王孝杰跟契丹人血拼之时，武攸宜正在率军赶来的路上，他走到渔阳（今天津市蓟州区）的时候，得知王孝杰战死，当即就被契丹人吓破了胆，原地打转，不敢前进。契丹人进兵幽州，攻城略地，抓走好多无辜百姓。

武攸宜象征性地搞了几次反击，均以失败而告终。武曌无奈，只得再次调兵遣将，任命右金吾卫大将军武懿宗为神兵道行军大总管，与右豹韬卫将军何迦密领兵二十万迎击契丹。

接二连三地出动这么多军队，武曌感觉经济压力比较大，便开始广泛征集军用物资，在征集军用物资的时候还发生点小插曲。

有个官员叫朱前疑，没什么本事，还想当大官，于是走入旁门左道，他给武曌上书说："我梦见陛下活了八百岁！"

一般人上了年纪之后更加怕死，武曌也不例外，就喜欢听别人说她长命百岁，因此朱前疑升了官。

朱前疑一看这招还挺管用，便再次上书说："我梦见陛下白发变黑，牙齿再生。"结果，武曌再次为其升官。

靠两个梦就升了官，朱前疑在这其中尝到甜头，但他还不知足，又上书说："我听见嵩山说话了，它无比崇敬地高呼：'皇帝万岁、万岁、万万岁！'"武曌再次奖赏了他。

此次周军出征前征集军事物资，朱前疑献出一匹马，再次要求加官晋爵。

之前武曌对这个无底洞就有点不耐烦，最近正赶上闹心事多，心情也不好，一生气就把那匹马还给了朱前疑，将其削官为民，放回家去种地了。

少了朱前疑的那匹马，周军还是征集了充足的军事物资，武懿宗带领队伍浩浩荡荡开往前线。

大军刚刚到达赵州的时候，武懿宗听说契丹数千骑兵已经杀到冀州，吓得掉头就想跑。手下人赶忙拦住他，说："敌人是骑兵，没有携带辎重，就靠沿途抢饭吃，我们若是屯兵拒守，他们抢不到饭吃就会瓦解，那时我们趁机痛打落水狗，一定大胜。"

武懿宗是铁了心地要跑，手下说啥都没用。大家没办法，只好跟着他退守相州（今河南省安阳市），由于撤退过程过于仓促，丢下大量物资和军事器械，契丹人轻而易举拿下几乎不设防的赵州，进城之后大肆屠杀。

此时的武周陷入前所未有的困境，虽然这些年跟周边从未消停过，但那些仗都是在边境地区打的，不太影响社会建设。这次李尽忠和孙万荣带领的契丹叛乱却不同，黄河以北地区简直就成了契丹人的牧场，几乎不受限制地自由驰骋，眼瞅着就奔河南来了。

谁能来拯救武周？

那几个姓武的纨绔子弟肯定是指望不上的，都是还没等到交上火就吓跑的夯货。

就在大家一筹莫展的时候，武曌的救星出现了——突厥可汗阿史那默啜。

这个阿史那默啜并不是很想蹚武周和契丹这浑水，但他处在那个位置上想不蹚也不行，契丹要深入武周腹地是有后顾之忧的，那就是趴

在其后背的那匹饿狼——突厥。

为了让饿狼不咬自己的屁股，孙万荣决定拉阿史那默啜跟他一伙，派出五位使者前去做工作。这五个使者在路上走散了，先到突厥的三个使者对阿史那默啜说："我们的将军孙万荣打败王孝杰的百万大军，武周人已经被吓破胆，随便被我们蹂躏。孙将军是个仗义的人，有好事不会忘记兄弟，想要跟您一起分享这胜利果实。"阿史那默啜知道这"兄弟"一说纯属瞎扯，不过中原这块肥肉实在诱人，因此决定跟孙万荣一起欺负武曌。他还没出发呢，另外两个使者到了。

阿史那默啜是个暴脾气，认为使者迟到十分不礼貌，简直就是不把他放在眼里，一怒之下要杀这二人。这二人为保命说出实情：原来，孙万荣在柳城（今辽宁省朝阳市双塔区附近）西北四百里修筑城池，防御突厥，但兵力有限，只能让他的妹夫乙冤羽带些老弱残兵把守，自己率领精锐进犯中原。

阿史那默啜得知孙万荣把自己当猴耍，气得七窍生烟，发誓要将孙万荣生吞活剥，并立即付诸实际行动，杀死前三位使者，重赏后两位使者，让他俩为自己当向导，去抄契丹的后路。

面对气势汹汹的突厥军，乙冤羽和那群老弱病残把守的新城仅仅支撑三天便被攻破。当孙万荣得知后方危急的时候，开始坐不住了，自己正在跟周军对峙，此刻腹背受敌，这仗实在不好打啊。

契丹军心动摇，武周将领杨玄基趁机突袭孙万荣，契丹军大溃，孙万荣带领数千人侥幸逃脱。

战局真是瞬息万变，昨天还威风凛凛的孙万荣，今天已是走投无路，只能到处狼狈逃窜。孙万荣的一个家奴觉得这是自己改变命运的好时机，趁大家不注意的时候，砍下孙万荣的脑袋投降武周。

树倒猢狲散，契丹的叛乱很快被平息了。

软硬二使

瞬息万变的不仅仅是战局，还有那些武家的纨绔子弟，他们在面对契丹人的时候是乖巧可爱的小猫咪，等到面对老百姓的时候，瞬间化作凶悍残忍的猛虎。

公元697年夏，武曌派出武懿宗、娄师德、狄仁杰到黄河以北的各个地区安抚惨遭契丹蹂躏的百姓。娄师德和狄仁杰爱民如子，采取各种措施安抚百姓受伤的心灵，帮助他们重建家园，让他们迅速从战争的阴影中走出来。

武懿宗却不这样，打着安抚百姓的旗号大肆杀戮，理由是这些百姓刚刚被契丹俘虏了，都是叛徒，可怜的武周百姓们刚刚从契丹的火坑中爬出来，再次陷入更加苦难的深渊。死在契丹人手里和死在武懿宗手里是有本质区别的，武懿宗在杀他们之前给他们扣上一顶无比耻辱的帽子——叛徒！这让百姓死不瞑目啊！

武懿宗在契丹人那里受的气全部发泄在无辜百姓身上，他杀人的兴致也愈发高涨，甚至奏请皇帝要求把黄河以北曾经跟随契丹的百姓全部灭族。

要是武懿宗得逞的话，那黄河就要变"红河"了，在这关键时刻，左拾遗王求礼站出来阻止武懿宗的暴行，他说："手无寸铁的百姓无法对抗彪悍的契丹军，为了活命而屈服又有什么错呢？反倒是武懿宗带领数十万大军，看见敌人便被吓得狼狈逃窜，使得敌人长驱直入，破坏我大好河山。现如今他又想把这责任推到无辜百姓身上，实在是不忠不义，应该把他砍了，用他的脑袋向黄河以北地区的百姓致歉。"

王求礼的一席话让武懿宗无言以对，杜景俭也站出来力挺王求礼，请求武曌放过那些可怜的百姓。

最终，武曌放过了黄河以北地区的百姓，但也没狠心诛杀武懿宗，毕竟那是她的侄子。

就这样稀里糊涂地把契丹问题解决了，不过突厥的问题还很多，虽说他们刚刚帮武周对付契丹，但大家都明白，突厥是一头饿狼，随时都会在你不注意的时候狠狠咬上一口。

武曌为了稳住突厥，派阎知微和田归道为使者，安抚阿史那默啜。

阎知微是阎立德的孙子，阎立德和他的弟弟阎立本都是唐朝时期的大画家，立德和立本除了善于书画之外，在政治方面也有较高成就，但这孙子阎知微却不争气，是个软骨头，骨头究竟有多软呢？通过这次当使者便被看得一清二楚。

　　阎知微和田归道在前往突厥的路上刚好碰上突厥来洛阳的使者，为了讨好突厥，阎知微送给他们红袍和银带，还给武曌打报告说："突厥使者到都城的时候，陛下应该大设帷帐，把迎接场面搞得隆重些。"

　　田归道看不惯阎知微这副奴才相，也给武曌打了份报告，他是这样说的："突厥人违反朝廷命令，多年来不受管教，现在才悔过，应该等待陛下的圣恩宽恕，阎知微擅自赏赐突厥使者红袍和银带，等他们到了洛阳，陛下就没东西可赏了。另外，突厥使者出使武周，不应该大设帷帐来欢迎，按规矩办即可。"

　　半路上的小插曲让阎知微还没见到阿史那默啜就开始摆出奴才相拍马屁，等真正见到本人的时候，阎知微真恨自己爹妈给他一张嘴太少了，一边不停地拍着马屁，一边还要舔人家靴子，一张嘴忙活不过来啊。

　　（《资治通鉴》记载：知微见默啜，舞蹈，吮其靴鼻。）

　　阎知微竭尽所能地表演着一个恬不知耻的奴才所能表演的一切，这丝毫不会感染到挺直腰杆站在一旁的田归道，田归道只是按照礼节向阿史那默啜鞠了个躬。

　　面对如此傲慢的田归道，阿史那默啜很是不爽，把他关押起来，准备杀掉。

　　眼看性命不保，田归道依然不卑不亢，不但不低头，反倒痛斥阿史那默啜不知满足，并为他陈述利害关系，让他明白，把武周惹急了话，你就得吃不了兜着走。

　　阿史那默啜也明白这些道理，再加上其他大臣的劝说，因此没杀田归道，只是将其扣押下来。

　　到目前来看，这一软一硬两位使者一个吃香的、喝辣的，另外一个成为阶下囚。但是，性格决定命运！阎知微的人品、性格等决定他将来的命运将是十分悲惨的，不过这是后话，现在来看，他还是很幸福的。

　　阿史那默啜没敢杀武曌的使者，但他觉得自己此时兵强马壮，而武周却不同，契丹叛乱令其捉襟见肘，因此，便向武曌提出十分苛刻的"请求"，要求武曌"赏赐"给他大片土地，以及种子、丝帛、农用工具和铁等重要物资。

　　凤阁侍郎李峤坚决反对赏赐阿史那默啜这些东西，他认为这样做无异于借寇兵、资盗粮，不能解决问题，只会贻害无穷。

李峤明事理，另外几个软骨头的大臣却糊涂，以姚璹、杨再思为代表的软派认为近些年战事不断，国力不强，突厥又太凶悍，满足他们的请求吧，免得再生事端。

武曌纠结很长一段时间后，还是决定屈服，把大片土地送给阿史那默啜，还送给去四万斛谷种、各种丝织品五万段、农具三千件、铁四万斤，另外还答应他女儿的求婚，准备将武家的一位帅小伙入赘到阿史那默啜门下。阿史那默啜因此而日益强大，不久的将来，武曌也将为自己错误的决策买单。

再议太子

虽然武曌被阿史那默啜欺负了，但毕竟是把这问题给应付过去了，总算可以过上几天安稳日子。

然而，有些人一过安稳日子就躁动，武承嗣和武三思这哥儿俩又开始惦记上皇位继承权，他们想把姓李的彻底赶走，姓武的来执掌江山。

武曌被两个侄子一撺掇立场又不坚定了，开始研究是让姓李的儿子继承皇位还是让姓武的侄子继承皇位。

在这关键时刻，狄仁杰对武曌说："太宗皇帝顶风冒雨、亲犯矢石，打下这江山传给子孙，高宗皇帝将儿子托付给陛下。如今，陛下可不能把江山传给他人，辜负了两位先皇啊。另外，姑侄与母子相比谁亲谁疏？陛下心中应该有数。除了这些之外，还有一个重要因素，那就是如果陛下立儿子为太子，那么千秋万岁之后可以配祭太庙，代代相承，若是侄子得到天下，他们肯定不会把姑姑放入太庙之中。"

这些道理之前就有人说过，同样的话要分谁说，狄仁杰是武曌的宠臣，他说出来分量自然重。不过，武曌仍然很纠结，她对狄仁杰说："这是朕的家事，你就别瞎掺和了。"

狄仁杰并不认为自己是瞎掺和，他接着说道："君王以四海为家，普天之下莫非王土，率土之滨莫非王臣，天下事都是陛下的家事，我身为宰相就没有什么不能掺和的。"

过了几天，武曌做了个梦，醒来之后对狄仁杰说："我梦见一只

大鹦鹉两只翅膀都被折断了，这是什么意思？"

狄仁杰答道："陛下姓武，鹦鹉代表陛下，两个翅膀代表两个儿子，没了儿子陛下就飞不起来，有了儿子陛下才能展翅高飞。"

之前曾经说过，武曌是个十分迷信的人，对于那些超自然的东西格外迷恋，经过狄仁杰这样一解梦她便决定还是让儿子当接班人，武承嗣和武三思靠边站吧。

除了狄仁杰之外，还有个人对废立太子事件有重要影响，他就是吉顼。吉顼不是直接跟武曌对话，而是通过别人达到自己的目的。

吉顼跟张昌宗和张易之兄弟二人关系比较亲近。有一次，吉顼对张氏兄弟说："你们二人现在红极一时，但并不是靠品德和功业得到的，对于这一点二位应该心里有数吧。"

这话说得虽然不好听，却是实情，张氏兄弟心中也有数，因此，还是老老实实地听着吉顼想说啥。

吉顼接着说道："天下很多人对你们怒目而视，就等着你们失宠之后再下手呢。"看着张氏兄弟被吓得痛哭流涕的样子，吉顼不紧不慢地继续说，"现在在天下人还都念着唐朝的恩德，思念着庐陵王李显，如今皇上年事已高，你们应该劝她立庐陵王为太子，此事若是办妥，天下人自然感激你们，这样便可以长保富贵。"

张氏兄弟采纳了吉顼的建议，天天给武曌吹枕边风，让她立庐陵王李显为太子。

武曌觉得张氏兄弟管这事有些奇怪，便问缘由。张氏兄弟把和吉顼的对话转述给武曌，武曌立刻把吉顼叫来，问他为何管闲事。

吉顼趁机陈述利害，尤其是这样一句话让武曌很动心——子继母是正途，侄继姑世间无！

公元 698 年 3 月，武曌招庐陵王李显入京，准备立他为太子，这事就算告一段落。

几个月后，太子太保魏宣王武承嗣怨恨自己不能当太子，心里十分憋屈，竟然憋屈病了，而且病得很重，经抢救无效，带着无限遗憾离开人间。（《资治通鉴》记载：太子太保魏宣王武承嗣，恨不得为太子，意怏怏，戊戌，病薨。）

失败的和亲

公元 698 年 6 月，武曌令淮阳王武延秀前往突厥和亲，准备娶阿史那默啜的女儿当王妃，陪同新郎官一起去的还有阎知微、裴怀古等人。

同年 8 月，武延秀一行人高高兴兴地到达突厥的黑沙（今内蒙古呼和浩特市附近），但是，当他们见到阿史那默啜的时候便高兴不起来了，看他这架势不像是要嫁闺女，反倒是想找碴儿打架。

果不其然，阿史那默啜一张嘴，武延秀等人就傻眼了，他是这样说的："我是想把女儿嫁给大唐的李氏，你们送来个姓武的小子摆明就是糊弄我嘛，突厥人世世代代受着李氏的恩典，现如今李氏快被杀光了，我决定起义兵辅佐李氏子孙登上皇位。"

武延秀没当上新郎官，被关进了笼子里啃窝窝头。

阎知微一看情况不好，立马采取应对措施，那就是跟阿史那默啜站在一起支持李氏。

阿史那默啜的话说得好听，但傻子都知道这不过是他想要进犯中原的借口，阎知微的行径说白了就是叛变，他也是毫无争议的不折不扣的大汉奸。

阎知微这个汉奸很快就收到主人丢给他的骨头——南面可汗，这是阿史那默啜给他封的官，准备让他掌管汉族百姓。

跟阎知微一起去突厥的裴怀古是个有骨气的人，誓死不肯当汉奸，阿史那默啜也想给他个大官，可他给出的回答是："宁守忠以就死，不毁节以求生，请就斩，所不避也！"

阿史那默啜可不是什么善类，把裴怀古关押起来，准备砍头示众。

还好裴怀古机灵，趁着看守的士兵不注意逃了出来，沿途饱受风霜摧残，等到晋阳的时候已经被折磨得不像人样，被当地周军抓到还以为是突厥来的奸细，多亏有人曾经受过裴怀古的恩惠，认出他来，终于，他能活着见到武曌。

武曌很欣赏这样的忠义之士，亲自接见，为其压惊。

跑了裴怀古对阿史那默啜并没有什么影响，他依然率军南下，打了武周一个措手不及，数座城池被攻破，大量领土被占领，吓得一些软骨头的人屁滚尿流，武周的慕容玄带领五千士兵投降突厥，让突厥军威

更盛。

阿史那默啜在军事上取得丰硕成果，在外交上也是抢尽风头，为自己起兵挑起事端找了充分借口，不知情的人甚至会觉得武曌做得太过分了，阿史那默啜受了天大的委屈，所以才在不得已的情况下出兵反武。

阿史那默啜给武周朝廷发的文书是这样写的："武老太太，你忒不厚道，以为我们没文化就糊弄我们，你的恶行可归结为以下几点，第一，你给我的种子都是蒸过的，根本发不了芽，害我没法种地；第二，你送我的工具、器皿都是破烂货，品质太差，用两天就坏了；第三，我赐给使者的漂亮衣服都被你没收了；第四，你送来的丝帛都是粗劣麻布。如果仅仅是上面这四件事我也就忍了，让我忍无可忍的是我可汗的闺女应该嫁给皇帝的儿子，你不把李氏子孙送来，反倒弄个武氏小姓来糊弄事，这门不当户不对的咋结亲啊？"

武曌看到阿史那默啜的文书，一点红从耳畔起，须臾紫遍满龙颜，她生气的同时也十分懊悔，当初不听李峤的劝说，养壮了一匹咬自己的狼。生气也好，懊悔也罢，对于退敌没有丝毫帮助，为应对阿史那默啜还得广纳贤才，招兵买马。

武曌让各位宰相每人推荐一位人才，大家根据自己掌握的情况推荐出相关人员，基本都是规规矩矩，唯独狄仁杰推荐自己的儿子狄光嗣，事后证明他是正确的，狄光嗣很好地胜任了自己的职务。武曌对此也很是高兴，夸奖狄仁杰道："心胸坦荡，举贤不避亲，足可以跟古代的祁奚相媲美。"（祁奚是春秋时期晋国人，他曾经推荐自己的儿子接替自己的位置，他儿子也同样胜任那个职务，被后人传为美谈。）

举荐一般人才还算简单，要找一个国家的接班人就复杂多了。庐陵王李显回京后，京城开始躁动起来，武曌登基之时已经明确李旦为皇位继承人，现在让李显回来明显是有想法的，那么李旦该怎么办？

这个问题会难倒绝大多数的正常人，因为正常人都有欲望，都想当皇帝，可李旦不是正常人，对权势看得不重，他更愿意过安稳日子，主动要求让位与李显。

李显之前当过几天不称职的皇帝，但李渊剩下的血脉屈指可数，眼下的情形完全可以用"山中无老虎猴子称大王"来形容，李显成为最适合接班当皇帝的人，因此他再次坐上太子的宝座。

两天之后，李显被任命为河北道行军元帅讨伐突厥。

此举效果非常明显，最直接的表现就是征兵活动取得丰硕成果，在极短时间内便招募五万新兵，此前的一个多月时间里征兵不满一千。通过这事也能看出当时天下百姓对李家血脉的认可。

几天之后，朝廷任命狄仁杰为河北道行军副元帅，主持元帅的一切事务，身为元帅的太子仅仅是挂个名，并未真正随军出征，战场上的刀枪可不长眼睛，万一太子有个三长两短那可如何是好！

虽说太子并未亲征，但阿史那默啜对李家子孙还是有些忌惮，他发现李显顺利成为太子之后，武周的政治局面更加稳定，在这种情况下贸然进军很可能吃大亏，那可就是偷鸡不成蚀把米，因此，阿史那默啜在赵州、定州等地烧杀抢掠之后便扬长而去，在回家途中再次大开杀戒，这群野蛮的突厥人简直就像蝗虫一样，所过之处一片狼藉。

狄仁杰带领十万大军紧追不舍，怎奈以骑兵为主的突厥军速度太快，狄仁杰也毫无办法，只能看着阿史那默啜返回漠北。

赶跑突厥人之后，狄仁杰的身份也发生改变，由原来领兵打仗的副元帅变成安抚百姓的河北道安抚大使。

这段时间老百姓确实吃了不少苦，突厥人的残忍超乎想象，烧杀抢掠无恶不作，走到哪里，哪里就是血流成河，好不容易等到这群杀人狂魔被狄仁杰吓跑了，结果迎来的是更加凶残的地方官吏。之前武懿宗曾经把很多百姓定义成投降契丹的叛徒，现在部分官吏也纷纷效仿，把百姓定义成投降突厥的叛徒，处理方法更是简单粗暴——杀头！

狄仁杰把这情况汇报给武曌，请她赦免那些可怜的百姓，武曌也知道百姓是被逼无奈才向突厥屈服的，因此同意狄仁杰的请求，赦百姓无罪。

有了皇帝的赦令，再加上狄仁杰开展的大量工作，黄河以北地区终于又渐渐恢复平静。

但武曌的心并未平静，此番阿史那默啜把黄河以北地区蹂躏得很惨，使得武曌憋气又窝火，这气找谁出呢？思考了很久很久，依然没有答案，就在她眉头紧锁的时候，一个人的回归让她笑逐颜开。

此人便是大叛徒阎知微。

阿史那默啜撤退的时候没有把阎知微带在身边，而是把他放回武周。

有人可能对阿史那默啜的做法表示不理解，阎知微对他是那么的忠心耿耿，咋能就这样弃之不顾呢？

仔细想想，阿史那默啜的做法合情合理，这个世界上只要稍微有点头脑的人都不会喜欢像阎知微这样的人，一个能够出卖一切的人永远不值得信赖，他今天为利益能够出卖旧主，明天就能为利益出卖新主，谁把这样的烂人留在身边都不能踏踏实实地睡觉。

阎知微被阿史那默啜抛弃后感觉到自己可能要倒大霉，那也没办法啊，赶快逃命吧。

天网恢恢疏而不漏，这个大叛徒很快便落网了，被五花大绑送回洛阳。

此刻的阎知微早没了"南面可汗"的威风，只能硬着头皮、厚着脸皮请求武曌和百姓的宽恕。但是，当他看到武曌紧锁眉头满脸杀气之时，希望的肥皂泡彻底破灭了。

仅仅用常规手段处死阎知微远远达不到武曌的目的，要用极其奔放的方式摧残他的肉体和灵魂才能使得武曌那无比憋闷的胸腔放松开来。

车裂！即五马分尸，这是阎知微受到的第一道酷刑，在此之后，他那被拉扯得乱七八糟的尸体被抛于闹市，被百官用来当箭靶子。说到这里不得不提起一个人，那就是武懿宗，这个有贼心没贼胆的怂货想借此机会表现一下自己对阎知微的恨，结果在距离尸体七步远的地方连发三箭竟然无一射中，他没射中不要紧，毕竟有那么多恨叛徒而且箭法又好的人，因此，阎知微的尸体很快变成一只大号刺猬。

一直到尸体实在没地方插箭的时候，武曌才下令停止射击。将尸体上的肉剔光，再把骨头砸碎。

经过这番折腾，武曌觉得还不过瘾，又灭了阎知微三族。

这个令人唾弃的大叛徒死不足惜，不过因此受牵连的阎家族人确实有些冤枉。

盛德无边

公元 699 年，武曌终于可以将突厥的问题暂时放到一边，把更多的心思放在内政方面，不过内政也不都是大公无私、利国利民的，也有是为了私情的，例如控鹤监。

控鹤就是骑鹤的意思，古人认为神仙是骑鹤的，武曌很仰慕神仙，她之前曾经成立个部门——控鹤监，控鹤监内的主要官员以她宠幸的人为主，包括张易之、张昌宗、吉顼、李炯秀等，这样一来难免又要被人说闲话，为了不让皇帝太难堪，有个叫员半千的大臣建议武曌取消这个部门，员半千是好心，但此举惹得武曌十分不高兴，因此被降了职。

看不惯武曌乱搞的不止员半千一人，内史王及善也多次劝说武曌应该注意影响，该遵守的礼仪还是要遵守的，后宫之中想怎么折腾都行，后宫之外的规矩必须要遵守。

王及善劝过几次都没有效果，于是辞官，当然辞官原因不能说是皇帝当得不好，而是说自己水平不高，能力有限，干不好这工作，请求辞官。

王及善跟现如今大多数的善良员工一样，他们临走了还费尽心思找个靠谱的辞官理由，就是不想让领导知道员工对他是多么的失望，这样做不就是为了给领导留点儿面子嘛，不想直说他人格魅力不足，不想拆穿他的管理是多么一塌糊涂。所以，当领导的一定要善于反思，如果你做得好，大家当然都会希望跟你共创一番事业！正是因为你做得不好，大家才会离你而去。当然，也有员工跳槽是因为有更好的前程，并不是现在的领导不够有魅力。

不知道武曌是否进行了反思，是否明白王及善辞官的理由，但最后的结局还算不错，没有批准王及善辞官，而是任命其为文昌左丞。

王及善还得为武曌尽力，不过那位"唾面自干"的娄师德终于可以彻底解脱了。

公元 699 年 8 月，娄师德驾鹤西游。他的离开让很多人伤心不已，这不仅因为他为国为民做了很多好事，更重要的原因是他的人缘太好了。娄师德为人朴实稳重，心胸宽广，额头能跑马，肚里能撑船，很多人被他那种"以德报怨"的精神所折服，这其中还包括狄仁杰。

狄仁杰入朝当宰相是娄师德推荐的，不过狄仁杰本人并不知情，他还因为娄师德老实巴交、土里土气的而看不起他。这种情况被武曌发现后，便找个机会问狄仁杰："你觉得娄师德看人看得准吗？能够发现

人才吗？"

狄仁杰答道："我曾经跟他共事过，没听说过他善于发现人才。"

武曌对他说："朕之所以能够让你当宰相，就是因为他的推荐。"

狄仁杰听后无地自容，深深地感慨道："娄公高大，令我自惭形秽，他长期以来如此的宽容，我却丝毫察觉不到，真乃盛德无边啊！"

像娄师德这样德才兼备的官员并不多，这倒不是因为没有人才，而是因为武曌用人有问题，她称帝以来大肆提拔武氏之人担任博士、助教、祭酒等职务（均是与文化相关的官职），这些人大多没什么文化，不通儒学，平时靠溜须拍马混日子，这样一来，学生们也就都不把心思放在学术上，二十年间，学校都快变成了草原。面对这种局面，凤阁舍人韦嗣立给武曌提出意见，他认为：现如今社会风气很不好，旁门左道成风，轻视儒学，为扭转这种不良局面，应该命令王公以下子弟认真学习，不给他们其他用来当官的途径。另外，自从李敬业等人起兵叛乱之后，国家被酷吏钻了空子，很多人惨死狱中，如今酷吏们均已被铲除，朝廷内外一片祥和，陛下应该继续广施恩泽，重新审理那些案件，有冤的一律昭雪，恢复其原有官爵，天下人因此便会知道过去的滥杀无辜是酷吏所为，不是陛下本意，活着的人和死去的人都会感到万分高兴。

对于韦嗣立的两条建议，武曌都没有采纳，原因很简单：第一，武家子孙有德有才者甚少，要是通过德、才考试选官，他们都得喝西北风去；第二，坚决不能公开承认过去那些冤假错案的存在，虽然说人是酷吏杀的，但酷吏是武曌任命的，很多大案她也都参与其中，诛杀令还是她下的。

因此，韦嗣立的建议只能不了了之。

不靠谱

韦嗣立的建议没有被采纳，武周的社会风气难以发生根本性转变，朝廷内外各种不靠谱的事儿层出不穷。

公元700年，吉顼和武懿宗为了争抢打退突厥的功劳差点儿大打出手，这事儿惹得武曌很不痛快，不痛快并不是因为二人争功，而是因为吉顼仗着人高马大、能言善辩欺负伛偻驼背、口齿不清的武懿宗，面对咄咄逼人的吉顼，武懿宗气得浑身发抖，哆哆嗦嗦地说不出话来。

武曌看侄子受这么大委屈，十分恼火，对吉顼说："你当着朕的面如此嚣张地欺负我们姓武的人，也太不把朕放在眼里了吧？"

吉顼虽然受到皇帝批评，但并不收敛。有一次他当着武曌的面侃侃而谈、引经据典、吐沫纷飞，可能是不小心把口水喷到了武曌脸上，使得武曌狂怒，大声喝道："你这夸夸其谈朕早就听腻歪了，别仗着自己有点本事就在这卖弄，今天朕给你讲个小故事，教你怎么当个好奴才。"

吉顼冷汗直流，收起他那副不可一世的样子，缩成一团，承受着武曌的怒火。

"当年朕在太宗皇帝身边做宫女的时候，刚好赶上太宗皇帝得到一匹宝马——狮子骢，马是好马，就是个性太张扬，无人能将其降服，朕便对太宗皇帝说：'我能收拾它，不过需要三件东西，第一是铁鞭，第二是铁棍，第三是匕首。先用铁鞭抽它，若是不服再用铁棍打它，如若还是不肯乖乖听话，那就用匕首砍下它的马头。'太宗皇帝非常喜欢朕的方法。今天难道朕就舍不得用匕首了吗？"武曌讲完这个故事，吉顼当即吓得趴在地上磕头如捣蒜，好话说尽，总算保住性命，最终被赶出京城，到地方去做官了。

吉顼去外地上任之前，再次得到武曌召见。他在武曌面前，一把鼻涕一把泪地述说着衷肠："无比敬爱的陛下啊，恐怕以后我再也不能伺候陛下了，就让我最后一次表达忠心吧。"

人之将死，其言也善，吉顼虽然不是去死，但作为一个一生致力于官场的人来说，失宠之后被贬并且可能永无翻身之日，比死更痛苦。武曌明白这个道理，她知道吉顼要跟她说的肯定是大事，便让吉顼别有顾忌，想说什么就说什么。

"请问陛下，水和土和成泥，有纷争吗？"吉顼问道。

"没有！"武曌答道。

"那么假如把这些泥分一部分给佛家塑如来，分一部分给道家塑三清，这样的话会有纷争吗？"吉顼追问道。

"应该会有，这样的话就存在利益之争。"武曌很肯定地答道。

吉顼点点头，说道："现如今已经立李显为太子，然而武氏家族

中很多人都在称王，他们必然要为自己能分到多少'泥巴'而争斗啊！"

武曌听完之后叹口气说道："事已至此，朕也没办法啊。"

武曌之前就为这事担忧过，为了缓解"李""武"冲突，她曾经下过这样一个命令：让太子、太平公主、武攸暨和其他一些武氏子弟在明堂对着天地立下永不背叛的誓言，保证大家永远是相亲相爱的一家人，并且将誓言刻在铁契上，收藏于史馆之中。

在利益面前，誓言靠谱吗？

这个无须我来回答，数年之后，答案自然揭晓。

除了上述不靠谱的事情之外，武曌的后宫也是愈加淫乱，张易之、张昌宗兄弟已经嚣张得没边儿了，庄严而尊贵的皇宫被他们搞得如同妓院一般，姓武的王爷们跟这哥儿俩混在一起，喝酒、赌博、肆无忌惮地讲着色情笑话……

武曌脸皮虽然厚，但也觉得这么乱搞忒丢人，便采取措施为自己遮羞，她下令让张易之、张昌宗以及一些吃软饭的文人在后宫编写《三教珠英》（大型诗歌选集）。

另外，马屁精们榨干自己的最后一丝智慧往张氏兄弟脸上贴金，在诸多马屁精中，武三思脱颖而出，他说张昌宗是古时候周灵王的太子晋转世。（周灵王是个平淡无奇的君王，但太子晋口碑却极佳，博学多识、宽厚仁慈。根据《列仙传》记载，太子晋跟随神仙入山修炼，三十年后，骑鹤升天而去。）

为了让"转世"的太子晋——张昌宗——跟传说的太子晋有更多的相似之处，武曌专门命人为张昌宗制作木鹤，一时间后宫又变成游乐园，不过游乐园里的小朋友骑的是木马，而张昌宗骑的是木鹤。（《资治通鉴》记载：武三思奏昌宗乃王子晋后身。太后命昌宗衣羽衣，吹笙，乘木鹤于庭中；文士皆赋诗以美之。）

张昌宗、张易之二人得道鸡犬升天，他们的弟弟张昌仪也摇身一变成为炙手可热的人物，张昌仪的地位也不都是依赖两位哥哥，人家自己也有本事，靠着自己的本事得到太平公主青睐，变得更加飞扬跋扈。

他担任洛阳县令期间大肆敛财，只要有钱，不管是谁找他办事都给办。

有一天早朝的时候，一个姓薛的候选官员在皇宫门口送给张昌仪五十两黄金和一份请求任职的文书，张昌仪收下黄金和文书，然后把文书交给手下人，让他把这事给办好。几天之后，手下人把文书弄丢了，便问张昌仪是谁要升官。张昌仪把手下人一顿臭骂，说道："你咋跟我一样是个糊涂蛋呢，我也忘了是谁，只记得他姓薛。文书丢了，但是咱得讲信用啊，拿人钱财替人消灾，要不这样吧，只要是姓薛的候选官员都给个官。"

古往今来都是如此，在一个不靠谱的朝廷带领下，各种不靠谱的事都会发生。

河曲明珠，东南遗宝

武曌的有那么多不靠谱的手下办了那么多不靠谱的事，但也有靠谱的手下办靠谱的事。

前些年，孙万荣、李尽忠带领契丹叛乱的时候，手下有员大将叫李楷固，此人骁勇无比，擅长骑射、舞槊，另外还特别擅长套索，万军之中生擒敌人主帅如同探囊取物一般。

孙万荣死后，李楷固投降武周，有关部门想用他的脑袋给自己添些功劳，于是，责备他投降太晚，请求武曌诛杀李楷固的全族。关键时刻狄仁杰挺身而出，请求赦免李楷固，并且为其加官晋爵，理由就是这样的人才如果能为我朝所用实乃万幸。

最终，武曌同意狄仁杰的请求，封李楷固为左玉钤卫将军，派他平定了契丹叛乱余党。（李楷固是唐中期名将李光弼的外公，李光弼在平定"安史之乱"的过程中发挥出重要作用。）

除了为武曌搜罗人才之外，狄仁杰还会经常阻止武曌干那些不应该干的事。

公元 700 年的秋天，武曌准备再创一项世界纪录——建造一尊超大佛，搞这么大个工程肯定得花不少钱，为此武曌让全国的和尚、尼姑每人每天捐一文钱。

武曌对于修佛建塔情有独钟，此举劳民伤财，但一般人不敢触皇帝霉头，这个时候，狄仁杰挺身而出，给武曌上疏说："现如今的寺庙

比皇宫规模都大，建这些寺庙可没有神佛帮忙，靠的都是老百姓，至于建筑材料也没有一木一石是从天上掉下来的，都是老百姓血汗凝结而成，佛家讲的是大慈大悲，陛下这样劳民伤财的搞法不管从哪个角度看都不应该啊！"

长期以来，武曌对狄仁杰都比较尊敬，对于他的建议也格外愿意听，当然，很重要的原因是狄仁杰的建议大多靠谱，这次也不例外，武曌立刻停止巨佛工程，还对狄仁杰说："您劝朕行善，朕当然不能违背您的意愿。"

巨佛事件仅仅是武曌对狄仁杰信任、尊重的一个缩影，她平时称呼狄仁杰都不是直呼其名，而是尊称为国老，狄仁杰很低调，不以国老自居，但在朝堂之上从来不会给武曌留面子，皇帝错了，他一定狠狠批评。

狄仁杰不给武曌留情面，武曌知道这是为国为民，更加尊敬狄国老。狄国老晚年的时候身体不好，上朝的时候依然遵循君臣之道，行跪拜礼，武曌每次都会阻止他行礼，同时说："每当看到您行跪拜礼的时候，朕的身体也会感到疼痛不堪。"

公元 700 年，古稀之年的狄国老驾鹤西游。

狄仁杰为人正直，疾恶如仇，这就注定了他的官场之路跌宕起伏。他有时候略显圆滑，不过在大是大非面前绝不含糊；虽然他有这样那样的缺点，但并不影响他成为一位伟大的政治家，他安邦辅国、执政为民，不管是服务李唐，还是服务武周，始终心系百姓，为推动社会发展作出巨大贡献。

狄仁杰是明经科考及第走上的仕途之路，为官不久便被诬告，负责审理此案的阎立本弄清事情原委，还狄仁杰清白，还发现狄仁杰这位旷世奇才，评价其为："河曲之明珠，东南之遗宝！"

狄仁杰自从政以来兢兢业业做好本职工作，还培养和推荐大量精英人才，当时人们都这样说："天下桃李，悉在公门矣。"

武曌曾经让狄仁杰推荐一名将相之才，狄仁杰推荐荆州长史张柬之，武曌将张柬之提升为洛州司马，过了几天再次让狄仁杰推荐人才，这次狄仁杰竟然拒绝皇帝的要求，理由是："我给陛下推荐的张柬之还没用呢。"武曌说："用了，朕已经给他升官了。"狄仁杰却说："我给陛下推荐的是宰相，不是司马。"

最终，武曌将张柬之升为宰相。（后来，张柬之在匡复李唐的过程中发挥重要作用。）

除了做事之外，在做人方面，狄仁杰也是当之无愧的楷模，虽然他曾经跟娄师德之间发生一些不愉快的事情，但最终都能加以改正。

狄仁杰自身品德高尚，同时还能用自己的人格魅力去感染周围的人。

有一次，狄仁杰的同僚郑崇质被派到西北偏远地区执行公务，这样他就没办法照顾自己年迈多病的母亲。狄仁杰知道后，进见并州长史蔺仁基，要求自己替换郑崇质。

蔺仁基听完狄仁杰的请求，十分惭愧，原来，他跟同僚李孝廉之间一直有矛盾。跟狄仁杰这样一比较，他发现了自己的渺小，于是，主动和李孝廉握手言和。

武曌失去这样一位德才兼备的重臣，也是极度悲伤，流着眼泪说："朝堂之上再也没有可以依靠的师长了！"在很长的一段时间里，如果朝堂有大事，群臣乱哄哄吵作一团也无法解决的时候，武曌就会感叹道："老天为什么要把国老从我身边夺走啊！"

一念之间

狄仁杰驾鹤西游，但还是有人为武周和李唐操心。

公元701年，大臣苏安恒上疏说道："陛下尊先帝临终嘱托，受太子再三辞让，上敬天意，下顺民心，在位已有二十年。难道陛下没听说过帝舜让位，周公归政的典故吗？帝舜让位于大禹，他们之间仅仅是同族的亲戚，周公归政成王，他们也不过是叔侄。同族、叔侄哪能有母子关系亲近啊。现如今太子已到壮年，如果陛下让太子即位，自己退位享享清福，这跟自居帝位有什么区别吗？陛下年事已高，又经常为繁忙的国事操劳，心神耗竭，实在是得不偿失。陛下何不禅让帝位于太子，自己安享天年。另外，自古以来，不曾出现过两个不同姓氏的家族成员同时被封为王的，现在梁王武三思、定王武攸暨、河内王武懿宗、建昌王武攸宁等，承蒙陛下的荫庇，都被封为王。臣以为这件事在陛下百年

之后，将会非常不利，请陛下将他们降为公侯，任命他们担任清闲的职务。陛下不是还有二十多个孙子至今尚无封号，这样也不是长久之计，应该把他们分封为王，为他们选择良师益友，多加劝导，使他们能够早日成才，辅佐皇室。"

乍一看苏安恒的这段话，会觉得他够圆滑的，他一上来给武曌定的调子就是合理合法的皇帝，而不是篡位者。但细一琢磨才能发现苏安恒的智慧所在，做事情得讲究方式方法，方式方法不正确很容易造成好心办坏事的局面。苏安恒若是这样说："先帝驾崩后，你从儿子手中夺过大唐江山，修了七庙，改了国号，当上了皇帝，现如今这皇帝已经当了二十多年，还没当够啊……"恐怕就麻烦了，就算赶上武曌心情好，不砍他脑袋，让位这事也就甭谈了。

当然，这份奏疏要是二十年前递到武曌面前的话，说不定苏安恒也得脑袋搬家，现在情况不同了，七十多岁的武曌知道自己已是黄土没脖之人，心气没那么高了，这些年也一直在考虑让儿子接班的问题，因此，她特意召见苏安恒，赏赐酒饭，好言安慰一番，将其送出皇宫。

第二年，苏安恒再次上疏，依旧引经据典劝武曌让位于太子，把天下还给老李家。这次的结局跟上次一样，武曌没有采纳他的建议，但也没责备他，这事也就不了了之了。

苏安恒讲的道理武曌都懂，只不过她实在有点舍不得这皇帝宝座，她也明白苏安恒是为她好，为国家好，因此才不去责备这样的好大臣。

像苏安恒这样的好大臣并不少，侍御史张循宪就是其中一位。

张循宪到河东地区考察工作，在那遇到棘手的问题，自己搞不定，便向身边官员咨询此地有没有高人，身边人告诉他曾经担任平乡尉的张嘉贞是个高人。

张循宪找到张嘉贞，向他虚心求教，张嘉贞把这问题的方方面面做了详细分析，提出解决办法，在张循宪的要求下又替他写了奏章。

张循宪回到朝中，武曌对其赞不绝口，夸他水平高。但张循宪并未接受夸奖，而是把自己寻访张嘉贞的过程原原本本向皇帝做了汇报，汇报完情况，向武曌请示道："本人自知能力有限，难以承担侍御史的职务，请陛下将这个职务授给张嘉贞吧。"

武曌听完张循宪的请求哈哈大笑，说道："难道朕就没有个官职用来授予那些能够引荐提拔贤能之士的人吗？"

不仅是武曌，世间之人谁会不喜欢像张循宪这样诚实可靠、心胸宽广、礼贤下士、大公无私的人呢？

武曌立刻召见张嘉贞，长谈之后，十分满意，任命其为监察御史。另外，张循宪也被提升为司勋郎中。

通过这事能看出武曌还没老糊涂，依然英明，可英明和糊涂只在一念之间，武曌在处理关于她那几个男宠的事情上，已经是糊涂得相当彻底。

武曌无底线的宠爱使得张昌宗、张易之嚣张到敢骑在百官头上拉屎的地步，他们的弟弟张昌仪不但有两位哥哥给撑腰，而且还有太平公主做后台，同样也是无恶不作。

社会上从来都不缺少正直的人，他们敢于公然对抗无比强大的奸邪。凤阁鸾台的魏元忠在担任洛州长史的时候，曾经收拾过张昌仪，后来还乱棍打死过张易之的违法乱纪的家奴，他们之间积怨很深。

公元 703 年，武曌大病，张昌宗等人怕武曌死后没人罩着他们，魏元忠会下杀手，几个人便联起手来准备先下手，他们诬陷魏元忠要背叛皇帝。这件案子纠缠了很长一段时间，几乎所有人都明白是张氏兄弟在诬陷魏元忠，偏偏武曌就蒙在鼓里。

最终魏元忠在一群正直大臣的努力下保住性命，被贬到岭南的一个小县城去当县尉。临走之前，魏元忠对武曌说："微臣年纪大了，估计会死在此次前往岭南的路上，但是，日后陛下一定还会有想起我的时候。"武曌对此表示不解，问道："为何？"

魏元忠指着在武曌身旁伺候着的张昌宗和张易之，说道："这两个小儿终将成为祸患。"张昌宗、张易之哭天喊地地叫着冤枉，武曌叹口气，无奈地说道："魏元忠，你走吧。"

莲花劫

公元 704 年，武曌一病不起，在生病的几个月期间，张昌宗、张易之哥儿俩陪伴左右，朝中大臣一概不见，即便是宰相也难睹龙颜。

等到武曌病情稍有好转的时候，凤阁侍郎崔玄暐（wěi）给武曌打报告说："皇太子和陛下的其他子孙宽厚仁德，孝顺父母，亲爱兄弟，他们可以在陛下身边伺候着，不应该让外人随意进出皇宫。"

武曌明白崔玄暐的意思，也知道他是为皇家好，但并未采纳该建议，依然让张氏兄弟待在身边。

武曌躺在皇宫生病，外面闹得沸沸扬扬，满大街都在传张氏兄弟要造反的事情，有人将这情况汇报给武曌，她一概充耳不闻。

武曌护着张氏兄弟，大臣们却不依不饶，杨元嗣干脆直接站出来指控张昌宗谋反，说他请一个叫李弘泰的江湖术士占卜算卦，这个江湖术士胆子还真大，竟然说张昌宗有天子之相，让他在定州修寺庙以收买当地百姓。

武曌让凤阁侍郎韦承庆、司刑卿崔神庆和御史中丞宋璟审理此案。

张昌宗是个软柿子，面对几位正义凛然的法官，尤其是那位一身正气的宋璟，差点吓尿裤子。审理结果很快就出来了，张昌宗招供——确有此事，但之前这事已经向武曌汇报过。

按照当时法律，张昌宗曾经向武曌汇报过此事的话，那他是可以免受处罚，只需治李弘泰的罪就行。

大家怎么可能放过这么好的锄奸机会呢？宋璟与大理寺丞封全祯共同上奏道："张昌宗已经享受到如此浩荡皇恩，还有什么不知足的，还找术士算卦，他到底想得到什么？并且，李弘泰说为张昌宗算出的是'乾卦'，'乾卦'乃天子之卦，如果张昌宗认为李弘泰是妖言惑众，为何不把他送到相关部门认罪伏法？由此可见，虽然张昌宗向陛下奏明了此事，但他依然包藏着叛逆的祸心，依法应当处斩！"

宋璟和封全祯慷慨激昂地说了半天，武曌坐在那里一声不吭。看到这情况，宋璟咬碎钢牙，今天他是豁出去了，哪怕脑袋不要，也得把张昌宗弄死。

宋璟继续高声说道："请陛下下令关押张昌宗，不要违背民心。"

宋璟把话说到这份上，武曌想装聋作哑也不行啊，只好说道："你先下去吧，我再仔细看看案件的文书诉状。"

宋璟无奈，退出大殿。他刚走，左拾遗李邕便对武曌说道："陛下，虽然刚才宋璟说话态度不好，但他可真是不顾自身安危，一心为了朝廷啊！希望陛下能够英明决断。"

武曌是真的舍不得杀张昌宗啊！她找了很多借口想要把宋璟支到地方去办案。

此时的宋璟是彻底豁出去了，给武曌的答复竟然是："我不去！我是御史中丞，地方案件不归我审理。"

一个宋璟已经让武曌头疼不已，还有更多的大臣给她添乱，司刑少卿桓彦范上疏认为："张昌宗寸功未立受到如此宠爱，还不知足，他已经惹得天怒人怨，不砍他脑袋就是违背天意，逆天而行的后果可是很严重……"

桓彦范也不管武曌爱不爱听，喋喋不休地絮叨了一大堆，最后总结就是一句话——将张昌宗交予有关部门处理。

桓彦范的话音刚落，崔玄暐就跟着添油加醋，大家的观点十分一致，目的也很单纯——必须弄死张昌宗。

跟这些大臣比起来，最难缠的还是要数宋璟，他抗旨不遵（当然理由很充分，他又没犯错误，皇帝也不能无缘无故贬谪大臣），赖在京城不走，隔三岔五就去找武曌谈话，要求逮捕张昌宗。

武曌苦口婆心地对他说："你就饶了张昌宗吧，他已经把占卜的事跟朕汇报过了，按律是不罚的。"

宋璟的回答是："他是走投无路才跟陛下汇报的，但包藏祸心，罪该万死。"

不管宋璟咋说，武曌依然很耐心地为张昌宗开脱。

说到后来，宋璟已经控制不住自己的情绪，当着皇帝的面发起火来，对着皇帝咆哮。

刚好赶上那位称"莲花似六郎"的马屁精杨再思也在旁边，他不知好歹地出来打圆场，让宋璟退下。

宋璟早就看他不顺眼，转头就对他喝道："圣明天子在这呢，哪有你个宰相下命令的份！"

最终，武曌无奈，只得交出心爱的张昌宗。

张昌宗刚被带到御史台受审，武曌的敕书就到了——无罪释放张昌宗。

武曌思前想后，还是舍不得这位莲花郎。

为给宋璟个台阶下，武曌让张昌宗去给他道歉，宋璟竟然不给皇帝面子，闭门不见张昌宗。

这个美如莲花的男人暂时保住了性命，但他再傻也能认识到自己的劫数快来了！

神龙政变

公元705年，即神龙元年，武曌又病了，比去年病得更严重。在此期间，张昌宗、张易之兄弟在宫中执政。

让这哥儿俩执政实在令人不放心，也接受不了，因此，张柬之、崔玄暐、敬晖、桓彦范等人商量着用暴力解决问题。可这几位都不擅长暴力啊，总不能拿笔把人写死吧。自己不擅长暴力没关系，拉些擅长暴力的人入伙即可。

张柬之在人群中搜来找去，一位彪形大汉——右羽林卫大将军李多祚——映入眼帘。朝廷上下，将军很多，能配合发动政变的少之又少，李多祚对李唐忠心耿耿，是个靠谱的人。

张柬之也不绕弯子，开门见山地问道："李将军，今日的荣华富贵是谁给你的？"

李多祚是个明白人，张柬之一开口，他就明白是什么事，自己一直心系李唐，之前难阻李唐易主，今天机会可能是来了，因此坚定地答道："都是高宗大帝所赐！"

"现如今大帝的儿子受到张昌宗和张易之威胁，将军难道不想借此机会报答大帝恩德吗？"张柬之追问道。

"赴汤蹈火，在所不辞！"李多祚的回答无比坚定。

轻松搞定李多祚，但张柬之并不轻松，他明白自己要干的事有多么艰难，只有拉更多靠谱的人入伙才能提高胜算。

思前想后，张柬之又想起一个人来——杨元琰。

想当年，张柬之曾经和杨元琰二人泛舟长江，当小船划到江中之时，谈起国家大事，也就是武周取代李唐的事情，二人均是慷慨激昂，表示有机会定然要匡复李唐。

张柬之被狄仁杰推荐当上宰相之后，他推荐杨元琰为右羽林将军，问他："当年泛舟长江之事还记得吗？"

"至死不敢忘怀！"这是杨元琰给张柬之的回答。

除这两个人之外，张柬之又安排一些靠得住的人在左、右羽林军中担任重要职务。

张柬之在这边打草，也惊了那边的毒蛇，张昌宗、张易之对于宫廷军队的人事变动感到十分不安。

为稳住张氏兄弟，张柬之安排武攸宜为右羽林大将军，武攸宜跟张氏兄弟是一伙的，这样，他们才放松了警惕。

兵者，诡道也！

进攻的最佳时机就是敌人以为你不会进攻的时候。

恰好赶上这时候又有一位重量级人物回京，此人便是姚崇。张柬之把大伙召集在一起，开完碰头会，就准备动手了。

动手之前，还应该跟个人汇报一下，跟不跟这人汇报很重要，甚至会影响到此次行动的性质，这人就是太子李显。若是跟太子汇报了，那就是名正言顺地匡复李唐，哪怕行动失败也能死得安心，如若不然，很可能被扣上叛乱的帽子。

太子李显极力支持张柬之等人诛杀张昌宗、张易之，这些年来，他也忍气吞声，受了不少苦，若是此次行动成功，自己不但脱离苦海，应该还能再次坐上皇帝宝座。

公元 705 年正月，张柬之、崔玄暐、桓彦范等人率领左、右羽林军五百余人来到玄武门，李多祚、李湛、王同皎等人到东宫迎接太子李显。李显这个窝囊废之前被老妈给吓怕了，竟然不敢出门。

王同皎赶忙给太子打气："先帝把皇位传给殿下，结果殿下没当几天皇帝就被关进小黑屋，现在殿下再次登基是大势所趋，兄弟们都在玄武门等着呢，殿下可不能让大家失望。"

李显听王同皎说完还是心虚，狡辩道："诛杀小人是应该的，但你们不能让天子受了惊吓啊，这事以后再说吧。"

李显的表现既丢人，又让人气愤，站在一旁的李湛实在看不下去，对他说道："王公大臣以及诸位宰相和将士不顾身家性命，就是为了匡复李唐，殿下却畏首畏尾，如果殿下不想让他们诛杀小人，那亲自去制

止好了。"

李显一看这架势，今天自己是做不成缩头乌龟的，只好勉勉强强地答应到玄武门跟诸位汇合。不过他这胆子还是没壮起来，腿肚子直抽筋，上马都费劲，最终还是王同皎把他抱上马背的。

太子一到场，顿时军心大振，孔武有力的勇士砍断门闩，大家径直冲进宫中。

此时，张昌宗和张易之并不知道宫外的情况，当他们看见张柬之带着一群凶神恶煞的羽林军杀气腾腾地冲过来的时候已经吓得魂飞魄散。

张柬之对这哥儿俩是恨之入骨，二话不说上去就砍下他们的脑袋。

杀完张氏兄弟，群臣来到武曌居住的长生殿。

当武曌见到这阵势的时候，心冰凉冰凉的！她知道几十年来自己最害怕，并且时时防备的政变还是发生了。

武曌是见过大场面的皇帝，深吸一口气，稳住心神，问道："是谁在作乱？"

"张昌宗、张易之阴谋叛乱，已被臣等奉太子之命诛杀。臣等怕惊扰圣驾，事先并未禀报，此时惊动陛下，罪该万死！"张柬之说这话的时候中气十足，丝毫听不出"罪该万死"的意思来。

武曌仔细一看，李显那小子果然哆哆嗦嗦地站在人群中，于是对他说道："这事是你让干的吗？那两个人已经被诛杀了，你可以回东宫去了。"

李显听老妈这样一说顿时就慌了，准备转身回到东宫继续去当太子，但是，有心眼的大臣们可不会放过这个好机会。桓彦范上前一步，对武曌说道："太子不应该再回东宫，当年先皇把太子托付给陛下，现在他已长大成人，本该继承皇位，这也是民心所向。臣等希望陛下传位于太子，上承天意、下顺民心。"

武曌何时受过这等委屈啊，但她一个八十多岁的老太太能干什么，只能指着下边的人开骂。对李湛训斥道："我平时带你们父子不薄啊，今天竟然也跟他们一起欺负我。"（李湛的父亲是李义府，李义府是个卑鄙的笑面猫，但李湛还是个不错的人。）

骂完李湛又骂崔玄暐："你可是朕一手提拔起来的，今天为何也跟他们站在一起？"

崔玄暐正正衣襟，挺起胸膛，答道："臣这样做正是为报答陛下的大恩大德！"

不管武曌如何咆哮，大局已定，她不想认也得认。不过，最终的结局武曌还算能接受，大家并未难为她，只是要求她提前退休，让太子登基。

第二天，武曌颁下诏书，让太子李显处理朝廷政务。

第三天，武曌将帝位传于太子。

第四天，李显即皇帝位，庙号唐中宗。

李显下诏大赦天下，为那些之前被冤枉的人平反，恢复李家子孙的皇族身份。

数日之后，李显再次下诏，恢复大唐国号，郊庙、社稷、陵寝、百官、旗帜、服色、文字等完全恢复成高宗李治时期的旧制。

该政变发生在"神龙"年间，因此被称为"神龙政变"，"神龙政变"使得政权再次掌握在李家手中。

无字碑

公元705年11月，武曌崩于上阳宫，享年八十二岁。临终遗诏："去帝号，称则天大圣皇后。"赦免高宗李治的王皇后、萧淑妃二族之人，同时也赦免褚遂良、韩瑗、柳奭的亲属。

通过这件事可以看出，武曌终于在临死之前开悟，去掉累其一生的皇帝枷锁，赦免众人，以减轻自己的罪孽，她也终于可以轻轻松松、安安心心地挥手告别人间。

不管你是否喜欢她，她始终是一位响彻中国历史的女皇帝。她亦正亦邪，亦善亦恶。如果非让我来评价她，还真是无从下笔，她就是这样一位极具争议的女皇帝。我想即便是她自己也不知道该如何评价自己吧，因此留下了那块"无字碑"！

"无字碑"立在今陕西省乾县的乾陵，李治和武曌葬在此处，陵中两座墓碑，一座是李治的，另外一座就是武曌的"无字碑"。

为什么是座"无字碑"？

这个问题并没有标准答案，后世各种说法如下：

第一种说法：武曌知道自己是个极具争议的人物，干脆不做自我评价，把这棘手的问题留给后人了，留下"无字碑"的意思是——是非成败后人评。

第二种说法：武曌立"无字碑"是赤裸裸的自夸，认为文字已经无法描写出自己的丰功伟绩。

第三种说法：武曌立"无字碑"是因为自知罪孽深重，不知道碑文该写些什么好。

第四种说法：武曌之前已经拟好碑文，但负责给她立碑的李显恨透了母亲，没把碑文刻上去。

第五种说法：武曌死后时局动荡，各派势力暗中较劲，各派势力中有亲武的"武蜜"派，有反武的"武黑"派，最终两派战成平手，因此就没了歌功颂德或者是口诛笔伐的碑文。

第六种说法：武曌既是皇帝，又是皇后，大家不知道碑文按照皇帝的标准写，还是按照皇后的标准写，干脆不写。

上述种种说法，有些看起来靠谱一些，有些看起来离谱一些，但不管怎样，评价一个人，尤其是一个极具争议的皇帝，不应该把更多的精力放在墓碑上，而是应该看看她到底都干了些什么。正所谓：镂金刻石有何意？山野村夫口如碑！

让我们一起再简单回顾一下这位叱咤风云的女皇帝的一生。

公元637年，豆蔻年华的武家小姐走入深宫，成为才人，入宫之初甚得太宗李世民的宠爱，被赐名"武媚"，然而好景不长，武媚娘很快便被冷落一旁，这一冷就冷了十几年，直至李世民驾崩，李治登基，武媚娘才迎来自己的春天。

再次走入皇宫的武媚娘已经不是当初那个无知少女，磨剑十年，其锋足以斩杀皇后，当然，这是把双刃剑，伤敌，也伤己，武媚娘用自己几个月大的亲生女儿的性命将王皇后打入冷宫，她也因此掌握后宫大权。

有权力的人追求什么？

答案很简单——更大的权力！

当上皇后的武媚娘开始追求更大的权力——皇权！

事实证明，武媚娘在政治方面确实极有天赋，竟然可以将长孙无忌、褚遂良等一群官场大佬斩落马下，从此之后更是一发不可收拾，"垂帘听政""二圣临朝"，然后登顶泰山，再后，李治就跟个傀儡皇帝差不多，等到李治死后，武媚娘轻松搞定自己的儿子，登上皇帝宝座，还给自己起了个霸气的名字——武曌。

在执政方面，武曌有得有失。

早在她还没当上皇帝的时候，就开始为民谋福利，"建言十二事"将"以民为本"为出发点，就社会多个重要方面的问题提出建议，把百姓利益当成根本，形成多赢的局面，武曌此举在增加自己筹码的同时也起到利国利民的作用。

武曌登基之后，更加注重民生，相继出台多项惠民政策，这些惠民政策大多能落到实处，而不是仅仅停留在搞宣传、做样子的程度上，但武曌在政治斗争中（例如平定李继业和李家诸王起兵的过程中）打击范围太广，力度太大，很多老百姓也跟着遭了殃，除了这个之外，她手下一群恶鬼也祸害不少百姓，但总的来说，大多数老百姓还是从武曌的统治中受益，百姓生活水平日益提高，社会基本在一个安定团结的状态下运行着。国内人口在公元652年至公元705年期间，从不到四百万户暴增至六百多万户。

外交方面，武曌没有李世民那么风光，在跟周边国家的纠纷中互有胜负，但总体上保持着一定优势。

从结局上来看，武曌虽然经历"神龙政变"，但基本上还算是得到个善终，这跟她晚年时期的表现密不可分。诛杀酷吏、立李显为太子等一系列措施为她赢回部分民心，因此，政变过程中大家并未将其赶尽杀绝。

在部分人看来，这位女皇帝的政治生涯并未画上一个完美的句号，但我猜测，包括她自己在内的一部分人可能会认为这样的结局更加完美。我在前文中表达过一个观点，那就是看待历史事件必须放在那个特定的历史环境中，若是用几千年后的社会标尺衡量几千年前的事情，那么不管你怎么量肯定都是错的。因此，个人认为，在那个社会背景下，武曌的遗嘱——"去帝号，称则天大圣皇后"——为女皇帝画上了最完美的句号！

【第三章】李唐匡复

主角：李显

配角：韦皇后、安乐公主、武三思、李旦、李隆基、魏元忠、张柬之、桓彦范、崔玄暐、敬晖、宋璟、上官婉儿、宗楚客等

事件：曾经被赶下台的李显再次坐回龙椅，他依然像以前一样没出息，有些人就是这样不争气，经历多少坎坷都没进步，偏偏这样的人却能当上皇帝，有个这样的皇帝，宫廷情况可想而知，怎一个乱字了得，不仅是政局乱，后宫也乱，乱到皇帝都会被人戴绿帽子。

还好，李唐气数未尽，混乱之中，一匹"黑马"杀出……

开局不利

公元 705 年 2 月，唐中宗李显立韦氏为皇后，追赠韦氏的父亲韦玄贞为上洛王，追赠韦氏的母亲崔氏为上洛王妃。

此举立刻招来大臣反对，左拾遗贾虚己上疏说道："陛下刚刚即位，百姓都擦亮眼睛看陛下的表现呢，结果看到的不是陛下怎么为国为民，而是怎么哄媳妇开心。另外，自古以来的英明圣主都强烈反对异姓封王，这是有道理的，就连父子、兄弟之间都能背叛，何况是异姓之人呢，为不让异姓之人做大做强，才会限制他们的权力，远的不说，就说眼前的，高宗皇帝就曾经追赠过武皇后的父亲武士彟为太原王，后来发生的事情臣不说陛下也知道。综上所述，臣认为上洛王的事情确实不妥，虽说皇帝是金口玉言，发布出去的命令不好收回，但可以让皇后辞让不受，这样还能显得皇后谦虚。"

贾虚己的上疏摆事实，讲道理，说得十分到位，李显却依然我行我素哄着媳妇。

李显并不觉得哄媳妇有啥不应该的，因为他没把自己摆在皇帝的位置上，而是在做一个合格的丈夫，他跟韦氏是不折不扣的患难夫妻。

想当年，李显被放逐到房陵（今湖北省房县）的时候，韦氏一直陪伴左右，经历着各种艰辛，在那朝不保夕的岁月里，每当听到武曌派使者来的消息，懦弱的李显总是惊慌失措，甚至想要一死了之，每每这个时候，韦氏都能给李显以安慰，让他坚持活下去。

韦氏让李显很感动，李显也许下海誓山盟的诺言，千言万语表达的不过一个意思——宁负神佛不负卿！

韦氏是个女人，女人是人，大多数人喜欢什么？

权力！

韦氏跟她婆婆武曌简直就是一个模子刻出来的，作为皇后的她把手从后宫伸到朝廷。

刚刚参与"神龙政变"的桓彦范实在不想再看到一个武曌，因此为李显上表陈述利害："《周易》说，'妇女没有什么过失，在家中主持家务，就是吉利。'《尚书》说，'如果母鸡司晨打鸣，这个家庭就要败落了。'最近每次上朝的时候，群臣们总是能隐隐约约看见皇后坐在后面的帷帐之中，甚至还时不时地发表些看法，处理些军国大事。历朝历代，不论哪个皇帝跟皇后一起处理国家大事都会导致国破家亡，前事不忘，后事之师，希望陛下能管好皇后，让她严守皇后的本分，朝廷中的事无须她操心。"

用现在的观点来看，桓彦范是狭隘的，是侵犯妇女权利的，但我们总不能用现在的观点来衡量一千多年前的事情啊。由于社会生产力水平和意识的限制，在不同的时代就会有不同的制度，只要这个制度是适合这个时代的，那么大家就应该遵守这个制度，如果制度跟不上时代的步伐，那么就要改革，政治制度跟不上就改政治制度，经济制度跟不上就改经济制度，总之，制度和时代是要匹配的，在全世界都在建设民主和法制社会的时代，某个人或者某一群人还在鼓吹专制，或者空谈民主法制实操专制特权，那么他们就是历史的罪人，并将被记录在册，永世遭人唾弃。

当然，我的意思并不是说妇女的地位永远都要低下，而且永远也不能去改善这个状况，在合适的时期通过合理的方式进行改革，这就是社会的进步。

不管桓彦范的建议是否符合时代的特征，李显都不会采纳他的建议，大家通过他之前的种种表现都能看出他不是个英明的皇帝，更糟糕的是这些年来几乎没什么进步，还是一如既往地不争气，任由着韦皇后胡作非为。

有个叫慧范的胡僧借着佛祖、菩萨的名头四处招摇撞骗，结交不少权贵，跟张易之、张昌宗兄弟关系搞得非常不错，等到张氏兄弟被诛杀之后，慧范不但没受到牵连，反倒升了官，这又是为何呢？

原来，慧范跟韦皇后的关系也不错，经过韦皇后的设计，慧范摇身一变成了"卧底"，当初跟张氏兄弟关系好那完全是为迷惑敌人，现在诛杀张氏兄弟慧范功不可没，因此被封为银青光禄大夫。

为了不让这么个假和尚扰乱朝纲，桓彦范建议李显将其诛杀，李显对此建议表示没必要采纳。

就这样，李显开始了他那稀里糊涂的皇帝生涯。

特大号绿帽子

让群臣不省心的除了韦皇后之外，还有那么一小撮曾经影响极大的人，他们中甚至有人已经十分接近龙椅，这一小撮人就是武氏余党。

张氏兄弟被诛杀，武曌被废，武家人的嚣张气焰几乎被扑灭，几乎被扑灭就表示尚未被扑灭，为了不让武家人再次火起来，洛州长史薛季昶劝说张柬之、桓彦范等人斩草应该除根，不应该有妇人之仁，但张柬之认为目前大局已定就不要再造杀戮了。

铲除武氏余党这份工作相当有难度，并非一两个人所能完成的，张柬之等人不支持这样做，薛季昶也只能仰天长叹。

武氏余党真的有这么可怕吗？

答案是肯定的。

权力就是那样的迷人，比鸦片更让人上瘾，染上这个权瘾就难以戒掉，武氏余党手中握过大权，喜欢那种高高在上威风八面的感觉，武曌驾鹤西去，她的子侄们并不想黯然落幕。

武氏余党中最具代表性的要数武三思，之前，他的儿子武崇训娶了李显的掌上明珠——安乐公主，这样武三思就跟皇帝成了儿女亲家，大树底下好乘凉，有这么个靠山心里踏实多了。

说起这段武李联姻还是有很多可圈可点之处的。

安乐公主是个传奇的公主，有"唐朝第一美人"之称，除了这个"最美"之外，还有"最苦""最受宠""最有野心"等称号。

说她最苦是因为她出生就很苦，生在李显被放逐房陵的路上，出生之时十分仓促，手忙脚乱的李显甚至需要脱下自己的衣服包裹新生婴儿，安乐公主也因此得了一个"裹儿"作为小名。

安乐公主受宠主要有两个原因：第一是李显格外疼爱这个落难时期的闺女，第二是因为她从小聪明伶俐，很会讨大人喜欢。

至于"最有野心的公主"这个名号放在她头上实在是再恰当不过，她曾经跟李显申请过想当中国历史上的第一位皇太女，皇太女跟皇太子是一个意思，身为女儿身的安乐公主当不了太子，当太女的话，将来同样可以继承皇位，这野心确实不小吧。

安乐公主是个奇葩，武崇训也不是个省油的灯，标准的纨绔子弟，想当年仗着他姑奶奶是皇帝，没事的时候就去皇宫溜达一圈，看见哪个漂亮宫女符合自己的胃口就将其拉进小树林……皇宫也不是妓院啊，武曌有这么个侄孙子确实比较闹心，为了掩人耳目少让人说闲话，便将安乐公主许配给武崇训。

武崇训娶了唐朝第一美人心里就甭提多高兴了，令他更高兴的是这位公主很快就给他生了一个大胖儿子，武崇训高兴之余一琢磨好像不太对劲啊，这儿子生的有点儿快，刚刚才结婚六个月啊。"难道前段时间安乐公主不小心被我拉进过小树林？没有啊！那么说这儿子难道不是我的？那会是谁的呢？"——这个疑问长期困扰着武崇训。

其实，只有武崇训自己感到困惑，大家都明白着呢，几乎所有人都知道这孩子他亲爹是武延秀。（武延秀是武承嗣的儿子，跟武崇训是同族兄弟，他跟安乐公主有染。）

武崇训戴着一顶绿油油的大帽子，但这并不影响武三思是皇帝亲家的事实，在他看来丢不丢人不重要，重要的是要有权势，权势够大、位置够稳，那么就可以给别人戴绿帽子。

武三思是个有品位的人，可不会随便找个人就给他戴绿帽子，对方一定也要够档次，看来看去，他将目光锁定在一个人的身上——李显。

对！你没有看错，就是李显，当今皇帝中宗李显！

后宫粉黛虽没三千，但仍是数不胜数，勾搭个被冷落的嫔妃并非难事，武三思不屑做这种没难度的事情，要找就得找个受宠的。

多年以前上官仪父子被武曌杀害之后，他的孙女上官婉儿被招进后宫，上官婉儿聪明伶俐，能言善辩，精通政事，深得武曌喜欢，参与大量朝廷的工作，等到李显即位后，上官婉儿依靠自己的美貌和手段又讨得新主子的欢心，被封为婕妤（嫔妃中级别比较高的一种），掌管宫中事务，负责起草皇帝的命令，有巾帼宰相之称。

这位巾帼宰相为巩固地位需要寻找政治盟友，正统的正义之士是不会跟这样一个认贼作母的女人形成统一战线的，上官婉儿只能跟武三思之流同流合污，两个人白天谈政事，晚上谈感情。这两个人之间不可能有真感情，只不过是互相利用罢了，为壮大政治队伍，上官婉儿将武三思推荐给韦皇后，韦皇后很满意，于是，后宫之中脏乱差到让人无法

直视的地步。据内部人员透露，李显戴着一顶特大号的帽子，看着韦皇后和武三思玩一种叫双陆的游戏，在旁边兴致勃勃地为他们数筹码。（双陆是古代的一种赌博游戏，如今已失传，大概类似飞行棋。）

（《资治通鉴》记载：上官婉儿，仪之女孙也，仪死，没入掖庭，辩慧善属文，明习吏事。则天爱之，自圣历以后，百司表奏多令参决；及上即位，又使专掌制命，益委任之，拜为婕妤，用事于中。三思通焉，故党于武氏，又荐三思于韦后，引入禁中，上遂与三思图议政事，张柬之等皆受制于三思矣。上使韦后与三思双陆，而自居旁为之点筹；三思遂与后通，由是武氏之势复振。）

妖人乱政

当朝皇帝戴着特大号绿帽子主持工作，满朝文武都不舒服啊，这其中最不舒服的要数张柬之、敬晖、桓彦范等"神龙政变"的核心成员，武氏的崛起将直接危及他们的安全，就算可以置生死于度外，他们这些忠臣也无法容忍李氏江山再度落入旁人之手。

张柬之等人对李显说："几十年前，武皇后改唐为周，在那之后李唐宗室几乎被诛杀殆尽，现在多亏各路神仙保佑才能使陛下再登皇位，但李唐的死对头——武氏子弟——依然身居高位把持朝纲，这事于情于理都说不过去，就算陛下仁慈，不忍心将他们赶尽杀绝，也应该剥夺他们的权力，让他们没机会兴风作浪。"

李显根本就没把张柬之的话放在心上，因为韦皇后天天夸着武三思是多么的厉害，像李显这样心中只有老婆的皇帝当然不会把大臣的话放在心上。

除宠信武三思之外，李显看好的其他人也是相当不靠谱，这其中最不靠谱的要数郑普思和叶静能，他们二位论武功没武功，论智慧没智慧，典型的江湖术士，就是靠鬼扯当上的官，他俩都博得李显的高度信任，被任命为秘书监和国子祭酒，这项任命并未通过朝廷的正常程序，而是李显自己定的。

本书之前介绍过，皇帝的合法权利并没有现代人想象的那么大，并不是什么事都能自己做主，朝廷的三省六部各司其职，很多重要决议、官员任命等都行需要三省六部的相关官员盖章才算合法有效，只不过很多昏君仗着自己手握皇权任意妄为，真正的明君还是依律行事的。

对于李显私自任命郑普思和叶静能的问题，桓彦范和崔玄暐表示强烈反对，要求李显收回成命，李显给出的回答是："朕已经下了命令，不能这么快就反悔啊。"

桓彦范可不管皇帝是否能这么快反悔，总之这二人必须撤掉，理由很简单："陛下刚刚即位的时候曾经说过，'国家的各项行政措施与法令都将完全依照贞观时期的规定'，贞观时期谁当过秘书监？魏徵、虞世南和颜师古！这三位哪位不是响当当的人物！谁担任国子祭酒？那可是孔颖达啊！这些人的品德、才能、威望是郑普思、叶静能两个江湖术士所能比拟的吗？"

秘书监是掌管国家图籍资料的官员，国子祭酒是国子监的最高职位，国子监是国家最高学府，担任这两个职务的官员必须是品德好得不能再好，水平高得不能再高的人，弄个江湖术士当最高学府的校长那得教出一批什么样的学生啊，一个卑躬屈膝一脸奴才相的人当校长就是国家文化界最大的灾难。魏徵等人在前文中有过介绍，但本书并未提及过孔颖达，这并不表示孔颖达是个小角色，而是因为本书以政治、军事为主线，对文化等方面描写较少，在这里对孔颖达做个简单介绍。孔颖达乃孔子三十二代孙，当然，并不是说孔圣人的后人就都得德才兼备，但孔颖达绝对是位大贤，也是名震古今的"十八学士"之一，有"盛世鸿儒"之称，这响亮的名号可不是虚名，是对孔颖达成绩的肯定，他编订的《五经正义》（五经包括《诗》《书》《礼》《易》《春秋》）排除门户之见，结束了自西汉以来的各种学术纷争，对五经进行总结和统一，仅这一项工作就足以令其名垂青史。

郑普思、叶静能跟魏徵、虞世南、孔颖达等人为何能担任同等要职呢？难道这群江湖术士也是大贤？

当然不是，他们不过是一群骗吃骗喝的混混，只不过水平比一般混混高一些罢了，李显之所以重用他们，完全是因为他们说能使人长生不老，李显想长生不老，在没有唐僧肉、人参果的情况下，只好寄希望

于江湖术士。

生老病死乃人之常情，这个道理十分浅显，愚夫愚妇尚且明白，但往往都是当局者迷，当一个人钻进牛角尖的时候，他的智商很可能趋近于零，就算愚夫愚妇都明白的道理他也不一定明白。这个李显本来就不是什么明白人，再加上当上皇帝之后在人间已无追求，因此一门心思地研究如何能够突破人类极限，获得永生。

想要突破人类极限并非易事，李显研究好久都没什么实质性进展，这使其异常烦躁，更令其烦躁的是大臣们都不帮他，还给他泼凉水，多位大臣委婉地告诉他：不要再瞎想了，把精力放在朝廷上吧。

在诸位泼冷水的大臣中，李邕泼的最冷，还专门写了一篇文章，文章的名字叫《谏以妖人郑普思为秘书监书》，该文写得极好，在此跟大家分享一下：

盖人有感一餐之惠，殒七尺之身；况臣为陛下官，受陛下禄，而目有所见，口不言之，是负恩矣。

自陛下亲政日近，复在九重，所以未闻在外群下窃议。道路籍籍，皆云普思多行诡惑，妄说妖祥。唯陛下不知，尚见驱使。此道若行，必扰乱朝政。

臣至愚至贱，不敢以胸臆对扬天威，请以古事为明证。孔子云，"《诗》三百，一言以蔽之，曰：思无邪。"陛下今若以普思有奇术，可致长生久视之道，则爽鸠氏久应得之，永有天下，非陛下今日可得而求；若以普思可致仙方，则秦皇、汉武久应得之，永有天下，亦非陛下今日可得而求；若以普思可致佛法，则汉明、梁武久应得之，永有天下，亦非陛下今日可得而求；若以普思可致鬼道，则墨翟、干宝各献于至尊矣，而二主得之，永有天下，亦非陛下今日可得而求。此皆事涉虚妄，历代无效，臣愚不愿陛下复行之于明时。唯尧、舜二帝，自古称圣；臣观所得，故在人事。敦睦九族，平章百姓，不闻以鬼神之道理天下。伏愿陛下察之，则天下幸甚！

文章的大概意思是：我拿您的俸禄就得对得起您，现在普天之下都在议论郑普思，您却被他蒙蔽，若是让这样的人当官，一定会扰乱朝政。古往今来就没有让人长生不老的方法，如果有的话，秦皇、汉武也就会活到今天了，所以，您应该引以为戒，跟尧帝和舜帝学学如何治理国家，这样我大唐才能繁荣富强。

李邕文章写得极好，但李显实在不争气，依然把江湖骗子当个宝贝一样捧在手心。

武氏崛起

李显当皇帝是有些不称职，不过从做人的角度来看，他并不是坏人，知恩图报，不忘旧情，在这方面比很多人要好得多，他刚当上皇帝没多久就提拔了一批太子府的旧部，这些旧部中有一些是栋梁之材，例如魏元忠、韦安石、崔玄暐等，也有像杨再思这样靠溜须拍马、左右逢源混饭吃的混混。

除了曾在太子府工作过的数位大臣之外，李显也不忘落难之时帮过他的那些人，当初在房陵的时候，大多数的地方官员没把这位曾经当过几天皇帝的李家子孙当回事，那阵子武曌的光芒太耀眼，以至于很多人认为这天下以后就姓武了，巴结姓李的说不定会招来杀身之祸，那时候的李显完全可以用"龙游浅滩被虾戏，虎落平阳被犬欺"来形容。

这些地方官员哪个没受过李唐恩惠？只不过很多人没良心罢了，但也有知恩图报的，例如张知謇（jiǎn）和崔敬嗣，他们对李显以礼相待，让他有几天好日子过。

李显当上皇帝之后提拔了张知謇，赐爵为范阳公。此时崔敬嗣已经去世，李显无法当面报恩，只好找到他的儿子崔汪，想要好好提拔提拔，可惜的是这个崔汪实在提不起来，整天喝得醉醺醺做不了任何工作，最终，李显给他封个五品的散官，不用工作还能领到丰厚的工资。

除了这种规规矩矩的动作之外，李显还搞了一些非常规动作用来赏赐爱臣，这个赏赐非金非玉，而是一块铁板，要是把这东西当废铁来卖肯定是不值几个钱的，若是看这铁板所具有的意义，那绝对价值连城，就算你有亿万黄金也不见得能买来。

这块铁板形似瓦片，上面写上金字、银字或者是朱砂红字，因此它有个响当当的名字——"金书铁券"或"丹书铁券"。

最早发明这东西的人是汉高祖刘邦，他取得天下后为拉拢人心，制作一批"丹书铁券"赏赐重臣，拿到"丹书铁券"的人可以世代享受皇恩，更重要的是关键时刻能抵死罪，除造反这样的重罪之外，几乎任何错误都能用"丹书铁券"这件神奇的宝贝换回一条命来。

现如今，李显一次就制作了十六个"丹书铁券"赏赐给张柬之、武攸暨、武三思、郑普思等人，还规定这道具可以使用十次，也就是说如果皇帝讲信用的话，这东西相当于十条命。

在我国历史上，几乎历朝历代都发行"丹书铁券"，这道具看似神奇，实际功效却并没有那么理想，在专制社会制度下，大家的生命并不掌握在自己手中，统治阶级想弄死谁，谁就没道理可讲，皇帝想杀那人，即便那人抬出一筐"丹书铁券"又能如何？欲加之罪，何患无辞！据说，刘邦曾经为韩信许下"三不杀"的诺言，即天不杀韩信，君不杀韩信，铁不杀韩信。最终韩信仍然难逃一死，他是被套在麻袋里用竹签插死的，这样一来刘邦并未食言，想杀之人却已赴黄泉。（韩信被套在麻袋里见不到天；诛杀他的命令不是皇帝下的，而是皇后下的；没用刀枪等铁器行刑，用的是竹签。）

"丹书铁券"并不能绝对地保佑一生平安，但它所代表的意义大家都明白，武氏集团中有数人拿到此宝贝，这样下去迟早出事，并且是出大事。

敬晖等重臣率领文武百官上表请求李显削弱武氏力量，为此还专门把多年以前武氏迫害李氏的旧案一一翻出，但李显仍然不为所动。

敬晖等人的举动没有影响到李显，却深深地影响到武三思等人，他们认识到正邪不两立、水火不相容，要么弄死敬晖，要么被敬晖弄死。

于是，武三思和韦皇后二人整理好衣服便跑到李显面前说敬晖坏话，大致就是说他擅权专政，不把皇帝放在眼里，这样下去一定会威胁到社稷的安危。

当李显听说有人要抢他的龙椅，立刻紧张起来，赶忙让武三思等人给出主意，这主意武三思早就想好了："封敬晖等人为王，同时免去所有职务。"

李显认为这主意不错，无缘无故诛杀忠臣对自己名声不好，现在让他们当王爷既能降低对自己的威胁，又能成就自己爱护忠臣的美名。

数日之后，李显下旨，封敬晖为平阳王、桓彦范为扶阳王、张柬之为汉阳王、袁恕己为南阳王、崔玄暐为博陵王，封完王爷开始说重点：免去上述五位王爷的宰相之职。

又过了段时间，武三思下令文武百官重新恢复执行武则天时期的政策，朝政大权几乎全部落入武三思之手，随后他又安排手下诬告五位王爷，把这几位王爷贬到外地去当刺史。

朝廷上下被弄得乌烟瘴气，后宫之中更是不堪入目，此时的后宫有两个关键人物——韦皇后和上官婉儿，当初上官婉儿给武曌出了不少好主意，现在也对得起新主人，她建议韦皇后应该效仿武曌，走那条女皇之路，韦皇后自己也正有此意，于是她们开始越来越多地掺和朝廷政事。此时的大唐王朝可以说是人祸不断，但这些人祸李显看不见，他能看见的是天灾。

公元705年6月，洛水泛滥，两千多户人家遭殃，紧接着黄河又发大水，十七个州受灾。8月，李显想借水灾之机表现一下自己是个好皇帝，要求各位大臣直言劝谏。（古时候，人们认为天灾是由于皇帝有过失，上天降罪下来的结果。）

李显本来是想走个过场的，没想到还真有实在人，右卫骑曹参军宋务光上疏说道："水属阴，是臣子和女人的象征，现在发大水应该有两个原因，第一，后宫干政；第二，武三思等人乱政，郑普思、叶静能等跳梁小丑竟然登上大雅之堂。希望陛下明察秋毫，重整朝纲。"令宋务光想不到的是，自己辛辛苦苦写的奏疏皇帝连看都没看一眼。

空前的危机

敬晖等人被拿掉军政大权之后，如同案板上的鱼肉任人宰割，武三思和韦皇后乘胜追击，丝毫不给对手喘息之机。

武三思大肆打压异己起到很好的杀鸡骇猴的作用，就连魏元忠这样正直大臣也开始害怕起来，不敢直言进谏，只是整天满脸堆笑做着老好人，朝廷内外对他失望透顶，甚至有人还专门写信来批评他。

酸枣县（今河南省延津县）县尉袁楚客给魏元忠的信中说道："当今朝廷有十大过失，第一，皇帝刚刚即位，正是关键时期，应该亲贤臣、远小人，另外，此时也是应该确定太子，并为他选择良师之时，现在却无人提起此事；第二，允许公主设置僚属，这让将来的太子情何以堪；第三，京城遍地都是游走于王公大臣之间的和尚、道士，他们本应该隐于深山之中参禅悟道，现在这样成何体统；第四，靠变戏法混饭吃的江湖术士身居高位，真是贻笑大方；第五，选拔官员靠的不是真才实学，而是依靠关系，这样的官员能关心百姓疾苦吗？第六，后宫之中太监泛滥，这可是个大祸根啊；第七，王公贵族之间炫富成风，社会风气每况愈下；第八，官员泛滥，百姓负担加重，苦不堪言；第九，宫女随意进出宫门，与市井之徒勾结，败坏风气；第十，各种旁门左道蛊惑皇帝，窃取高位。上述十个过失你都看在眼里却毫无动作，身为宰相拿着朝廷俸禄，实在是失职。"

魏元忠红着脸读完这封信根不得找个地缝钻进去，但转念一想，自己已经这么大的年纪，实在没精力跟如此庞大的邪恶作斗争，还是老老实实地在家等善终吧。

魏元忠打了退堂鼓，有人却不要命地往前冲。韦月将上疏控告武三思与韦皇后私通，请皇帝明察。

李显听到韦月将说自己的老婆给自己戴绿帽子，气得暴跳如雷，二话不说下令将韦月将推出去砍了。

对于李显的判罚，韦月将十分不服气，心想："给你戴绿帽子的又不是我，为啥要杀我啊！"

对这个判罚不服气的还有黄门侍郎宋璟，宋璟表示韦月将没犯什么错啊，他只是实名举报一起案件，应该依法审理案件，如果情况属实给予奖赏，如果情况不属实再罚他也来得及，案子都不审直接把举报人砍了既不合理，又不合法。

李显等了半天还没等到韦月将人头落地的消息，更加烦躁起来，衣服都没穿好连跑带颠地冲出皇宫找到宋璟，责问道："韦月将为什么还活着？你为什么还不执行朕的命令？"

责问完宋璟再次下令立刻处斩韦月将，看他那着急的样根不得亲自操刀。

宋璟被皇帝怪罪了，并不慌张，义正词严地说："有人揭发皇后与武三思有私情，陛下应该依法展开调查，现在要杀掉举报人，这恐怕会遭到天下人的非议吧。"

就这样，皇帝和大臣僵持起来，大臣强烈要求进行审问，皇帝表示坚决反对。

僵持到最后，宋璟对于这个不可理喻的皇帝失去了耐心，干脆说道："陛下要砍韦月将先砍我好了，反正我是不会执行这荒唐决定的。"

宋璟是位重臣，李显向来比较尊重他，今天因为韦月将的事情闹到这个地步，李显也觉得自己理亏，于是妥协了，打了韦月将一顿乱棍，发配岭南。

韦月将逃过一劫，但乌烟瘴气的社会难以容下这样一位耿直的人，几个月后广州都督周仁轨找个理由把韦月将给砍了。

在武三思等人看来，除掉韦月将会让他们心情大好，不过真正的心腹大患还是敬晖、桓彦范、张柬之等人。要想除掉这些朝廷大员不能操之过急，需要一步一步来。

武三思指使手下诬告敬晖、桓彦范、张柬之、袁恕己、崔玄暐合谋废除韦皇后，李显一生气再次将这五人降职，原本位高权重的王爷变成了人微言轻的小角色，这样一来要对他们下死手就容易得多。

怎样才能给这五人致命一击？

这个问题难不倒武三思，最简单的方法就是利用韦皇后彻底激怒李显。

俗话说舍不得孩子套不住狼，为能彻底除掉政敌，没有什么方法是武三思不能用或者不想用的，他派人把韦皇后在后宫之中的肮脏行为一一列出，在月黑风高的夜晚贴的满洛阳城都是。

第二天早上起来，李显几乎气得鲜血狂喷，怒吼着让侍御史李承嘉严查此事。

李承嘉查都没查便上奏道："那些传单和小广告都是敬晖、桓彦范、张柬之、袁恕己、崔玄暐派人搞的，此举表面看是在侮辱皇后，实际上是在打陛下的脸，他们这样做的最终目的是要造反啊，此五人不灭族不

足以平民愤。"

与此同时，武三思多管齐下，让安乐公主在宫内继续诬陷这五人，让侍御史郑愔等在朝廷上弹劾这五人。

在这过程中虽然有一些像李朝隐这样的正直大臣站出来为敬晖等人喊冤，但最终这五人都被流放到偏远而荒凉的地区。

武三思对这个结果并不满意，只要他们还活着就是变数，只有死人才不会再制造麻烦，于是，他派人前去追杀。

这五个人中，张柬之和崔玄暐运气比较好，没等杀手找到他们便已经郁郁而终，算是自然死亡，另外三人被各种残忍手段折磨致死，其状惨不忍睹。

一时间，朝廷重要位置都被武三思所控制，御史中丞周利用、侍御史冉祖雍、太仆丞李俊、光禄丞宋之逊、监察御史姚绍之这五个人比武三思的儿子还儿子，人们私下里都称这五人为"五狗"。

除掉敬晖等人之后，武三思的权势甚至盖过了天，他曾经这样嚣张地说道："我不知道这世上什么是善人，什么是恶人，我只知道对我好的就是善人，对我不好的都是恶人。"

一个人竟然可以用一己之力来跟世间的善恶标准来抗衡，可见这人已经具备何等实力，恰恰这样的人又曾经是李唐的死对头，可以说，李唐再次陷入空前的危机当中。

小河沟里翻船

公元 706 年 7 月，卫王李重俊被立为太子。此人聪明伶俐，做事当机立断，不像他老爹李显一样胆小怕事优柔寡断，资质不错，只是没有良师调教，跟他一起玩的都是纨绔子弟，这对太子的成长十分不利，大臣屡次劝谏，皇帝和太子都没有任何悔改迹象。

除了这个之外，还有对太子更不利的因素，那就是他的出身问题，李重俊不是韦皇后的儿子，对于这一点，韦皇后一直耿耿于怀，万一哪天李显驾崩，李重俊当上皇帝，那她这个后妈的日子恐怕就不会那么舒服了。

除了妈的问题，还有妹妹的问题。安乐公主那个躁动的心从来就没平静过，一直惦记着当皇太女，背后还有一群精通权术的人给予支持。

安乐公主的公公武三思一直想要除掉李重俊，如果安乐公主真能当上皇太女，将来这天下不又是老武家的了，为此武三思开展大量工作以诋毁李重俊，在这过程中他的情妇上官婉儿起到很大作用，她拟定敕令的时候都是毫无保留地称赞武氏为国为民作出巨大贡献。（《资治通鉴》记载：上官婕妤以三思故，每下制敕，推尊武氏。）

安乐公主本身也是极度嚣张，卖官鬻爵、贪赃枉法，几乎没有什么是她不敢做的，更过分的是她自己起草敕令，把内容遮住让李显在下面签字盖章，李显竟然还笑呵呵地签上大名，对于敕令到底说什么根本不闻不问。

到目前为止李显虽然没有同意让安乐公主当皇太女，但这样下去说不定哪天一犯糊涂就会把太子拿下。

摆在李重俊面前的有两条路：一条是坐以待毙，另外一条是奋起反击，以他的性格来看，必然选择后者。

公元707年7月，血气方刚的李重俊一冲动便做了件大事，他率领李多祚、李思冲、李承况等人假传圣旨调动羽林军，以迅雷不及掩耳之势突袭武家，毫无准备的武三思、武崇训没想到在自己势头正猛的时候有人敢对自己不敬，就这样，一个经历无数大风大浪的大反派竟然在小河沟里翻船，被一个毛头小子给砍了脑袋。

李重俊诛杀武三思、武崇训之后带兵冲入皇宫，四处搜捕上官婉儿。（上官婉儿在现代人心目中的印象大多是那个娇小可爱、聪明伶俐、才华横溢的女宰相，历史上真实的她却是个认贼作母、玩弄权术、诛杀功臣、颠倒黑白并且乱搞男女关系的权臣，不过，文采出众，能力超强倒是不争的事实。）

上官婉儿一看自己这小命要不保啊，此时此刻谁能救她？恐怕除了李显再也找不出第二个人，于是她大喊道："你们是想造反吗？先抓我，然后抓皇后，再抓皇帝。"

上官婉儿这样一喊就把自己跟皇帝绑到了一起，慌乱之中李显也搞不清什么状况，带着韦皇后和上官婉儿爬上玄武门城楼躲起来，然后

调遣羽林军救驾。

很快便有数千羽林军到达玄武门附近严阵以待，此刻的李重俊和李多祚很纠结，攻打玄武门？还是偃旗息鼓？

攻打玄武门的话，那就是把此次起兵定义成造反，只不过是儿子反爹，如果攻下玄武门肯定是杀掉韦皇后、上官婉儿以及他们的党羽，李显也就得被迫退位，跟当年李世民的"玄武门之变"相似。

如果偃旗息鼓的话，那这次行动就是"诛奸党、清君侧"合理合法的义举。

选择第一种做法的风险是万一失败，必然粉身碎骨，并且可能被扣上叛乱的帽子，永世不得翻身。

选择第二种做法的风险是韦皇后、上官婉儿以及武氏余党不会善罢甘休，仍然会给李重俊扣上叛乱的帽子，让他含冤而死。

不管作何选择，此时此刻必须要当机立断，该你选择的时候你不选择，那自然就有人替你选择，这样一来自己的命运就会掌握在别人的手中。

面对玄武门门楼上的李显，以及李显跟前的数千士兵，李重俊和李多祚不知该如何是好，进不敢进，退不敢退。当将领的一犹豫，当下属的就找不到方向，也就是通常所说的军心不稳，两军阵前最忌讳的也正是这个，士兵没了斗志就没了战斗力，要么是投降，要么是任人宰割。

就在李重俊犹豫不决的时候，李显的手下看到机会，大太监杨思勖冲到阵前，手起刀落把李多祚的女婿野呼利给砍了。原本就没什么斗志的李重俊阵营便乱成一锅粥。

此时，李显不失时机地站在城楼上向下喊话："兄弟们，朕平时带你们不薄吧，今天为何要跟李多祚一起造反？现在后悔还来得及，只要杀了带头造反的人，朕还会跟你们共享荣华富贵。"

李显这几句话说得相当有水平，士兵们跟太子杀武三思的行为可以说是符合礼法的，但现如今皇帝说他们这叫造反，这顶帽子扣下来，一般人的心脏根本承受不了啊，从小到大受的都是忠君爱国的教育，认为统治阶级让干啥就干啥才是好人，否则就是十恶不赦的大坏蛋，现在竟然不小心就成了造反，还好皇帝说杀掉带头的叛徒他们还是好士兵。

于是乎，刚刚跟李重俊一伙的羽林军顿时解脱了，调转矛头杀向李多祚，眨眼之间，李多祚、李承况等人的脑袋摆到李显面前。

李重俊还算命大，带着一百多人亡命天涯，但命也没大几天，还是被手下偷偷地把脑袋给取走了。

李显拿到儿子的脑袋后并不悲伤，先是拿着脑袋去太庙那里跟祖宗汇报一下，不孝儿子叛乱被摆平，然后竟然拿到武三思的棺材前祭奠亡灵。

如此发指的行为将这个昏君的荒唐演绎到极致。

简单总结一下，李重俊的失败主要有两个因素：

第一，自身能力不足，这个因素也是最主要的因素。该事策划不周密，没有做到"谋定而后动"，起兵之前并未拉一群有地位、有声望的老臣入伙，而是跟像李多祚这样的将军直接带兵开杀，导致整件事情没有一个庞大的队伍支持，也没有周密的计划，除掉武三思之后一窝蜂地杀进皇宫，搞得大家都不知道这是不是一支正义之师，孔子曾经说过："名不正，则言不顺；言不顺，则事不成。"师出无名就会自乱阵脚，李重俊虽然平时做事当机立断，但真正遇到大事的时候便没了气魄。该事件跟前段时间的"神龙政变"相比确实有很多的不足。

第二，半路杀出个杨思勖，这虽然不是最重要的因素，但确实是导致李重俊失败的原因，如果没有杨思勖，李显那边若是先乱阵脚，结局如何还真不好说。千万不要小看了杨思勖这个太监，除了有军事才能之外，做事手段更是令人不敢直视。《新唐书》对他有这样一段描述："思勖骜忍，敢杀戮，所得俘，必剥面、瞰脑、褫（chǐ）发皮以示人，将士憚服，莫敢视，以是能立功。内给事牛仙童纳张守珪赂，诏付思勖杀之。思勖缚于格，箠（chuí）惨不可胜，乃探心，截手足，剔肉以食，肉尽乃得死。"上面这段话有这样一些关键词"活剥脸皮、生削头皮，活人挖心，砍手剁脚，生吃人肉"，这哪里是人啊？分明就是十殿阎罗转世，牛头马面再生，这大太监立马横刀，谁不胆战心惊！

政变之后

古往今来都是这样，宫廷政变是最佳的洗牌时机，必然要牵扯出一批重要角色，这一次中枪的是相王李旦和太平公主，至于太平公主是否参与政变确实说不好，她沉迷权术，长期参与各种政治斗争，若说李旦会参与政变绝对是瞎扯，李旦为人淡泊名利、无欲无求，一个想远离纷争的人怎么可能会参与政变。

皇族斗争就是这么残酷，管你是否想远离纷争，只要你的存在会威胁到别人，别人就会使出浑身解数弄你，不死不休，哪怕是骨肉至亲也不例外。

李重俊身首异处，能够威胁到安乐公主的人越来越少，相王李旦的名声和地位、太平公主手握的政治筹码都足以让她吃不香睡不甜，为了能吃香睡甜，安乐公主纠集一批以兵部尚书宗楚客为代表的爪牙没日没夜地在李显面前说李旦和太平公主的坏话，围绕的主题就是——与李重俊合谋造反。

开始的时候李显并没放在心上，昏庸归昏庸，毕竟内心没那么阴暗，对于兄弟姐妹之间的感情还是比较看重的，不过安乐公主天天在他耳朵边絮叨，他也就开始动摇了，于是派御史中丞萧至忠审理关于李旦、太平公主参与谋反的案件。

萧至忠人如其名，对李唐绝对忠心耿耿，面对这么大的压力毫不退缩，不但不去审理案件，反而去跟皇帝谈心："陛下已然拥有天下，富贵至极，难道还容不下一个弟弟妹妹吗？天下之大竟没有手足栖身之地吗？想当初相王做皇太子的时候可是多次提议将太子位置让与陛下的！现在陛下因为别人的几句闲话就怀疑相王，这实在不应该啊！"

萧至忠的话可谓感人肺腑，再加上李显本来对李旦和太平公主就很好，因此，手足相残的悲剧便未上演。

王爷和公主没被清洗，其他大臣可就没这么幸运。

数天之前，魏元忠的儿子魏升在大街上闲逛，刚好遇到李重俊带兵去杀武三思，魏升也没搞清楚情况，稀里糊涂地就加入太子的队伍，活动失败后被乱军所杀。

死了儿子的老魏并没有过度悲伤，而是这样说道："大恶人武三思被诛杀实乃天下苍生之幸，即便我儿子掉了脑袋也值得，只可惜太子丢了性命。"

李显一直比较尊重魏元忠，再加上他是先帝的老臣，也就没追究这件事。但宗楚客等武氏余党一直挖空心思想除掉老魏，借此机会拼命在李显面前告状。一大把年纪的老魏早没了斗志，为能安度晚年请求告老还乡，李显也明白当时的情况，大笔一挥，老魏就以宰相的待遇退休了。

宗楚客对这样的结局并不满意，再次指使其他大臣弹劾老魏，这次的理由更充分："想当初，侯君集是开国功臣，也是太宗皇帝的爱臣，但他因为谋反而被杀。此后的房遗爱、薛万彻以及皇子犯上作乱也都被砍了脑袋。论功劳，魏元忠没有侯君集大，论身份，房、薛和皇子都是皇亲国戚，魏元忠不过是个大臣而已。他们都能死，为何魏元忠偏偏就能保住性命？希望陛下为江山社稷着想，严惩魏元忠。"

李显觉得这个道理很正确，便将魏元忠贬为渠州（今四川省渠县）司马。

宗楚客一看努力没白费，干劲更加十足，跟杨再思等人继续在李显面前说魏元忠坏话，不把老魏弄死誓不罢休。不过，这样一来反倒弄巧成拙把李显给惹烦了，指着他们大骂："魏元忠为朝廷效力多年，朕想从轻处理他，你们几个没完没了地在朕耳朵边嘤嘤乱叫，是觉得朕处理得不合理？还是想替朕来做决断啊？"

李显一发火，下边这群人就老实了，连忙磕头请罪。

魏元忠虽没遭受极刑，但已年老体衰，再加上老年丧子、朝廷昏暗这些负面因素的影响，最终死在贬谪的路上。

和事天子

像魏元忠这样的老臣不断地以各种各样的方式消失，朝廷上下的权力更加集中，主要掌握在一群女人手中，毋庸置疑，这群女人中地位最高的就是韦皇后，为了将韦皇后的地位再提高一些，有人也是费尽脑筋，大作文章。

公元 708 年，一个叫迦叶志忠的马屁精上奏道："想当初，高祖皇帝受命于天之前，天下流行的歌谣是《桃李子》；太宗皇帝即位之前，天下流行的乐曲是《秦王破阵乐》；高宗皇帝即位前，天下流行的歌谣是《堂堂》；则天大圣皇后登基之前，天下流行的乐曲是《斌（wǔ）媚娘》；陛下即位之前，天下流行的歌谣是《英王石州》（李显曾被封为英王）；现在流行的歌谣是《桑条韦》，上天的意思大概是说皇后应该担任国母，主持蚕桑之事。另外，微臣借此机会献上《桑韦歌》，请陛下将其编入乐府，让皇后在祭祀先蚕神的时候演奏。"

李显一听有人夸自己媳妇，简直比夸自己还开心，重重地封赏迦叶志忠还有跟他一起忽悠的大臣。

韦皇后的地位被越捧越高，前几天有人说皇后装衣服的箱子上有五色祥云升起，李显虽没亲眼所见，还是派人画了衣服箱子以及上面的五色祥云，给文武百官传阅，更夸张的是竟然还把这事向天下百姓公布，同时赦免所有犯人。

此刻的韦皇后大有当初武皇后的风范，干预朝政的同时制造着不着边际的舆论，但在治国方面她跟武皇后根本没法比，她手下的那群女人们更是干着祸国殃民的勾当，影响最大的便是卖官鬻爵。

韦皇后的妹妹成国夫人、安乐公主、长宁公主（李显和韦皇后的女儿）、上官婉儿及沛国夫人，另外还有几位夫人收受贿赂，公开卖官，不管是黑猫还是白猫，凡是能拿出三十万钱的都能买到皇帝亲笔敕书任命的官位，这种敕书跟其他敕书不同，交到中书省的时候是斜着封的，这类官员也因此被称为"斜封官"。大家口中的"斜封"可能也有邪风的意思吧。

这些人卖官着实赚了不少钱，这些钱怎么花呢？如此简单的问题难不倒诸位佳丽，她们在宫外建造大量别墅，无比奢华，建筑规模和精巧程度完全不次于皇宫。其中，最受宠的安乐公主要求李显把昆明池给她，但有很多老百姓是靠昆明池养家糊口的，他们在那种蒲养鱼，因此李显没有满足女儿的要求，这下可惹怒了安乐公主。

"你不给我昆明池，我就造一个比昆明池更好的池子！"安乐公主是这样想的，同时也付诸实际行动。

没过多久，一个叫定昆池的巨大池塘绵延数里，凭空出现在大家面前，还仿照华山的样子堆出巨大的假山。

如此浩大的工程得花多少钱？这个还真没人知道，但人们知道便宜不了，看看人家安乐公主的一条裙子就值一个亿啊！该裙可以这样形容：横看成岭侧成峰，远近高低各不同。不识此裙真面目，只怪眼神不够精。那裙上布满奇珍异兽，大小都不过米粒一般，眼神不好当然看不清。（《资治通鉴》记载：安乐有织成裙，直钱一亿，花卉鸟兽，皆如粟粒，正视旁视，日中影中，各为一色。）

有漂亮裙子穿的安乐公主并不幸福，因为她老公武崇训刚刚被李重俊给杀了，公主当了寡妇当然不幸福。

想让安乐公主这样的人过上幸福生活并非难事，再找个帅哥当驸马就可以了，这不眼前就有一个嘛，并且这个帅哥和安乐公主并不陌生，两人早已如胶似漆，武崇训的死只不过是让二人能够光明正大地如胶似漆。

安乐公主和武延秀结婚的时候比头婚还热闹，采用的标准更是高得乱了规矩，结婚典礼使用的仪仗是皇后才能使用的，即便这样李显仍然怕不够热闹，又专门派禁军前来壮声威。

李显这样溺爱子女，必然会把孩子惯坏，安乐公主和长宁公主被她爹惯坏的同时也把自己的奴才给惯坏了，那些狗奴才们整天干着违法乱纪的勾当，有些耿直的大臣把他们抓进监狱，不过公主在李显面前一撒娇，那群狗奴才就全部都无罪释放了。

对于这些情况，侍御史袁从之、左拾遗辛替否等人纷纷上书劝谏，但这些名不见经传的小角色怎能影响到昏庸皇帝的所作所为，很多言真意切的奏疏甚至还没打开便被扔进垃圾堆。

皇帝为何不看奏章啊？

因为他在忙着过家家。

李显让宫女们假扮成小商小贩，让王公大臣们假扮成顾客，把皇宫变成购物中心，原本庄重的皇宫一下变得热闹起来，熙熙攘攘，接踵摩肩，到处都是推推搡搡的人群，除了琳琅满目的高档商品之外，冰糖葫芦、羊肉串、五香茶叶蛋、油炸臭豆腐等也是应有尽有。突然，旁边

炸开了锅，一群人扭打在一起，原来，一个太监和宫女因为"鸡蛋应该从大头打破还是从小头打破"的问题起了争执，差点引发一场血案，这边的争执刚刚平息，那边两个大臣又因为"吃西瓜是否应该吐籽"大打出手，惹得人群中的李显和韦皇后哈哈大笑。（《资治通鉴》记载：又命宫女为市肆，公卿为商旅，与之交易，因为忿争，言辞亵慢，上与后临观为乐。）

李显这皇帝喜欢过家家，还喜欢当和事佬。

监察御史崔琬弹劾宗楚客，说他勾结外敌，扰乱边疆治安。按照规矩，被弹劾的人应该老老实实走到朝堂上听候发落，宗楚客不但不老实，反倒勃然大怒，脸红脖子粗地要找崔琬拼命。李显见状连忙出来打圆场，让崔琬和宗楚客化干戈为玉帛，结为异姓兄弟。

从此之后，李显这个不靠谱的皇帝又多了一个雅号——"和事天子"！

一场比赛

公元 709 年冬，一群人浩浩荡荡进入长安城，这是吐蕃派来迎娶金城公主的队伍。

近年来吐蕃和大唐之间摩擦不断，虽没大规模开战，但小打小闹从未停止，为保持睦邻友好的关系，大唐决定再次和亲，和亲的过程也是斗智斗勇的过程，谁能在这过程中取得优势，谁就能在将来的外交中更加主动。

除了吃喝玩乐、参观游览之外，李显还邀请吐蕃使者观看马球比赛。

关于马球的起源问题一直存在争执，有说是起源于波斯，传入吐蕃，再传入中国；也有说是起源于中国，而后传播到世界各地的，不管起源在哪里，总之唐朝时期非常流行，唐朝的二十多位皇帝有十多位是马球爱好者。

李显自认他的马球队一流，想要在吐蕃人面前显摆显摆。吐蕃人看到唐朝队的表演后，对李显说道："咱搞个友谊赛吧。"

吐蕃人不远万里来到长安，还带着专业马球队，是为了跟你搞友谊赛的吗?

当然不是，他们是发现大唐队的水平并没有想象的那么高，绝非吐蕃对手。

一开局，唐朝队就被打得人仰马翻，李显不断替换队员，但接下来的几局依然是吐蕃大比分胜出。

吐蕃使者的狂笑声回荡在球场上空，李显脸色难看得让人不敢直视，大臣们都躲得远远的，怕被当成出气筒，但还是有人走到皇帝跟前，小声说道："李隆基在京城呢。"

李显听完之后一拍大腿，吼道："怎么不早跟我说!"然后转过头对吐蕃使者说，"今天就先到这里吧，你们大老远地来这跟我搞友谊赛，我总得先让你们一个回合吧，明天再把你的球队拉出来遛遛。"说完之后转身离去。

第二天，风和日丽，阳光明媚，马球场上多了四副新面孔，李隆基、李邕（唐高祖李渊的曾孙）、杨慎交（长宁公主的老公）、武延秀。比赛一开始这四人左突右杀搞得吐蕃人异常狼狈，李隆基更是如游龙闪电般势不可挡，最终比赛在一边倒的局势中结束了。

吐蕃人输得心服口服，对李隆基更是赞不绝口。

李隆基是谁?

有些历史知识的人一定知道，他就是未来大名鼎鼎的唐明皇，关于他的基本情况这里先做个简单介绍。

李隆基是李旦的第三个儿子，英明果断，多才多艺，在韦氏和武氏专权的时候，他韬光养晦，奉行着"君子藏器于身，待时而动"的基本原则，很好地保全了自己，在此之前，他一直以亲王的身份在外地当官，不参与京城的政治活动，吐蕃人来娶亲的时候，刚好赶上他回京朝见，因此才有了这场至关重要的比赛。

为何说这场比赛至关重要?因为这场比赛直接影响到李隆基去留问题。李显对于李隆基的表现十分满意，同时也认识到马球第一高手在关键时刻可以挽回大唐颜面，应该放在身边以备不时之需。

在韦氏集团看来，李隆基酷爱马球，跟那些纨绔子弟是球友，他们之间并无差别，不会有太大的政治野心。

李隆基留在京城，并且没被政敌放在心上，到底会有什么影响呢？答案即将揭晓！

食物中毒

武三思被杀之后，韦皇后为填补空虚寂寞跟散骑常侍马秦客、光禄少卿杨均搞得火热，激情过后，马、杨二人害怕起来，毕竟那是皇后的绣床，不管什么原因上了皇后的绣床都有极高的被诛九族的风险，为保住自己的脑袋就得拿下皇帝的脑袋，于是他们开始惦记着大逆不道的事情——弑君。

他们惦记弑君的时候，有人惦记着更加大逆不道的事情——弑君杀父。

安乐公主想当皇太女的愿望一直无法实现，并且发现只要老爹活着可能就不会有任何机会，只有让老妈临朝，自己才有可能继承皇位。

因此，两拨人以韦皇后为纽带勾搭在一起。

如果一个人的老婆、闺女合起伙来勾结外人一起坑他，那他多半是在劫难逃。

公元710年6月，唐中宗李显驾崩于神龙殿，死因：食物中毒！食物来源：韦皇后。

（《旧唐书》记载：六月壬午，帝遇毒，崩于神龙殿，年五十五。）

（《资治通鉴》记载：散骑常侍马秦客以医术，光禄少卿杨均以善烹调，皆出入宫掖，得幸于韦后，恐事泄被诛；安乐公主欲韦后临朝，自为皇太女；乃相与合谋，于饼馅中进毒。六月，壬午，中宗崩于神龙殿。）

从做人的角度来看，李显是个好人，心地善良，对待兄弟和大臣仁爱宽厚。

从做丈夫的角度来看，他实在是个不能再好的丈夫，多次有人向他汇报韦皇后生活淫乱，他不但不追究，还一如既往地爱着曾经患难与共的妻子。

从做父亲的角度来看，他实在不够合格，无原则地过分溺爱子女，让长宁公主、安乐公主这样天资聪颖的孩子堕落成无恶不作的"政治家"，最终都没有个好下场。

从做皇帝的角度来看，李显就不应该当皇帝。他这样一个本没能力当皇帝的人竟然两次坐上龙椅，第一次差点害他丢掉性命，第二次终于让他以非自然方式含恨九泉。

论功绩，李显第一次仅仅当了三十多天皇帝，不可能有什么功绩，第二次虽然在位五年之久，但并未作出什么利国利民的事情，反倒是纵容韦氏、武氏，让李唐江山再度游走在崩溃的边缘。

孔子曾经说过："德薄而位尊，智小而谋大，力小而任重，鲜不及矣。"这段话的意思是说品德低劣却身居高位，智商不高却谋划大事，能力不足却担当重任，这样的人大多都要遭受祸患。

希望李显的结局和孔子的至理名言能给后世一点儿启示吧。

唐隆政变

愿望是美好的，现实是残酷的，李显的悲惨结局并未给当时的人们敲响警钟，韦皇后按部就班地开始她登往权力巅峰的旅程。

首先要做的是封锁消息，在工作没做好之前不公布李显死讯，而是先召集诸位宰相进宫，然后调遣军队驻扎在长安城中，韦捷、韦灌、韦璿、韦播等韦家子弟统领兵马守住各个关键点，同时在城中主要街道进行巡逻。

内内外外安顿好之后，韦皇后又让上官婉儿起草李显遗诏，立温王李重茂（李显第四子，但生母并非韦皇后）为太子，韦皇后主持政事。

第二天，韦皇后将李显的灵柩迁到太极殿，向文武百官公布皇帝驾崩的消息，改年号为唐隆，有大唐兴隆之意。

三天之后，李重茂即位，庙号为唐恭宗，谥号为唐殇帝。

大家心知肚明，这个皇帝不过是个摆设，不出意外的话摆也摆不了几天，注定将不明不白地离开皇位，至于是活着离开还是死着离开，那就要看他的造化了。

把唐殇帝摆上傀儡位置之后，韦家子弟、武家子弟以及宗楚客等

人开始研究韦皇后登基问题，眼下能够阻止韦皇后成为第二个武则天的恐怕只剩下李旦和太平公主，最起码韦氏集团是这样认为的，因此，他们准备先下手为强，除掉李旦和太平公主。

以李旦的性格来看，束手待毙几乎是他不二的选择，至于太平公主应该会拼死抵抗，不过以她的实力来看也就是拼死而已，对结局不会有什么影响。谁能改变这个局面？远在天边近在眼前，这人前段时间刚刚参加完一场马球友谊赛，他就是李隆基。

李隆基早就看出如此混乱的时局必然要结束在一场血雨腥风之中，因此一直暗中结识各路英雄好汉，跟万骑兵中的大小头领关系极好。（万骑兵是一支很有传统的队伍，当初李世民选拔骁勇善战的勇士让他们穿上虎豹花纹的衣服跟他一起巡游狩猎，后来演变成战斗力相当强悍的万骑兵。）

作战讲究的是知己知彼，不了解敌人的动向只能被动挨打，李隆基通过谁了解敌人动向的呢？兵部侍郎崔日用。

崔日用是韦氏集团的人，他之前没想到韦氏集团要跟李唐彻底撕破脸皮，在这关键时刻，他选择站在李唐一边，得知宗楚客等人要除掉李旦和太平公主的时候，立刻派人向李隆基汇报情况，并且催促李隆基应该尽快实施反击，否则后果不堪设想。

李隆基得到消息后联络自己的拥护者，主要有刘幽求、薛崇暕（jiǎn）、钟绍京、王崇晔、葛福顺、陈玄礼、李仙凫等，他们有万骑兵的将领，也有各种卫队的头目。

李隆基早就知道到万骑兵的情况，韦璿、韦播等人经常欺负万骑兵，看谁不顺眼就拿鞭子抽一顿，因此，要想鼓动万骑兵诛杀韦氏并非难事。

大家谋划过后准备要动手，有人提出一个非常重要的问题："是否应该请示相王李旦？"

对于这个问题，李隆基这样回答："这种事情没必要惊动老爷子，事成之后功劳都算他的，一旦失败，我们也不要牵连他，如果现在征求他意见，即便他不同意我们也无法收手，反倒可能坏了大事。"

第二天，李隆基身穿便服与刘幽求等人进入禁苑之中找禁苑总监钟绍京发动政变。事到临头的时候，钟绍京有些犹豫，韦氏集团实力相当强大，万一政变失败后果可想而知。就在他犹豫的时候，他的媳妇开始劝他："为了朝廷大事不应该考虑个人安危，另外，即便你现在后悔也来不及了，之前你参加过谋划，现在不亲自参加也脱不了干系。"

听媳妇这样一说，钟绍京便不再犹豫，开门迎接李隆基共商大事。

几个时辰之后，夜色降临，葛福顺、李仙凫前来汇合，李隆基一声令下，诸位将士抽刀出鞘，杀入羽林军营。

此刻正是二更天，按照现在时间计算大概是晚上9点至11点，羽林军已是鼾声如雷，在几乎没有反抗的情况下，韦璿、韦播以及高嵩（韦璿的外甥）的脑袋被轻轻松松砍了下来。

葛福顺拎着三个脑袋高声喝道："韦皇后毒死先帝，又在图谋江山社稷，今晚大家应齐心协力铲除韦氏集团，韦家人凡是高过马鞭的一律诛杀，然后拥立相王为帝可保天下太平。"这几年韦氏和武氏家族干了很多坏事，十分不得民心，羽林军也是恨透这些人，听葛福顺这样一说全部表示誓死效忠相王。摆平羽林军后，葛福顺带着人头向李隆基汇报情况，李隆基一看如此顺利，信心大增，带领人马开始攻打皇宫。

韦皇后根本没想到有人会明刀明枪地杀进皇宫，更没想到的是，她自以为已经臣服的羽林军听到李隆基到来后竟然披挂整齐热烈欢迎，斗志高昂地掉头杀向自己。

韦皇后慌慌张张逃出皇宫，还没等喘口气歇一歇便被一个运气极佳的士兵撞见，并被砍下脑袋，当李隆基看见眼前这颗曾经不可一世的人头时终于踏实了，但他并未松懈，依然小心谨慎地搜捕余党。

正在化妆的安乐公主还没搞清状况便见了阎王，她的老公武延秀也被砍了脑袋。

上官婉儿听说政变的队伍杀进皇宫，没节操的本性再次暴露出来，立刻换了一副嘴脸，穿戴整齐，打着灯笼迎接李隆基，表示自己的心一直是属于李家的，李隆基可不是优柔寡断之辈，以他的性格自然容不下这种玩弄权术并且毫无立场的女人，上官婉儿在大庭广众之下被斩首示众。除了这些重要角色之外，韦氏族人、亲信全部被诛杀，几乎没有漏网之鱼。

当雄鸡报晓的时候，政变已然结束，很多官员和百姓甚至都不知

道自己睡觉的时候发生了一件这么大的大事。

　　昨天晚上躲过一刀的宗楚客最终还是没逃过追杀，虽然他精心化了妆并且骑着一头小毛驴，但还是被守城士兵一眼认出，士兵们二话不说砍下脑袋去找李隆基请功了。

【第四章】重回正轨

主角：李隆基

配角：太平公主、李旦、李成器、萧至忠、刘幽求等

事件："唐隆政变"之后，李唐与外姓之间的斗争已经结束，不过这个社会并未完全回到平稳运行的轨道，统治阶级内部斗争依然超乎想象的残酷。虽然李旦是个好人，但他这与世无争的性格只适合当那种平安盛世的无为而治的皇帝，唐王朝刚刚经历了一场又一场的劫难，这个社会需要一位敢想敢干、英明神武、励精图治而又人气极高的皇帝重整世界、再塑乾坤，当然，大家都知道这样一个人——李隆基——就摆在眼前，让他当皇帝不就行了嘛！

但问题是，李隆基的那位极具野心的姑姑会同意吗？

太子之让

诸位将士们四处清理着韦、武余党，李隆基也可以踏踏实实地跟老爹汇报工作，李旦听完整件事情的始末，激动得泪流满面，抱着李隆基说："大唐终于得救了，这全是我儿的功劳啊！"

夸完儿子，李旦开始表彰诸位功臣，不过表彰的诏书是由少帝李重茂下的，毕竟他是名义上的皇帝，诏书上说："封临淄王李隆基为平王，掌管万骑兵，薛崇暕为立节王、钟绍京为中书侍郎，刘幽求为中书舍人，其余人等按照功劳大小一一进行封赏。"

与此同时，纪处讷、马秦客、杨均等韦氏余党也都被斩首示众。

很快，韦、武家族被连根拔起，韦家人更是惨不忍睹，别说比马鞭高的人，就连襁褓中的婴儿也无一幸免。

两天之后，太平公主替李重茂传达旨意，要求把皇位让与相王李旦，李旦坚决推辞，不想要这个皇位。

对于这件事中的三个人物做个简单分析，他们可以说各有各的想法。李重茂知道自己没根基、没实力，这个皇位根本就坐不稳，与其被人赶下来，还不如主动让出来。太平公主需要好好表现自己，巴结李旦就是最好的表现方式。至于李旦呢，他对权力确实没欲望，从侄子手里接过玉玺影响也不好，其实很多时候名声更重要，毕竟人会死，但名声却会传万世。

这个时候假如李旦不当皇帝的话，还有更合适的人选吗？

确实没有。

唐朝刚刚被武则天、韦皇后折腾得很惨，很多方面都有问题，需要一位德才兼备，对江山社稷有大功，并且能服众的皇帝。

刘幽求对李成器（李旦长子）和李隆基说："相王曾经当过皇帝，有很好的基础，现在需要他重整社稷，再塑乾坤，他不应该拘泥于小节，为了自己的名声而不顾大局啊！"

李成器和李隆基哥儿俩比较了解老爹，老爹对那皇位一直就没什么感觉，现在要把亲侄子赶下来自己坐上龙椅，这也确实是难为他了。

但刘幽求继续说："相王想隐居世外独善其身，那大唐的江山社稷谁来负责？"

这个道理李家兄弟都明白，因此二人来见老爹，把道理摆在桌面上一讲，李旦也就不好再推辞。

两天之后，大家齐聚太极殿，太平公主开门见山："皇帝想把帝位让给他叔叔，大家觉得如何？"

刘幽求跪在地上答道："此刻正是大唐多灾多难之际，皇帝效仿尧舜禅让皇位于贤人，实乃天下苍生之幸。"

就这样，李重茂被太平公主拉下龙椅，李旦再次登上皇位，庙号为唐睿宗。

李重茂恢复了温王的爵位回家去享福了。

安顿好原来的皇帝，李旦开始翻起旧账，废除武氏宗庙，这就相当于不承认武曌曾经的皇帝身份；废掉韦皇后的封号，将其贬为庶人，因为安乐公主背叛父亲，做下大逆不道的事情，因此将其贬为悖逆庶人。

至于武三思等人更惨，所有的爵位封号全部取消，掘坟开棺，暴尸荒野。

除了惩罚恶人之外，也为曾经被冤枉的忠君之士平反昭雪，敬晖、桓彦范、崔玄暐、张柬之、袁恕己、李多祚等人全部恢复生前的爵位。

另外，这几年弄出来的那些荒唐的"斜封官"也都被免去职务。

不合理的旧制度被一项一项地改掉，很多李世民时期的好制度又被重新启用。

唐朝的政治局势总算是平稳下来，除了处理好眼前工作之外，李旦更操心的是未来，也就是皇位继承人的问题。

目前情况是宋王李成器是嫡长子，按照传统应该立他为太子，并且他还曾经当过太子。（武曌登基之前李旦曾经做过皇帝，那个时候是立李成器为太子的。）但李隆基功劳大、能力强，这是有目共睹的，论功行赏应该立他为太子。

怎么办？

难道要像当初李建成跟李世民一样，拉出去一场血拼，谁赢了谁当太子？

这种方法实在不理想，伤了兄弟感情、坏了自身名头，还让世人耻笑。李成器和李隆基不想重蹈覆辙，于是，李成器对老爹说："国泰民安的时候立嫡长子为太子没问题，国家多灾多难的情况下应该立有功

的皇子当太子，所以，臣子宁死也不敢位居平王之上。"

立太子是大事，虽然李成器这样说，但李旦仍然犹豫不决，李旦犹豫，李成器却不犹豫，每天都哭着喊着跟李旦说这事。

李隆基听说这事后也向老爹表示坚决不当太子。就这样，兄弟二人推来让去，最终，还是选择了对大唐有利的方案——李隆基被立为太子。

在这里请允许我剧透一下，把李隆基登基之后关于如何处理兄弟关系的情况做个简单描述。李隆基当上皇帝之后做了一床大被，一个长枕头，经常与哥哥李成器以及其他几位兄弟共睡一床，兄弟之间从未有过任何争执。另外，李隆基还专门盖了一栋大房子，房子题名为"花萼相辉之楼"。取《诗经》中"常棣之华，鄂不铧铧。凡今之人，莫如兄弟"的典故，这段典故的意思是说兄弟之间和睦友爱就像花和萼一样相互依存，至死不分离。

几十年后六十多岁的李成器病故，李隆基痛哭难止，下诏追谥李成器为"让皇帝"。

李成器和李隆基兄弟情深，传为千古佳话，也是人性至善的体现。后人有诗赞叹道："宫中喋血千秋恨，何如人间作让皇。"

可能也会有些人认为李旦让皇位是假装的，李成器兄弟二人互让太子是瞎扯的，谁会那么大方让皇位啊？但我觉得，可能是那些人狭隘了，并非所有人都那么看重世俗之间的名和利。

《庄子》中有这样一个寓言："南方有鸟，其名为鹓鶵（yuān chú），子知之乎？夫鹓鶵发于南海而飞于北海，非梧桐不止，非练实不食，非醴泉不饮。于是鸱（chī）得腐鼠鹓鶵过之，仰而视之曰：'吓！'"

这个寓言的意思是：南方有一种鸟，它的名字叫鹓鶵（传说中的一种凤凰），你知道吗？鹓鶵从南海出发飞到北海，不是梧桐树绝对不落脚休息，不是竹子的果实绝对不吃，不是甘美的泉水绝对不喝。正在这时一只鸱（老鹰）找到一只腐烂的死老鼠，鹓鶵刚巧从空中飞过，鸱抬头看见鹓鶵，以为它来抢自己的美味，于是大吼一声试图把鹓鶵吓走。

很多时候就是这样的，一些人视为珍宝的东西，在别人眼中可能就是一只死老鼠罢了。

姑侄之争

李家父子兄弟互让皇位传为美谈，但并非所有人都对权力没欲望，太平公主的眼睛就从来没离开过那张龙椅，在武曌掌权期间，太平公主从心眼里害怕她，她可是连亲儿子都下得了手的妈，因此，太平公主只参与军国大事的谋划，并未敢过分培养自己的党羽，等到张昌宗、张易之兄弟被杀武曌退居后台之后，太平公主便放开手脚招兵买马，后来的韦皇后和安乐公主都比较忌惮她，这次，太平公主又参与了铲除韦氏集团的活动，她的势力更加强大。

李旦、李隆基和太平公主是至亲，再加上她在政治方面有一定经验，朝中大事都会让她参与，并且还会非常重视她的意见，一般情况下宰相给李旦汇报工作的时候，李旦都会问是否跟太平公主商量过，然后再问是否跟太子商量过，要是宰相说都商量过了，那么李旦基本也就没啥意见。

太平公主的儿子薛崇行、薛崇敏、薛崇简也都被封为王爷，她的房产、田产遍布长安内外，奇珍异宝更是数不胜数，即便这样，她仍不知足，惦记着能得到更多的房子，更珍奇的宝贝，而且还要有更大的权力。

太平公主想要更大的权力，那能从谁的手里抢呢？

就目前的情形看想抢李旦的龙椅并不现实，那么就只能从李隆基手里抢。

刚开始的时候，太平公主认为自己这个侄子不过是个毛头小子，斗不过她这老江湖，但她很快便发现这个毛头小子英明神武，绝非泛泛之辈，想从他手里抢权力将会有很大难度，因此，太平公主便想换个昏庸懦弱的人当太子，这样自己才能保住现在的权势，甚至将来有机会更上一层楼。

为扳倒李隆基，太平公主让手下人四处散播消息，声称李隆基不是嫡长子，不应该当太子。但是，李旦不糊涂，他昭告天下李隆基太子的地位合理合法，希望各种流言蜚语得以平息。

不能通过舆论压力压倒太子，那就得换个方法试试，看看能否从他自身找些破绽，自古以来政治家之间的斗争都有这么一项，那就是通过揭露对方的经济问题、作风问题、立场问题等以起到打击的目的。为

了得到这些资料，太平公主在李隆基身边安插很多耳目，李隆基凭借自己的聪明才智很快就发现了，因此内心惴惴不安。

时间一天天地过去，太平公主一直没有收获，人家李隆基品行端正、忠君爱国，根本没破绽。

一计不成，再生一计。太平公主勾结朋党，让他们说李隆基坏话，还暗示宰相让他们跟李旦说换个太子，太平公主的暗示让诸位宰相大惊失色，但耿直的宋璟让太平公主大惊失色，他高声问道："太子殿下为大唐江山社稷立下显赫功劳，也是将来的主人，为何公主想要换掉他呢？"

面对太平公主的一系列不合理举动，大臣们开始担起心来，怕这还没过上几天的好日子又要被打破，于是，宋璟和姚元之秘密跟李旦汇报想法："宋王李成器是陛下的嫡长子，豳王李守礼是高宗皇帝的长孙，他们都老实本分，太平公主却总是拿他们说事，已经制造不少事端，这样将会严重威胁到社稷安危啊，请陛下将他们派到地方去当刺史，同时免去岐王李隆范和薛王李隆业在禁军中的职务，让他们去侍奉太子。然后再让太平公主去东都洛阳享清福，别在这掺和政事。"

李旦同意了关于诸位王爷的安排，下令诸位王爷、驸马一律不得统领禁军，手里没有军队会大大减少闹事的概率。但李旦不同意把太平公主送到洛阳去，理由是："朕已经没有兄弟了，只有这么一个妹妹，怎么也舍得再让她离开身边。"只要太平公主还在朝廷活动，京城上下就消停不了，为了不违背皇帝的意思，又能让太平公主无法兴风作浪，大臣们建议让太子处理政务，别有用心的小人才会死心。

宫廷斗争的复杂和残酷远非常人所能想象，太平公主势力庞大，当她听说宋璟和姚元之的计谋后，勃然大怒，狠狠训斥了李隆基一番，面对姑姑的熊熊怒火，李隆基自知目前还不是她对手，只能隐忍。

为稳住太平公主，李隆基只得退步，向李旦上疏称宋璟和姚元之挑拨自己跟姑姑、兄弟之间的关系，希望严惩。

数日之后，李旦将宋璟和姚元之分别贬为楚州刺史和申州刺史。

这样一来太平公主的面子算是保住了，李旦心中有数，这样下去不是办法，于是他想要让位于太子，但太平公主及其朋党横加阻拦，李旦不忍跟妹妹闹翻，做出让步，暂时不让位于太子，但朝廷政务全部由太子负责。

政变未遂

京城的事情让李旦不省心，京城之外的人同时也在给他添乱。

在韦氏当政期间，原吏部侍郎郑愔因为贪污被贬为江州司马，他并未老老实实地去江州上任，却到均州去转悠了一圈。

他去均州干啥？

当然不是游山玩水，也不是品尝当地特色小吃，而是去找均州刺史谯王李重福。

李重福是中宗李显庶出的长子，李重福的生母是后宫中没地位的妃子，正常情况下，他这样的出身顶多做个王爷，不可能跟江山社稷有什么关系，适逢乱世什么事情都可能发生，韦皇后的不臣之心昭然若揭，郑愔来到均州跟李重福商量要起兵讨伐韦氏集团。李重福这边正摩拳擦掌呢，李隆基那边已经把韦氏集团连根拔起了。

韦氏集团被铲除后，李重福准备继续踏踏实实当他的谯王，但事情很快发生变故。俗话说：不怕没好事，就怕没好人。李重福的手下张灵均不满足于现状，想立大功、当大官，对李重福说："大王是先帝的长子，本应继承皇位，李旦虽然有功，但有您在就没他当皇帝的份，并且东都洛阳的人都希望您能回去主持大局，在这种情况下，您应该悄悄回到洛阳，调遣左右屯营兵，以迅雷不及掩耳之势占领洛阳，趁长安手忙脚乱的时候一举将其拿下，这样您就是皇帝了。"

张灵均的这段话几乎都是瞎扯的，造反哪有那么容易，傻了吧唧的李重福不知道造反有多难，在皇位诱惑下竟然准备按照张灵均的说法来做。

将领一拍板，下属就开始行动起来，张灵均四处拉人入伙，郑愔那边已经开始憧憬美好的未来，甚至还草拟了文件，主要内容是立李重福为皇帝，改年号为中元克复，把现在的皇帝睿宗李旦封为皇季叔，把刚退位的少帝李重茂封为皇太弟，另外，郑愔把自己封为左丞相，主持朝廷内外的文官事务，把张灵均封为右丞相，主持朝廷内外的武官事务，

【第四章】重回正轨

然后又任命了一批大小官员。

把政变当儿戏的仨瓜俩枣能成功吗？

必然不能啊！

他们这边刚一行动，别人就察觉到异常，胆小怕事的官员东躲西藏以免受到牵连，洛州长史崔日知可没把李重福等人放在眼里，他得到消息后立刻提刀上马带着部队杀向李重福。

在崔日知杀到之前，李重福的运气也不太好，他在大街上遇到李邕（前文中提到的那位给李显写《谏以妖人郑普思为秘书监书》的牛人），李邕看见李重福带着数百小弟风风火火地赶路，便明白他想干啥，于是快马加鞭赶到左右屯营，告诉将士们李重福突然无缘无故来到东都应该是没安好心，大家应该抓住这个机会赢取荣华富贵。

将士们立刻就明白怎么回事儿，李重福是要造反啊，是否要支持他呢？稍微有点脑子的人都明白不能支持，理由很简单：李旦宅心仁厚是个好皇帝；李隆基英明神武，通过他干净利索地铲除韦氏集团便可见一斑；李重福无德无才，根本就不是能成大事的人。

当李重福到达左右屯营的时候，迎接他的不是鲜花美酒，而是万箭齐发，还好他躲得快没变成刺猬。

李重福一看左右屯营是指望不上了，立刻转身去调动别的军队，然而，当他看见已经紧闭的城门后，气得跳着脚骂娘。

他该骂谁的娘呢？

还是李邕。

李邕通知完左右屯营之后，又让守卫皇宫的将官把所有城门全部关闭。李重福砸了半天门也砸不开，又放火烧，结果火还没点着，左右屯营的将士已经杀了出来，李重福只好落荒而逃。

第二天，洛阳城中冲出大批人马四处搜捕，李重福走投无路，跳河自杀。

李重福刚死，东都又传来好消息——张灵均被抓，同时还抓到一个奇丑无比的妇女，这个奇丑无比的妇女竟然长着满脸络腮胡子，仔细一看原来是男扮女装的郑愔。

郑愔被抓后吓得体如筛糠，两条腿就没能站直过，大家鄙视他还不说，连一旁的张灵均都说："和你这样胆小如鼠的货色一起造反，怎能成功！"

（《资治通鉴》记载：郑愔貌丑多须，既败，梳髻，著妇人服，匿车中；擒获，被鞠，股栗不能对。）

不过还好，郑愔也没筛糠多久，因为死人是不会感到害怕的。

李重福的失败在大家预料之中，没什么好议论的，反倒是郑愔很传奇，看看他这一生，能活这么久绝对是生命的奇迹。武曌时期，他跟来俊臣混饭吃，来俊臣死了，他没死，改投到张易之、张昌宗门下，张家兄弟死了，他还没死，又开始拍韦皇后马屁，韦皇后死了，他还没死，不但没死还有精力煽动李重福造反，不过这次没那么幸运，一身女人衣服救不了他的命，他的家族也因此受到牵连，烟消云散。

事实证明，奇迹不会一直发生，善恶到头终有报！

玄宗的时代

转眼之间，李旦已经当了一年多皇帝，这一年多时间太平公主就没怎么消停过，让李旦揪心的同时也使得部分大臣丢了节操，前文介绍过太平公主党羽众多，很多人站到她的队伍中，但其中一个人还是让大家感到有些意外。

这个人就是萧至忠。

《新唐书》中除了用"有风望、容止闲敏、外方直"等几个词形容他之外，还记载了一段小故事。

有一次，萧至忠跟朋友约好在一个路口见面，刚好赶上天降暴雪，雪急风冷，人们都躲到路边的屋子里取暖，只有萧至忠像雕像一般站在路口等朋友，别人劝他进屋避一避，他答道："怎么能为了让自己舒服一些而失信于人呢？"

然而，这样一个人竟然投靠了太平公主，为此而感到惊讶的人很多，甚至有些好心人给予善意的提醒。萧至忠的妹夫蒋钦绪对他说："凭你的学问才能，何愁不能飞黄腾达，为何非要走歪门邪道？"

妹夫的一番言语并未让萧至忠觉醒，依然紧紧跟在太平公主屁股后面。这让蒋钦绪很是失望，感慨道："唉！萧家九代望族，眼看就要

一朝灭族了，实在可悲！"

除了蒋钦绪之外，宋璟也曾经说过萧至忠，萧至忠把这些话都当成耳旁风，敷衍过去后依然我行我素。

俗话说：听人劝，吃饱饭。萧至忠不听人劝，很快就会没饱饭吃了。

公元712年7月，太平公主跟李旦说天象异常，预示着皇位有难，太子将取而代之。

太平公主这样说并不是真心想让李隆基即位，而是以为李旦一定舍不得皇位，因此而对太子不利，万万没想到的是李旦竟然准备退位让贤，让太子继承大统。

这下太平公主可就慌了，立刻跟手下党羽站出来横加阻拦，如果真让年少有为的李隆基当上皇帝，那她恐怕只能安分地当个公主了，这不是她想要的结局。

李旦的态度很坚决，理由也很充分："当初中宗在位，奸佞小人乱政，那时朕便建议他选择宽厚仁德的皇子即位，朕当初劝人家禅让皇位给儿子，今天自己为何就不能这样做呢？"

李隆基听说自己要当皇帝，内心无比忐忑，眼下局势很复杂，老爹才五十岁，身体也很健康，根本轮不到他这个太子坐龙椅，另外，太平公主的野心和势力都让他极其不踏实。因此，李隆基听说这个消息后急急忙忙跑到老爹面前，头都不敢抬，趴在地上请罪："儿臣寸功未立却被破格立为太子，此事已让儿臣诚惶诚恐，现在父皇健健康康的情况下又想传位于儿臣，儿臣万死不敢接受！"

李旦是真不想当这个皇帝了，他退位的好处很多：首先，他一直就不想当皇帝，想要当个好皇帝除了有大智慧外，工作量也是惊人的，李旦想过超脱世外的清闲日子，皇位对他来说只不过是个累赘罢了；其次，太平公主的所作所为他都看在眼里，但他不想跟妹妹闹翻，目前来看局势基本还算可控，说不定李隆基当上皇帝之后，太平公主发现自己没机会也就收手了，即便她不肯收手，那这个难题还是留给儿子处理好了，李隆基以一个王爷的身份收拾韦武集团都能那么干净利索，等大权在握还有什么人是他对手呢？

李旦退位决心已定，为了让李隆基安心即位，他对儿子说："大唐江山之所以还能姓李，朕之所以能当上皇帝，这都是你的功劳，星象官夜观天象说要有灾难，朕把位置让给你便能转危为安。"

不管李旦谈功劳还是说星象，李隆基都坚决表示自己不当皇帝，李旦一看没办法，只好打出亲情牌。

"你是孝子吗？"李旦问道。

"全天下的人都知道我是不是孝子啊！父皇为何问这么简单的问题。"李隆基的回答很肯定。

"你说你是孝子，那难道非要等到朕死了才肯在朕棺材前即位吗？你当了皇帝也不影响你做孝子啊，而且目前的情况是你不听朕的就是不孝。"李旦说这话的时候心想，"这下你没法拒绝了吧。"

李隆基果然没法拒绝，只好一切听老爹安排。

数日之后，李旦下令让位于太子。

事已至此太平公主仍不死心，还在劝李旦不要让位，应该亲自掌管国家大事，李旦为给太平公主一个台阶下，对李隆基说："当初尧让位于舜之后，他自己仍然到各地巡查，现在朕虽然把皇位让给你，但也不会彻底撒手不管，国家大事朕会亲自处理的。"

李旦这样说表示不会把权力都给李隆基，但大家心中有数，李旦不是一个喜欢权力的人，他说这番话不过是个托词，李隆基很快就会成为一个手握实权的皇帝。

太平公主也明白李旦的想法，但她现在确实还没勇气发动政变，也只好作罢。

公元712年8月，李隆基即位，庙号为唐玄宗，也被称为唐明皇，这预示着一个新的时代即将到来。

弃车保帅

睿宗李旦被尊为太上皇，三品以上官员的任命和重大刑狱事务由太上皇决定，其他事务由皇帝处理。

李隆基是坐到了皇位上，那他能坐稳吗？

难！

前段时间有个叫王琚的人到东宫见尚未登基的李隆基，到了大殿

143

【第四章】重回正轨

之后，王琚故意慢悠悠鼻孔朝天地溜达，态度相当傲慢，李隆基手下的小太监看到王琚这个德行，训斥道："放规矩点，太子殿下面前也敢撒野！"

"什么殿下不殿下的，如今天下只有个太平公主，殿下算老几？"王琚说这话的时候故意把声音提高数十分贝，恐怕李隆基听不见。

李隆基听到这话后，知道王琚是为帮自己而来，连忙将其请到身边。

此时的王琚收起刚才那副不可一世的傲慢样子，正正经经地为李隆基谋划起来，为了让李隆基明白问题的难度，他也没客气，开门见山地说道："当初殿下诛杀韦氏难度并不是很大，因为她们嚣张、自大、离心离德，队伍虽然庞大，但没有根基。现在的太平公主可就不同了，根红苗正，党羽众多，并且她的党羽有一定根基。"

李隆基拉着王琚的手坐到床边，叹了口气，说道："这些道理我懂，不过在我看来这并不是最困难的，最困难的是——太平公主是父皇的妹妹，父皇的亲兄弟姐妹中只剩下这么一个，偏偏父皇又是重感情的人，除掉太平公主的话，怕父皇伤心，不除掉的话吧，她确实可能惹出大乱子，这可如何是好？"

对于这个问题，王琚早有答案，他开口答道："天子所讲孝道与庶民不同，庶民的孝道是孝敬父母，天子的孝道则应该是考虑社稷安危。想当初，汉昭帝是姐姐带大的，她有罪不是也要问斩嘛，为全天下考虑才是天子应该考虑的事情，怎么能像平民百姓一样顾及小节呢！"

王琚的一番话解开李隆基心结，使其心情大悦，李隆基还是很自信的，只要他能放开手脚，挡在前面的敌人只有死路一条。

李隆基即位后，王琚被任命为中书侍郎。

王琚鼓励李隆基不要对太平公主心慈手软，但时机不成熟的时候并没有什么具体动作，不过有人沉不住气，刘幽求看宰相圈中太平公主的人太多（连萧至忠这样的人都跟了太平公主，其他宰相的情况可想而知），怕他们聚众闹事，准备先下手为强。

刘幽求跟右羽林将军张暐（wěi）两人商量着调集羽林军把太平公主的党羽一网打尽，并且把这想法跟李隆基做了汇报。李隆基虽然英明神武，但也有犯错误的时候，刘、张做法明显有问题，李隆基还表示支持。

为什么说刘、张的做法有问题呢？因为无论是什么社会都必须要依法办事，不管是太平公主也好，还是那群宰相也罢，他的政治观点可能跟你不一致，但在没有违法乱纪的情况下，是没有理由对人家动刀的。

李隆基之所以冲动，是因为他长期被笼罩在太平公主这块黑云之下，现在听说可以迅速把黑云吹散，当然就会冲动。

得到李隆基的批准，刘、张又开始拉拢更多人入伙，但这个时候，李隆基冲动劲已经过去了，开始害怕起来，自己刚刚当上皇帝，根基还不够深厚，万一斗不过太平公主怎么办？自己下令去抓人，军队不听他的，反戈一击怎么办？在这些问题得不到肯定答案之前，李隆基为了稳妥起见决定再忍一忍，但这事已经走漏风声，怎么才能收场？

弃车保帅！

刘幽求、张暐以及参与这事的邓光宾均被发配到边远山区，罪名就是挑拨皇帝骨肉相残。

按照正常情况，这是死罪，但李隆基不会眼睁睁看着忠实手下身首异处，首先来说做人得厚道，不管皇帝还是百姓都得厚道，人家为你拼死拼活，你不能见死不救吧；另外，如果真的这样把手下给卖了，那以后还有谁会死心塌地跟你啊！

当然，这么简单的道理那三个人都懂，他们也不记恨皇帝，在官场上混就要有接受大起大落的准备，他们也知道李隆基没办法，等到李隆基实力够雄厚的时候，他们定能东山再起。

姑侄之戮

李隆基弃车保帅使得他和太平公主之间的矛盾暂时没有激化，但太平公主也认识到她若是想像老妈一样登上皇位必须得踏着李隆基的尸体，因为这个皇帝一定不会乖乖退位的。

太平公主看了看自己的队伍，那是相当喜人，七位宰相中有五位出自她门下，满朝文武也有一半以上是她的人，虽然这些人到了关键时刻不见得死心塌地跟她，但就目前情况来看是站在她队伍中的，只要这个大树不倒，这群猢狲就不会散，于是，太平公主将数名心腹叫到家里商量起废帝自立。除了准备明刀明枪大干一场之外，她还研究着能否通

过更简单的办法直接把李隆基放倒，但李隆基身边的人都是心腹，投毒计划一直无法实施。（《资治通鉴》记载：太平公主依上皇之势，擅权用事，与上有隙，宰相七人，五出其门。文武之臣，太半附之。与窦怀贞、岑羲、萧至忠、崔湜及太子少保薛稷、雍州长史新兴王晋、左羽林大将军常元楷、知右羽林将军事李慈、左金吾将军李钦、中书舍人李猷、右散骑常侍贾膺福、鸿胪卿唐晙及僧慧范等谋废立，又与宫人元氏谋于赤箭粉中置毒进于上。）

太平公主那边忙活得热火朝天，李隆基这边自然有所察觉，他正犹豫不决呢，王琚跑了过来，讲了一大通，让他明白此时此刻再不行动可能就再也没有机会行动了。

除了身边的人在催促李隆基赶快动手之外，京城之外的人们也都从各个渠道得到朝廷情况，东都洛阳的尚书左丞张说派人送来一把佩刀，意思是赶快抽刀斩乱麻吧。张说仅仅派人送来一把佩刀，荆州长史崔日用干脆连夜马不停蹄地赶回长安，当面劝李隆基赶快动手，这个时候就是先下手为强，后下手遭殃。

为了不惊动太上皇，李隆基等人决定围剿行动不公开举行，而是控制左右羽林军和左右万骑军，直接端掉太平公主的老窝，然后再向太上皇汇报，到那时生米做成熟饭，李旦还能怎样呢！

公元 713 年 7 月，魏知古告发太平公主将要发动叛乱，李隆基立刻下令让岐王李范、薛王李业、殿中少监姜皎、太仆少卿李令问还有内给事高力士（太监）等人诛杀叛党。

正所谓兵贵神速！常元楷、萧至忠等人还没搞清楚状况便被简单粗暴地砍下脑袋，窦怀贞试图逃跑但发现无路可逃，无奈之下找根绳把自己吊死了。与此同时，李隆基心腹王毛仲带领数百人控制住羽林军，京城局势基本已在掌控之中。

一群重臣和宰相被斩，这样的消息很快传到太上皇的耳朵里，李旦登上承天门的门楼询问到底发生了什么事。

郭元振按照李隆基的指示上前汇报："皇帝奉太上皇之命诛杀乱党。"

"我哪下过这个命令啊！"李旦心中这样想，嘴上不能这样说啊，他通过郭元振的话大概了解了基本情况，定是李隆基发飙对付太平公主，并且应该是控制住了局面。于是，李旦下令列举出萧至忠、窦怀贞等人罪状，昭告天下。

第二天，李旦又发布一条重要消息："从今以后我将彻底退位，所有军国大事均由皇帝一人处理。"聪明的李旦发布完消息就搬了家，直接找个偏僻的宫殿去躲清净。

李旦搬家之前把李隆基叫到身边，提出一个请求："放我妹妹一条生路吧！"

一直十分孝顺的李隆基这次并没有听老爹的话，数天之后太平公主被赐死家中。

李隆基之所以没听老爹的话，是因为此次行动之前他已下定决心，为了自己的皇位和大唐，必须舍弃儿女之情，太平公主从武曌当皇帝开始就一直高度干政，积累下深厚的基础，此番若不斩草除根，说不定日后鹿死谁手。

有人可能会想，太平公主不是实力雄厚嘛，为何这么轻松便被搞定，其实，分析一下，这个过程合情合理。

从最原则的问题来分析，有两种可能：一种是太平公主想弄死李隆基自己当女皇帝；另外一种就是她并不是想当皇帝，只要能维持自己把持部分朝政的现状即可。

第一种情况出自正史记载，按理说她想造反不会那么轻易被摆平啊，但我们再细分析一下就会发现，太平公主想要成功还是很难的，首先，她个人作风一直不好，男宠无数，敛财无度，存在严重品德问题，跟她混的人多是为眼前利益，并不是那种为国为民，有理想有抱负的政治家（后来抄太平公主家的时候，大家惊讶地发现，金银财宝比想象的还要多，除了金银财宝之外，她在农林牧渔业都有产业，足足用了好几年的时间才把产业没收完）。其次，虽然部分现代电视剧和小说中大肆鼓吹太平公主如何了得，实际上她的政治才能十分平庸，对大唐发展建设几乎没有什么推动作用，不可能有百姓基础。那有人该问了：她的党羽怎么建立起来的呢？答案就是：花钱买的，用好处骗来的。她开始有武曌撑腰，后来有李旦撑腰，随意封赏官员，渐渐就有了庞大的队伍，这样的队伍再庞大也没战斗力，只有那几个带头的是有想法的，他们想扶持太平公主登基，自己便可官至极品，位列三公，这几个人一死下边

147

【第四章】重回正轨

那些混饭吃的立马散伙。

第二种情况是大家推测的，认为太平公主已然一人之下万人之上，没必要铤而走险跟李隆基争天下。这种推测并不是十分靠谱，前文中说过，一个手握大权的人想要的其实就是更大的权力。在这里我们假设这个说法靠谱，太平公主并不想跟李隆基撕破脸皮，这样的话，她对军队的掌控力以及对李隆基的防备之心都会大大降低，因此，结局是这个样子也就不奇怪了。

【第五章】 开元盛世

主角：李隆基

配角：姚崇、宋璟、张九龄、陆象先、贺知章、杨范臣、张说等

事件：经过一番残酷斗争，唐玄宗李隆基终于可以静下心来当皇帝，他这皇帝生涯可以分成两个阶段：第一阶段是"开元"时期，第二阶段是"天宝"时期（"开元"和"天宝"分别是两个年号）。

这一章我们主要讲述"开元"时期的李隆基，他的表现如何呢？

一个字：好！两个字：极好！

这样的评价并非只是我做出来的，后世对于李隆基前半段的皇帝生涯都给出极高评价，给出这样的评价不是因为他长得帅，也不是因为他人品好，更不是因为他对曲艺界作出的贡献，而是因为他励精图治、严于律己，维护百姓利益，将大唐社会推向巅峰，使"开元"时期成为中国历史上最为璀璨的明珠之一。

开元盛世到底是个什么样子呢？

看看杜甫的诗吧。

忆昔开元全盛日，小邑犹藏万家室。

稻米流脂粟米白，公私仓廪俱丰实。

岁寒知松柏后凋

不管一个人的能力有多强，要想成就一番大事业，必须有一个强大的队伍，对于这一点，英明神武的唐玄宗李隆基再清楚不过，所以，当他铲除太平公主及其余党之后，把大部分精力都放在组建队伍上。

最理想的人才当然是德才兼备者，要想在乱世看清一个人的品德很容易，人们在乱世不需要掩盖自己，在利益驱使下为所欲为，除了像窦怀贞等品行一直不佳的之外，像萧至忠等半途走上邪路的也不在少数，但仍然会有堂堂正正的君子坚守正道。

在一群人跟在太平公主屁股后面研究废掉李隆基的时候，宰相陆象先却说："皇帝是因为曾经立有大功所以当上太子，然后继承大统，若是要废掉皇帝必须是因为他犯有大错，现在皇帝规规矩矩，你们要废掉他，我可不敢苟同。"

陆象先的一番话气跑了太平公主，他声望极高，太平公主也不想弄死这样一位德高望重的宰相，因为这样做会严重损害自己名声。

陆象先做宰相期间悄无声息地救过很多被冤枉的大臣，等到太平公主被诛之后，李隆基亲自召见他，想了半天都不知道该怎么表扬他，只好引用《论语》中的一句话——岁寒，然后知松柏之后凋！

陆象先这样的人才被李隆基重用合情合理，但也有人被重用存在一点争议，这人就是大太监高力士。

历史上多个朝代有太监乱政的情况，在唐朝初年，太宗李世民定下规矩：内侍省（基本都是太监）不设置三品官，他们只能做些简单的服务性工作，例如看守大门，替人传达命令，这规矩一直坚持到武曌执政，中宗李显喜欢跟太监打交道，宠信的太监也比较多，七品以上的太监有一千多个，但级别特别高的并不多，现在李隆基当上皇帝之后开始大肆提拔太监做高官，高力士是典型代表，他这人聪明能干，对李隆基忠心耿耿，一直深受宠信，此番诛杀太平公主的过程中，高力士又立有大功，李隆基给他封了高官，受此影响，太监数量也逐渐增加，最多之时有三千余人。

太监数量多确实有些不好的影响，但重用高力士并不见得是件坏事，不管从李隆基个人来说，还是从朝廷政务方面来看，高力士一直都发挥着积极的正面作用，他也是历史上公认的为数不多的贤宦之一。

内务有高力士管理让李隆基很放心，不过对政权影响更大的是朝廷大员，尤其是宰相，原本跟随太平公主的宰相们被杀的杀，贬的贬，眼下出了很多空缺，李隆基十分看好一个人，他就是同州刺史姚元之（也叫姚崇）。

姚元之被召回京城，担任兵部尚书、同中书门下三品，并且最终成为一代名相。

姚元之的工作能力相当强，担任兵部尚书的时候，说起边境的军政事务简直就是如数家珍，在一个和平发展为主流的时代，更加注重的应该是朝廷事务、官员任免等，这些事情直接影响着大唐发展和百姓生活，在这些方面，姚元之更是无可挑剔，如果非要挑挑他毛病的话，可能也就是不够自信，有时胆子有点小。

有一次，姚元之按照规矩向李隆基汇报提拔任用一个小官，李隆基坐在龙椅上看着房笆一声不吭，姚元之还以为皇帝没听见呢，又说了一遍，结果李隆基还是那个样子，姚元之不知道皇帝想啥呢，以为自己犯什么错误惹到了皇帝，慌慌张张地退出大殿。

退朝之后，高力士向李隆基进谏："大臣汇报工作，陛下应该表明自己的态度，刚才为何对姚元之不理不睬啊？"

李隆基给出的答案是："朕让他总管朝廷事务，军国大事他应该一一向朕汇报，一个小官的任免没必要跟朕说吧。"

事后，高力士在一个合适的机会把这情况跟姚元之反映了一下，姚元之转忧为喜，知道皇帝对自己的信任和期望。

通过这件小事可以看出，李隆基深明为君之道，姚元之虽不够自信，但对朝廷事务尽心尽力，同时还能看出高力士敢于质疑皇帝的行为，还能消除君臣误会，促进感情。

姚元之红得发紫，声望地位也都达到极致，俗话说：贫居闹市无人问，富在深山有远亲。这个时候来巴结姚元之的人跟天上的星星一样多，这其中也会有各种浑水摸鱼的小人掺杂其中，为了不让姚元之为小人所误，左拾遗张九龄给他写了一封信，信中除督促他为国为民好好工作之外，还提醒道："您现在是宰相，手握大权，会有很多人挖空心思

想要讨好您，甚至还会有人通过您的朋友和亲戚来接近您，您可要擦亮眼睛，不要犯了原则性错误。"（张九龄不但人品好，而且文采极佳，他的那句"海上生明月，天涯共此时。"至今仍被世人挂在嘴边。）

对于张九龄善意的提醒，姚元之十分感激，并且铭记于心。

善始善终

公元713年11月，群臣上表请求皇帝用个响亮的名号——开元神武皇帝，李隆基表示这个名字很喜欢，欣然接受。

群臣为什么给出这样一个名号呢，因为这一年的年号为"开元"，这个年号一用就用了几十年，这几十年间唐朝政局稳定，经济繁荣，文化昌盛，国力富强，百姓安居乐业，因此，后世称这个时期为"开元盛世"。

为回避"开元"的"元"字，姚元之将名字改回之前的姚崇，名字只不过是个代号，不管叫什么，姚宰相都保持着高度责任心，做好本职工作，凡是发现对国家不利的情况一定上报，哪怕这人是皇亲国戚。

有一次姚崇上殿跟李隆基汇报工作，走路的时候稍微有点瘸，李隆基便关心地问道："腿瘸了？"

"腿没瘸，但心有病。"姚崇的回答似有所指。

李隆基一听这是话里有话啊，连忙追问有何心病。

姚崇顺势说道："岐王李范是陛下的弟弟，张说是宰相，他们两个要是秘密会面容易产生一些不必要的误会，甚至会发生大家都不希望看见的事情，我很是担心陛下的弟弟被大臣引入歧途啊！"

这样一来，张说的宰相就干不下去了，几天后，被贬为相州刺史，离开京城。张说被贬，李范却并未受到惩罚，李隆基对弟弟一直十分关爱，感情也是没的说，平时处理完工作之后便和兄弟们在一起喝酒聊天，游山玩水，跑马遛狗。他们在宫中相见的时候都是遵照家人礼节，另外，还在宫中建了五座大帐，李隆基与诸位兄弟轮流住在里面，一起讨论诗词歌赋，欣赏歌舞。

薛王李业生病的时候，李隆基亲自为弟弟煎汤熬药，一不小心还把胡子给烧了，身边太监都看不下去了，跟皇帝说："这种粗活应该是太监们干的啊！"李隆基表示亲自熬药心里才踏实，如果弟弟的病能好起来，就算把胡子烧光又如何！

李隆基注重兄弟情义，兄弟们也都深明大义，李成器等人从来不谈政事，也不跟大臣过分交往，其他几位兄弟也是如此，岐王李范琴棋书画无所不通，不爱结交大臣，只喜欢跟那些多才多艺的艺人把酒言欢，乐工李龟年便是他的常客，杜甫的《江南逢李龟年》中写道：

> 岐王宅里寻常见，崔九堂前几度闻。
>
> 正是江南好风景，落花时节又逢君。

第一句说的就是李龟年经常到岐王家里遛弯儿的事。

李隆基对兄弟们越来越信任，偶尔有多事者挑拨离间也从来不会有什么效果。

当姚崇跟李隆基汇报张说私自秘密拜访李范的时候，李隆基很不高兴，他信得过弟弟，但讨厌那些没事找事的大臣，于是，才把张说贬到外地做刺史。

李隆基是聪明人，他对兄弟如此之好，但从不让他们参与政事，而且不让他们担任有实权的职务，他知道，这样才能不产生祸乱，才能让大家善始善终。

除了对兄弟采取这样的态度之外，李隆基对那些自己地位低下时期的朋友也是这个策略。在中宗时期，李隆基属于难有出头之日的小王爷，他与姜皎关系十分好，后来的几次政变中姜皎都立有大功，两人关系变得更加亲密，姜皎甚至可以随意出入李隆基的卧室。后来，有人提醒李隆基，这样容易出问题。李隆基一想，这个提醒确实很及时，历史上很多大臣都是居功自傲，到后来做出极其出格的事情，最后君臣双方都不愉快，甚至要刀兵相见。

汉高祖刘邦的开国功臣大多没有善终，其中一个很重要的原因就是他们的权力太大，大到让皇帝起疑心，同时他们自己也会膨胀，再有人从中挑拨，想不出事都难。

东汉的光武皇帝刘秀就很聪明，当上皇帝之后，跟他一起打天下的人都被任命了没有实权的虚职，金银财宝赏赐无数，大家都能踏踏实实老死榻上。对比西汉和东汉的皇帝，仅从这件事看来，刘秀对于开国

功臣的处理要远好于刘邦，现在，李隆基采取了跟刘秀相同的策略。

李隆基让有德有才者有为有位，让自己的兄弟无为有位，这样一来大家都能过上舒服日子。

有这样一群人，他们有才，但不是治世之才，而是艺术之才，李隆基也给他们提供生存、发展和展现自我的空间。

长安城中有个地方叫梨园，在中宗时期，梨园和枣园、桑园、桃园等一样，都是皇家禁苑中的果园，皇亲国戚、王公大臣等常常聚于此地赏花摘果，野炊烧烤，玩得不亦乐乎。

等到李隆基当皇帝之后，梨园发生本质的变化，最开始仅仅是搞些表演，到后来竟然建成为我国历史上第一座集音乐、戏曲、舞蹈为一体的艺术学校，校长由李隆基亲自担任，当时叫崖公。

这座艺术学校十分完善，从作词作曲到表演都有专业部门负责。

（《新唐书》记载：玄宗既知音律，又酷爱法曲，选坐部伎子弟三百，教于梨园。声有误者，帝必觉而正之，号皇帝梨园弟子。）

大诗人李白、贺知章等人都在这里创作过。另外，像音乐大师李龟年、舞蹈大师公孙大娘、琵琶大师雷海青等也都在这里授徒传艺。杜甫在他的《观公孙大娘弟子舞剑器行》中有这样一段极其生动的描写：

> 昔有佳人公孙氏，一舞剑器动四方。
>
> 观者如山色沮丧，天地为之久低昂。
>
> 霍如羿射九日落，矫如群帝骖龙翔。
>
> 来如雷霆收震怒，罢如江海凝清光。

千年时光转瞬即逝，此诗句及诗中主角却仍栩栩如生，你若俯首低吟，公孙大娘的倩影定会浮现于眼前。直至今日，戏曲界被称为梨园界，戏曲演员称为梨园子弟。

根据《明皇杂录补遗》记载，安史之乱的时候，安禄山侵占长安，数百梨园子弟成为俘虏，被强制派到军中演出，梨园子弟相对而泣，曲不成调，气得安禄山哇哇狂叫。后来，安禄山又在凝碧池举行宴会，让梨园子弟表演助兴，并且说谁再哭就砍了谁，雷海青不但未被安禄山吓倒，反倒把心爱的琵琶摔得粉碎，然后放声痛哭。雷海青被五马分尸，他的精神感天动地，大诗人王维听说雷海青遇难，当即赋诗感慨：

万户伤心生野烟，百官何日再朝天。

秋槐叶落空宫里，凝碧池头奏管弦。

在李隆基的带领下，唐朝这块沃土培养出各种各样的人才，除了政治、经济、军事之外，文化和艺术也都得到长足发展。

谣言与辟谣

在唐朝，对于一般大臣来说他们并不关心什么艺术不艺术的，在他们看来这都属于不务正业，礼部侍郎张廷和酸枣尉袁楚客上疏说："陛下年纪轻轻应该多关心国家大事，学习儒家文化，提倡勤俭朴素，不应该喜欢那些靡靡之音。"李隆基对两位大臣大加赞赏，但他并不完全同意这种观点，文化和艺术也同样重要，只要君王不因此耽误国事便不算什么毛病。

李隆基对艺术的热情没有丝毫减退，但张、袁二位大臣关于应该提倡勤俭朴素的观点他还是接受的，并且立刻贯彻执行。

公元714年7月，李隆基下令："朕使用的金银器物都应该由有关部门统一熔炼，收入国库之中，珠宝玉器、锦绣织物等奢侈品均在大庭广众之下当中烧掉，这些东西并没有实际用途，却容易让人腐化堕落，不应该让他们存在，后宫之中，后妃以下级别的人一律不得使用。"

李隆基以身作则，成为大家的表率，三天之后，他再次下令："文武百官使用的腰带、酒具、马镫等都要从简，三品以上的可以用玉石装饰，四品的可以用金装饰，五品的可以用银装饰，五品以下官员一律不得用任何装饰品。"

除了从消费端遏制奢侈品之外，李隆基还从源头抓起，下令各地都不得采集珍珠和玉石，让他们把精力放在日常生产生活中；关闭长安和洛阳的织锦坊，让他们把精力放在普通布料的纺织上。

李隆基如此励精图治，仍然有部分老百姓对他不放心，怕他抢自家闺女。民间谣传李隆基准备挑选美女充实后宫，听到这个谣传后，李隆基并未辟谣，他下令备好车马，这车马不是去找造谣者的，而是让宫中多余的宫女坐上马车，把他们送回家乡。

李隆基用实际行动告诉天下：我已经把宫中的美女放回家了，难道还会再去民间选美女吗？

谣言不攻自破，老百姓再也不用担心自家闺女被带走。

要想当个好皇帝并不容易。李隆基关于销毁金银珠宝的命令执行一年多之后，有人就想诱使他堕落，并且他还真的差点堕落。

有个人对李隆基说："海南产的大珍珠特漂亮，跟桂圆似的，玉石也是润泽翠绿，可以去弄些回来供大家玩赏；另外，很多岛国的居民比较老实，没见过世面，属于钱多人傻的类型，去跟他们做生意一定能狠赚一笔；还有，师子国（今斯里兰卡）有精通医术并且会炼灵丹妙药的美女，可以找几个回来为陛下服务。"

李隆基一听，这都好有吸引力啊，便派监察御史杨范臣跟那人一起去探访一下。

杨范臣可没有皇帝那么激动，而是淡定地答道："恕臣难以从命。"

"你想抗旨不遵？"李问道。

"是的！"杨答道。

"为何？"李感到不解，这并不是什么苦差事啊，还能趁机公费旅游考察一番。杨不慌不忙地答道："第一，陛下前年刚刚销毁大量珠宝玉石，臣不明白现在要去采购的跟那些毁掉的有何不同；第二，自古官不与民争利，那些生意还是留给商人去做吧；第三，胡人的药性我们并不了解，另外，弄些胡人女子放在皇宫合适吗？"杨稍作停顿，继续说道，"臣是陛下任命的监察御史，本职工作是做陛下的耳目，为了军国大事，哪怕赴汤蹈火也不敢有半句怨言，让臣去收购珠宝玉石，抢商人饭碗，寻访胡人女子，恕臣难以从命。"

李隆基听完杨范臣的话，脸红得跟关公似的，连忙承认错误，收回成命。

盛世的基业

杨范臣是社稷之臣，为了君王和大唐敢于抗旨不遵，敢于触犯龙颜，但也有大臣为博取龙颜一悦而瞎扯的。

公元 714 年 8 月，太子宾客薛谦光向李隆基献上武曌所制的《豫州鼎铭》，原因就是铭文中有这样一句："上玄降鉴，方建隆基。"

这个铭文的"隆基"跟皇帝的名字纯属巧合，薛谦光为了讨皇帝欢心，非要说这是上天暗示李隆基会当皇帝，在君权天授的年代，这实在是再好不过的，群臣也跟着起哄，有些人是真的相信这些超自然的现象，纷纷上表道贺，甚至连姚崇这样的大臣都在其中，对此，李隆基表示很开心。

龙颜是大悦了，但这事确实不靠谱，连大史学家司马光都忍不住要说两句："采偶然之文以为符命，小臣之谄也；而宰相因而实之，是侮其君也。上诬于天，下侮其君，以明皇之明，姚崇之贤，犹不免于是，岂不惜哉！"

这段话的意思是说，用偶然的文字作为皇帝受命于天的象征，是一些臣子对皇帝阿谀奉承的手段，宰相竟然也跟着一起忽悠，这就是在侮辱皇帝的智商。以李隆基的英明，姚崇的贤德，竟然犯下如此污蔑苍天、亵渎皇帝的错误，实在可惜啊！

发生这样令人茶余饭后谈笑的事情就能说明李隆基不是好皇帝吗？

不能！

那能说明姚崇不是好宰相吗？

也不能！

君也好，臣也罢，毕竟都是人，是人就会犯错误，这就如同再美的美玉都会有瑕，然而瑕不掩瑜，只有赝品才是乍看起来完美无比，细一端详却分文不值。

姚崇除了本身有瑕之外，他的儿子也给他添了些乱，三个儿子中有两个在东都洛阳做官，他们的官不够大，便去找够大的魏知古走后门。魏知古有能力、有水平，他是在姚崇的引荐下才得以出人头地的，因此，姚崇的两个儿子以为魏知古会帮他们，结果没想到，魏知古到长安就把他们给卖了。

几天之后，李隆基找了个机会问姚崇："您儿子的品行如何？现在都当什么官呢？"

姚崇是个聪明人，立刻就把"儿子""洛阳""魏知古刚刚见过皇帝"这几个因素联系起来，答道："臣有三个儿子，两个在洛阳，都怪臣教子无方，使得他们养成一身臭毛病，不愿努力，想通过捷径不劳而获。如果我没猜错他们一定是去魏知古那里走后门了，我这还没来得及责问他们。"

听姚崇这样一说，李隆基很是吃惊，他原以为姚崇会包庇儿子，没想到姚崇这么坦白，但他是怎么知道跟魏知古有关系的呢？

姚崇下面一番话解开了李隆基的疑惑："在魏知古官职低微的时候，臣看他是个人才，格外关照他。臣的儿子愚钝，他们认为魏知古会为了报恩而徇私枉法，纵容他们为非作歹，但魏知古做事有原则，一定不会给这个面子。"

听完前因后果，李隆基认为姚崇大公无私，魏知古忘恩负义，便想罢了他的官，姚崇坚决反对这样做，理由很简单："于公于私都不应该责罚魏知古，于公的话，是臣的儿子犯了法，陛下能法外开恩已经让臣感激涕零，人家魏知古依法办事，何罪之有？于私的话，陛下若是因此而责罚魏知古，那天下人定会怪陛下偏袒微臣，这实在有损咱君臣二人的名声。"

最终，魏知古没有受到太严厉的惩罚，只是免去宰相职位，改任工部尚书。

李隆基为何如此宠爱姚崇？主要有这么几个原因：

第一，姚崇品德高尚。

第二，正直，不迂腐，能够放开手脚，为了做好事情敢于使用一些手段，用一句话概括就是：以道为本，以术为用。一个人若想成就一番功绩，道和术缺一不可，对于一般人来说有道无术顶多是个老好人，做不成什么事；无道有术就更惨了，花样翻新地坑人害人，最终他一定会明白一个道理——善恶到头终有报！

第三，工作能力极强。

通过姚崇对儿子和魏知古的事件能够看出前两点，对于第三点，通过他跟同僚的对比便能让大家心服口服。

姚崇的命也挺苦的，摊上白发人送黑发人这么悲剧的事情，他给儿子办丧事请了十几天假，在这期间等待处理的文件已经堆成小山，同为宰相的卢怀慎本应处理这些文件，但很多大事他不知如何决断，怕耽误工作，只好向李隆基请罪，李隆基也没有责罚他的意思，反倒好言安慰了一番，大致就是说不用太有压力，这工作对于你来说是挺困难的，你当宰相主要是起个表率作用，让那些有德有才之士前来效命。

李隆基这样说并不是看不起卢怀慎，卢怀慎的能力确实有限，但他有自己的优点，品德极好就不用说了，另外他能举贤荐能，敢于直言劝谏，并且极其清廉，基本情况可以概括为：家无储蓄，门无遮帘，饮食无肉，妻儿饥寒。正是因为他有这么多优点，所以才能当上宰相，但工作能力不足，导致很多时候只能看着姚崇工作，因此，他得到个并不好听的称号——伴食宰相。

（插播了一下"伴食宰相"的简单情况，再把目光放到主人公身上。）

姚崇安葬好儿子之后，回到工作岗位上，带着丧子之痛，很快便把堆积如山的工作处理完毕，他也因此为自己赢得"救时宰相"的美称。

姚崇的工作能力强，卢怀慎的心胸广，这二人搭档工作效果确实不错，就连司马光对他们都赞不绝口。他大概的意思是说：如果贤良明智的人掌权，配合他工作的人用欺诈蛊惑来扰乱他的部署，用独断固执来削弱他的权力，用百般嫉妒来诋毁他的功绩，用执拗乖僻来窃取他的名望，这种人也是国家的罪人。姚崇是唐朝贤相，卢怀慎与他齐心协力，以成就开元时期太平盛世的基业！

《尚书》中有一段文字是对比两种大臣的："若有一个臣，断断兮，无他技，其心休休焉，其如有容焉。人之有技，若己有之。人之彦圣，其心好之，不啻若自其口出，实能容之。以能保我子孙黎民，尚亦有利哉！人之有技，媢疾以恶之。人之彦圣，而违之俾不通，实不能容。以不能保我子孙黎民、亦曰殆哉！"

这段话的意思是：如果有这样一位大臣，忠诚老实，虽然没有什么特别的本领，但他心胸宽广，有容人的肚量，别人有本领，就如同他自己有一样；别人德才兼备，他心悦诚服，不只是在口头上表示，而是打心眼儿里赞赏。用这种人，可以保护我的子孙和百姓，可以造福天下！相反，如果别人有本领，他就嫉妒、厌恶；别人德才兼备，他便想方设

法压制、排挤，无论如何容忍不下。用这种人，不仅不能保护我的子孙和百姓，而且可以说是很危险的！

在古代，皇帝总会面临用什么样的人的问题，若是有德才兼备者，那便毫无争议地重用，如果这样的人才都舍得浪费，那实在令人痛心疾首，这样的皇帝也只能创造出一些虚假繁荣，不可能带领大家做出什么真正的成绩。这个世界上哪有那么多德才兼备者？能有其一已实属不易，用德？还是用才？看似简单的问题，却让无数皇帝栽了跟头，为图眼前利益，提拔人品不太好但能干的，给自己做出点儿成绩来，时间久了，积累的问题便会爆发，后果可想而知。

李隆基之所以比大多数皇帝更有智慧，一个很重要的原因就是他爱读书、爱学习，还会虚心跟人请教。最近有件事情让他跟宰相们抱怨起来："朕读书遇到难题的时候，找不到一个可以请教的人，你们得帮朕想想办法，找几个博学多才的人陪读啊。"

善于举荐人才的卢怀慎立刻提出一个名字——马怀素。

说到马怀素，包括李隆基在内的所有人都觉得再合适不过了，《旧唐书》对他的描述中有这样一句："家贫无灯烛，昼采薪苏，夜燃读书，遂博览经史。"说的是马怀素家里穷买不起蜡烛，邻居又不让他凿壁偷光，他只好弄些柴点堆篝火来读书。

在卢怀慎的举荐下，马怀素和另外一个叫褚无量的人轮流到宫中陪李隆基读书，为皇帝解答疑问。

能跟马怀素一起当皇帝伴读的绝非常人，这个褚无量有多不寻常呢？

《旧唐书》记载了褚无量这样一个事迹："家近临平湖，时湖中有龙斗，倾里闬（hàn）就观之，无量时年十二，读书晏然不动。"这段说的是褚无量家边上的湖里有龙在火拼，大家都去看热闹，年仅十二岁的小褚不为所动，依然认认真真地读书。

至于这个龙多半是夸张了，应该就是有十分热闹而新奇的事情发生。通过这个记载足以看出小褚读书的态度，如此勤奋好学，再加上天资聪颖，所以才能成为皇帝伴读。

李隆基对这两位德高望重的伴读格外尊重，考虑到两位老人腿脚不好，专门为他们做了肩舆和腰舆（两种简易的轿子），不光是在室外坐轿子，在内殿仍然有太监用腰舆抬着走。

人定胜天

李隆基勤奋好学，是个好皇帝，他想让大家吃饱穿暖过上好日子，但天有不测风云，大自然给大唐出了个不小的难题。

公元715年夏天，山东地区发生特大蝗虫灾害，蝗虫来势汹汹，吓坏了文化水平不高的农民，他们以为这是上天降下的惩罚，只敢焚香祈祷，请求上天收回灾难，早降福祉，不敢动手去消灭害虫。

逆来顺受的百姓在令人哀其不幸的同时，也让人怒其不争，不管是对于天灾还是人祸，他们只知道一味地容忍，甚至是纵容，默默忍受着自然的肆虐和统治阶级的妄为。

但是，总会有人挽救百姓于水火，姚崇立刻派遣御史到山东各个州县督促地方官员组织捕杀蝗虫。

工作开展得并不顺利，蝗虫实在太多，那个时代没有农药，全靠手抓，效率不可能太高了，很多人质疑这种做法是否有意义，甚至李隆基也有些犹豫，皇帝都没信心，大家也都没干劲。

姚崇一看，这可不行，立刻开始做皇帝的思想工作："现在山东地区漫山遍野都是蝗虫，黄河两岸的百姓不想办法除蝗虫种庄稼，四处逃荒，任由蝗虫繁殖，这样下去后果不堪设想，眼下当务之急是发动全民抓虫，就算抓不光，也比现在这样养着虫强吧。"

李隆基听从姚崇的建议，下令全力抓虫。

在封建社会，大多数人相信天人感应，一般都会把那些不寻常的自然现象归结为天意，甚至像卢怀慎这样的宰相也如此认为，他觉得大规模杀死蝗虫恐怕会对天地阴阳之气的调和造成影响，到时会有更大的灾害发生。

姚崇当即表示："如果有任何灾难，我姚崇愿意一人承担！"

就这样，大规模抓虫行动终于得以顺利开展，虽然受灾严重，但总算不至于颗粒无收。

第二年，蝗虫风暴再次席卷山东大地，姚崇毫不犹豫，继续组织大规模捕杀。

这次，又有人站出来阻拦，户部侍郎倪若水说："蝗虫是上天降下的惩罚，人无法对抗天，要想消除这灾祸，只有通过朝廷修德行善。十六国时期前赵的刘聪遇到虫灾就号召全民抓虫，结果越抓越多。"

古往今来都是如此，很多有理想有抱负的人想要干些正事总会遇到各种添乱的人，姚崇一边忙着组织抓虫，一边还要给倪若水写信讨论该不该抓的问题，他的信中这样写道："刘聪是僭越当上的皇帝，其德难以胜邪，当今是圣明天子，自然是邪不胜正，如果说修德就能免除蝗虫灾害，那岂不表示发生虫灾是由于当今皇帝无德吗？"

姚崇的信很犀利，直接把问题提高到原则上，倪若水天大的胆子也不敢说皇帝无德啊，只好奉命抓虫。

此后，李隆基又专门安排使者到各地考察抓虫情况，使者把认真工作的和消极怠工的都做了详细记录，呈报给朝廷。

正是因为有姚崇带领，以及官民不懈努力，在连年发生蝗灾的情况下，粮食也都有些收成，并没有引发严重饥荒。

睿宗驾崩

公元 716 年 6 月，唐睿宗李旦驾崩。

李旦是一位生活在乱世的皇帝，他的人生难免大起大落，两次登基，三让天下，这是世人难以做到的。但李旦起落的只是位置，他的心态一直保持着平和，这是世人更加难以做到的。

公元 683 年，高宗李治驾崩。公元 684 年，李显即位，他仅仅当了几十天的皇帝便被武曌赶下龙椅，李旦接替哥哥的工作当上皇帝，当然这也是武曌安排的，在武曌阴影的笼罩下，他这个皇帝连个大臣都不如，别说不能决断军国大事，甚至参与朝政都只是做个样子，当这样的傀儡皇帝虽然难受，但他仍然心平气和地坚持了六年。

李旦一让天下应该并非其本意，主要原因是他有自知之明，知道自己斗不过武曌，通过一让天下看不出什么值得称赞的地方，顶多说他识时务而已。

武曌能够斗败政敌、儿孙，但斗不过老天，时间会让生命随之一起流逝，还好她在临死之前作出英明决定——还江山与李家。谁来继承皇位呢？现成的人选是李旦，但他坚决不肯当继承人，而是让天下与李显。

李旦二让天下已经可以让大家看出他清心寡欲、淡泊名利，若世间之人皆是如此，何来纷争？

李旦不想有纷争，可偏偏他是皇子，跳不出那堵宫墙，宫墙之内怎能没有纷争？

公元710年，李隆基发动"唐隆政变"，肃清乱党，李旦想躲开皇位，可时事如此，他想躲也躲不开。

两年之后，除了李隆基跟太平公主一直在明枪暗箭之外，政局基本稳定，李唐重回正轨，这个时候，李旦觉得三让天下的时机已然成熟，于是选择退居二线，成为太上皇。

除了三让天下被传为美谈之外，有件事情李旦处理得特别好，那就是太子问题，虽然在这过程中，李成器、李隆基表现得无可挑剔，但李旦若是不能发挥出主导作用，恐怕这件如此棘手的事情也不见得就能完美收场。

称赞的话说了一大堆，接下来也该说些不好听的了。

自古忠孝难两全，虽说武曌是李旦的亲妈，但李旦也不应该对其言听计从，就算不能保住李家基业，也应该在武曌执政期间发挥一些积极作用，不管是作为李家子孙，还是作为武曌的儿子，都应该劝阻武曌少造杀戮，惩恶扬善，抑制酷吏，彰显忠臣。刚才说李旦清心寡欲是优点，但要看其所处时期和位置，当他处在那个位置的时候就有责任和义务做好相应事情，不顾世人死活自己去躲清静，眼睁睁看着老妈手染鲜血，既不忠，也不孝！

除了跟老妈之外，李旦对于妹妹和儿子之间的问题处理得也不好。他的兄弟姐妹几乎都未能寿终正寝，就剩下太平公主这么一个妹妹所以格外疼爱，这样的疼爱反倒害了她。李旦执政期间处理军国大事的时候都会问宰相："尝与太平议否？"然后再问："与三郎议否？"（太平

163

第五章 开元盛世

是太平公主，三郎是李隆基。）

一山容不下二虎！

最终太平公主也未得善终。

对于太平公主，李旦若是能晓之以理动之以情，让她放弃权势去享受那无人能及的荣华富贵，说不定就没有这场姑侄之戮。

从一个做皇帝的角度来说……

还是算了吧，从这个角度评价李旦的话，实在没什么好说的，第一次当的傀儡皇帝不可能有什么政绩，第二次在位也仅仅两年时间，而且这期间很多事情还是李隆基和太平公主做的，因此没有太多政绩可以加在他的身上。

简单总结一下：李旦不是个好皇帝，但，绝对是个不折不扣的好人！

人和制度

公元717年正月，李隆基准备到东都洛阳去待一段时间，不巧的是在他动身之前，太庙中的几个屋子塌了。

太庙可是当朝历代先皇和老祖宗们住的地方，那地位可想而知，如今一下塌了好几个屋子，李隆基心里有些不踏实，向大臣们征求意见，自己是应该老老实实在长安待着，还是按原计划去洛阳。

宋璟和苏颋（tǐng）属于比较谨慎、做事情按部就班的人，他们的意见是："太上皇驾崩未满三年，陛下应该在长安守丧，现在着急去东都恐怕惹得上天不高兴，才降下灾难为陛下敲响警钟，这趟东都之行应该取消。"

姚崇不赞同宋、苏等人的意见，他的理由是这样的："太庙之所以塌了几间屋子，是因为房屋老旧所致，跟上天一点关系都没有。太庙乃是隋文帝杨坚修建的，他当时用的是前秦皇帝苻坚剩下的木料，算下来已经三百多年，木头腐烂自然就会导致房屋倒塌，刚好赶上陛下要去东都，这不过就是巧合罢了。再说了，陛下要去东都是早就定好的事情，有关部门也做了大量准备工作，皇帝金口玉言怎能轻易失信于人。"

李隆基衡量一下两派意见，最终觉得姚崇的说法更科学合理，决定按照原计划去东都。

通过对这件事情的处理，能看出姚崇和宋璟两位宰相的差别，一个擅长随机应变，一个遵守成法，二人性格不同，做事思路和方法也不同，这样刚好形成互补，他们都能尽心尽力辅佐皇帝，开创太平盛世的同时，也能为自己赢得美名，甚至可以和贞观时期的房玄龄、杜如晦共同成为唐朝四大贤相。

李隆基对姚、宋二人为江山社稷作出的贡献极其认可，对他们的尊重更是无以复加，姚、宋觐见的时候，李隆基经常要站起来迎接，他们离开的时候，也会亲自相送，并且一直送出大殿。

姚、宋是贤相，但一个国家要想繁荣富强仅仅人贤还不够，优秀的制度才是更重要的因素，古往今来都是如此，无论国家还是部门，只有贤才和好制度结合起来才能无往而不利。

贞观时期有这样的规定：中书省、门下省以及三品大员跟李世民汇报的时候，要有史官和谏官在场，史官必须由无比耿直的人担任，不耿直的人干不了这差事，他会把皇帝和大臣的言行巨细无遗地记录下来，无论善恶均要载入史册。谏官的责任是判断这事是否合理合法，如果不合理、不合法，谏官要站出来指正，御史在弹劾百官的时候需要头戴獬豸冠对着皇帝仪仗宣读弹劾的奏表。在这样的制度下，大臣很难糊弄皇帝，至于打小报告、告黑状的情况更是少之又少。

这种良好的制度跟随李世民一起埋进了昭陵，高宗李治时期，许敬宗和李义府手握大权，他们可不是光明磊落之人，做的事情更是见不得人，跟皇帝商量大事的时候都会把仪仗撤掉，大臣们也会被赶出大殿，监察御史只能待在大殿的角落里，没有个"千里耳"什么的根本听不清他们在说啥，至于谏官和史官就没资格出现在当场。等到武曌当皇帝的时候就更不用说了，在李治的基础上变得更加无耻，武曌鼓励下属之间互相斗，大臣们当面都是嘻嘻哈哈，转过身去就捅上一刀。

在很多时期皇帝和重臣们那些见不得人的勾当是偷偷摸摸做的，他们经常会认为不会有人知道，岂不知世上没有不透风的墙，事情被做出来就一定是"天知地知，你知我知"，怎么可能没人知呢？例如，吴兢撰修《则天实录》（史书），里面如实记载了一些关于张说的负面事

情，张说看到这些记载明知是吴兢写的，嘴上却说："这个刘五（即刘知几）太不够意思，修史的时候也不照顾照顾我。"张说说这话的时候，吴兢就在当场，他立刻说道："这些是我写的，并非刘公所为。"当场的同僚大惊失色，张说是宰相，官比他们都大，吴兢这么不给张说面子，岂不是要遭殃。还好张说没那么小气，并未为难吴兢。后来，张说多次跟吴兢商量能否把那段历史改改，吴兢始终没有答应，他的理由很简单："我若是按照您的要求篡改历史便不是一个合格的史官，我们靠什么来取信后人？"

正是由于有吴兢这样的人存在，很多黑暗时期的历史才能得以保存，后人才能知道过去真正发生过什么事情。光靠这样的人来记录历史远远不够，合理的制度才是更重要的因素。现如今李隆基即位，几位宰相也都正直，在宋璟的提议下，李隆基下令恢复贞观时期的制度，朝廷的空气很快变得干净起来，做事情也都是光明正大。

不过，光明正大做的事情也不一定都是好事情，此刻，广州地方官正在光明正大地为宋璟立碑，该碑名曰"遗爱碑"，意思就是因为您曾经在此遗留下爱所以给您立个碑。对于一般人来说，要是有人给他立碑，肯定乐得合不拢嘴，但宋璟不是一般人，知此事后立刻跟李隆基汇报："臣在广州当都督期间只是按章办事，并未做出什么优秀成绩，他们之所以给臣立碑，是因为臣现在地位显赫，对于这种歪风邪气必须治理。"

李隆基十分认可宋璟的看法，命令广州停止"遗爱碑"的建设，于是，各地官员再也不敢搞这种赤裸裸的拍马屁工程。

这种拍马屁工程确实应该少搞，一是搞的时候劳民伤财，二是万一高官落马，还得把相应遗迹清除，题字的牌匾要拿掉，刻在石头上的字还得凿烂，多麻烦！

天下本自无事

公元718年3月，天兵军节度使张嘉贞从并州入朝参见李隆基，地方官员进京朝见本来是件小事并不值得一提，但这次却不同，因为张嘉贞被告发了，并且是多项罪名——生活腐化堕落、贪污受贿、越权办事等，按照当时的法律，几乎每项都是掉脑袋的罪名。

天兵军是张嘉贞建立起来的，责任是保卫西北边疆，节度使相当于之前的都督，是部队的最高职位，处在这个位置上的张嘉贞绝对是狠角色，若罪名成立告发者必然是大功一件，但如果是造谣呢？

经过详细调查之后发现竟然还真是诬告，张嘉贞这人虽然脾气暴躁，有时刚愎自用，但确实没干什么违法乱纪的事情，不知道什么原因得罪过那个告黑状的，因此被诬陷。

李隆基准备治诬告者的罪，有人却表示不应该治罪，理由是：如果现在陛下治他罪，那么以后恐怕就没人敢向朝廷进言，这样岂不是堵了下情上达的渠道？应该赦免此人。

赦免的理由合情合理，再加上这理由竟然是张嘉贞本人提出来的，因此诬告者被赦免。

赦免诬告者并没有给朝廷和百姓带来任何灾难，造谣诬告之风也并未因此兴起，大唐社会依旧繁荣稳定。

谣言并不会给一个国家带来麻烦，更不要说可以颠覆政权，这虽然如同光头脑袋上的虱子一样显而易见，但我还是想赘述几句。

相信看过武瞾那段历史的人都会明白，诬告之风之所以会兴起，主要是由于皇帝希望大家互相斗，究其深层次原因不外乎是皇帝品德不足，能力不行，难以服众，没有将大家凝聚起来的力量，为了防止大家抱团，就引导大家内斗，这样便没精力斗皇帝。其实，皇帝若是德才兼备，能带领大家成就一番事业，下属会搞小团队跟皇帝斗吗？

通过分析来看，在一个健康社会，诬告绝对是个案，不会是普遍的社会现象。

有些人可能会说：诬告仅是针对某个人的攻击，谣言却不同，它可以让人丧失思考能力，造成群众恐慌，影响百姓生活，破坏国家形象，威胁社会稳定……

对于这种人，我只想问他一个问题：翻翻人类历史，看看古今中外，哪个朝代或者国家是被谣言给整垮的？

在任何国家，任何朝代，谣言总会有的，其实很多时候谣言并不是真的谣言，只不过有些人看见《皇帝的新衣》中皇帝光着屁股，便大

声地说出这个事实，皇帝丢了面子很不爽，给他扣上"造谣"的帽子，一贯采用的战术就是"杀一儆百"，毕竟不能把大家都抓起来吧，只能弄个典型狠狠炒作，如果要是能找个社会名流或者少年书生当牺牲品，那效果实在是再理想不过了，因为社会名流影响大，弄死一个便能起到很好的震慑作用，至于少年书生嘛，虽然没有影响力，但统治阶级想让大家明白：十几岁的孩子我都下得了手，我的监狱里还有不能关的人吗？

当然，认为效果会很理想只不过是统治阶级一厢情愿罢了，实际情况几乎一定是——激起民愤，并且，这些事件必然会被载入史册，遭后人唾弃。不信你看，几千年前的周厉王不是经常被大家当反面教材嘛。

《国语》中记载了这样一段历史："厉王虐。国人谤王。召公告曰：'民不堪命矣！'王怒，得卫巫，使监谤者。以告，则杀之。国人莫敢言，道路以目。王喜，告召公曰：'吾能弭谤矣，乃不敢言。'"

简单解释一下上面这段话：周厉王暴虐无道，百姓纷纷骂他。召公跟他说："再这样下去，老百姓就受不了你了！"厉王一听火就上来了，弄一堆爪牙监视天下人，只要谁敢说闲话就把谁给杀了。这样一来，大家都不敢说话，走在路上只能用眼神进行交流。于是，得意的厉王无比骄傲地对召公说："看我厉害吧，已经消除百姓的不满和怨恨，他们再也没有怨言了。"

召公听完之后又给厉王讲了一大堆道理，其中最经典的一句便是——防民之口，甚于防川！

召公说得虽然好，但对于厉王这样不可救药的人来说必然是：不听！

于是，百姓莫敢出言。言是不敢出了，怒火却在胸中不断积压，三年后忍无可忍的百姓终于不想再忍，百姓爆发的力量可想而知，厉王的结局是被流放到蛮荒之地。

在一个理想的社会中，不但言论方面应采取宽松政策，刑罚方面也应比较宽松。一般情况下，"重典"和"乱世"密不可分，通常人们所说的"乱世用重典"其实是个误区，为什么是误区呢？对于这个问题我先不直接回答，而是想反问一个问题：谁能举出一个用重典把乱世治成盛世的例子？古今中外的都可以。

或许是我才疏学浅，找不出这样的例子，但我认为之所以找不出来例子，原因可能是这样的：乱世之所以乱是因为统治阶级出了问题，而并非"典"用得轻，为了让乱世不乱而使用重典只会增加民间戾气，真正要把乱世治成盛世还得从根源抓起，正本清源是唯一出路，拿"典"说事则是舍本逐末。

下面我就给您说个用"轻典"治世的例子。

蒲州刺史陆象先少有器量，清静寡欲，才望高雅（这几个词都是《旧唐书》中用来称赞他的），他为政简单而宽松，手下官员和百姓犯了罪只要能不用刑罚的都不用，而是晓之以理、动之以情，几年下来官员和百姓犯罪率直线下降。

人！本身就是个矛盾的统一体，有恶心，也有善心；有无耻之心，也有羞愧之心。人心便是社会的镜子，一个畸形的社会会让人恶尽露，一个良好的社会则会让人善彰显。

陆象先的政策让大家向善，但任何社会都有"老鼠屎"，他手下一名官员不赞同这种执政方式，对他说："您不用刑罚，咋能体现出您的威风呢！"

大度的陆象先也十分讨厌这样的奸佞小人，于是答道："人是有智慧和尊严的，难道他们不能理解我宽政治世的苦衷吗？如果一定要用棍棒显示威风的话，那就先从你开始吧！"

当然，陆象先并没有真的动用棍棒，但这两句话让那厮羞愧不已，灰溜溜地消失了。通过这事可以看出——如果皇帝英明，一颗老鼠屎毁不了一锅好汤！

可能有些人认为陆象先的做法并不正确，但我想提醒一下：社会发展分各个阶段，不同的社会阶段生产力发展水平以及人们的认识水平不同，所以也应该采用不同的社会制度。就目前社会来看现在的制度是好，但七千年前的河姆渡人就应该采用吗？因此，我觉得也不应该用现在的标准来衡量唐朝。总之一句话：有利于当时社会发展的制度就是好制度，能够将制度执行好的做法就是好做法。

说到陆象先不得不说句名言——"天下本无事，庸人扰之为烦耳。"这句话便是他留给后人的。

贤相归西

转眼之间几年的时间过去了，公元721年，大唐的一位重要人物驾鹤西游，可以说天下能无事，跟他有很大关系，他就是贤相姚崇。

这年正月，七十二岁的姚崇在家中去世。伟大的人就是这样，即便是临终也要做对社会有益的事情，他留下这样一份遗嘱："佛教以慈悲为本，愚昧的人却希望通过抄写经文、建造佛像这些劳民伤财的做法来祈求祝福。武氏和韦氏家族所建寺庙数不胜数，他们作恶多端必然不得善终。我死之后，你们不要像那些凡夫俗子一样把和尚道士请到家中为我诵经超度，子孙后代都要谨守这条家训。"

姚崇的遗嘱有很积极意义，不过跟他生前的贡献比起来实在不值得一提。

姚崇年轻的时候便表现出与众不同，才干极其出众，从政之后一帆风顺，他的表现很快引起他的"伯乐"武曌的注意，武曌爱才，对姚崇的能力相当认可，提拔他为兵部侍郎，后来进入宰相圈，兼任兵部尚书，兵部尚书统管全国军事，其工作量可想而知，如此巨量而繁杂的工作姚崇做起来却十分轻松，边防哨卡、军营分布、士兵情况、兵器储备等等等等全部了然于胸。

姚崇性格直爽，不愿跟那些奸佞小人同流合污，因此得罪了张易之、张昌宗兄弟，色迷心窍的武曌将姚崇贬谪出京，临行前，姚崇为武曌推荐了一位宰相——张柬之，在"神龙政变"中张柬之发挥出重要作用，为李唐匡复做出重大贡献。

在武曌、李显执政期间，姚崇政绩斐然，但他的黄金时代是李隆基登基之后。

据说，李隆基登基不久便召见姚崇，提拔他当宰相，姚崇这个不识时务的家伙并未叩头谢恩，反倒摆起谱来："要我做宰相可以，我有十点建议陛下得悉数采纳，若是少了一点，我都不干。"

这十点建议内容涉及皇帝、皇亲国戚、朝廷上下、内政外交、民生等，无一不是利国利民的好建议，对于这十点建议李隆基欣然接受，姚崇也再次登上宰相宝座。

《资治通鉴》中并未记载这件事情，司马光对此可能持怀疑态度，毕竟他的身份和职位在那摆着，修史必须严谨，道听途说来的事情不管听起来多么真实都不会载入史册。不过关于这十点建议的真实性相当高，早在李隆基还是个小王爷的时候，姚崇就在李旦手下做官，跟李隆基更是惺惺相惜，再加上姚崇一直忧国忧民，虽不在相位，却一直保持着清醒的头脑和无限的热情，考虑着宰相应该考虑的事情，因此，给李隆基提些建议确实合情合理。

姚崇是位伟大的宰相，但是，人无完人，他也不例外。

姚崇的瑕疵跟他所处的环境有很大关系，不管一个社会多么的清明，政治都会带有一定的狡诈、肮脏、危险性，长期处在政治漩涡中的人难免受到污染，晚年的姚崇变得不那么厚道，史料中有这样两个词形容他：好弄权术，为人权谲。

确实，姚崇跟其他宰相和大臣之间关系不是很融洽，他跟刘幽求、张说、魏知古等人钩心斗角，互相倾轧，在这些大人物辉煌的人生中留下污点。虽有污点，但纵观功过是非，这位"救时宰相"足以在漫漫历史中写下不朽的一笔。

丽正书院与贺老

天下太平无事，李隆基的工作却并未松懈，一手抓恢复生产以改善百姓物质生活水平，一手抓文化建设以丰富百姓精神世界。

经济建设方面主要是鼓励百姓开荒务农，在农业经济为主体的社会中，种地是发展经济的根本，为了让大家安心种地，朝廷从税收等方面给予很多扶持政策。

在文化建设方面更是有开创性举措——设立丽正书院，这也是我国历史上第一座官办书院。

书院是教育机构，跟今天的学校又不太一样，它的功能更加丰富，除了教书育人之外，主要包括收集整理各种图书典籍，撰写国史，献计献策，举荐贤才，学术研究等。

根据工作需要，丽正书院配备了一系列官职，分别为学士、直学士、侍讲学士、修撰官、校理官、留院官、检讨官、中使、孔目官等。这些

人分工明确，各司其职，从事着非常重要的工作，例如，有人专门负责整理前朝历史，总结更替兴衰，借古喻今，为皇帝提意见和建议，对于一个明君来说，提得越尖锐他就越高兴，因为往往这样才会更有利于国家发展，不痛不痒的批评与自我批评不过是瞎扯，并无实质意义。

在这方面，丽正书院起到重要作用，另外在培养人才、整理典籍等方面也是功不可没，因此，书院的工作人员收入水平和福利待遇都比较好，这便让一些人看着眼红。中书舍人陆坚表示搞书院这种东西对国家实在无益，还浪费钱粮物资，应该尽早关闭。

宰相张说不赞同陆坚的观点，他认为：自古以来的皇帝大多数都是想方设法地改善自己生活水平，大肆建造亭台楼榭，沉溺于声色犬马，当今皇帝却建造书院，广纳贤良，继承和发扬传统文化，如此利国利民的事情实乃圣明天子所为！

张说的话虽然有拍马屁嫌疑，不过确实在理，李隆基听说之后非常高兴，继续加大办学力度，对张说也更加宠信。

公元 723 年，李隆基招纳一批饱学之士入驻丽正书院，这其中有一个人的名字大家应该非常熟悉，他就是赫赫有名的贺知章。

贺知章（字季真）是著名的书法家、诗人，书法擅长草隶，诗词擅长绝句，那首《回乡偶书》可以说是千古传诵，妇孺皆知：

> 少小离家老大回，乡音无改鬓毛衰。
>
> 儿童相见不相识，笑问客从何处来。

仅仅有才还不足为后人称道，有才无德者比比皆是，人品好才是关键，《旧唐书》中直接称赞贺知章的词语甚少，但其中有这样一小段记载将其人品彰显得酣畅淋漓——象先尝谓人曰："季真清谭风流，吾一日不见，则鄙吝生矣。"

象先就是宰相陆象先，前文中介绍过此人品德，就连李隆基都不知道该怎样称赞他，就引用《论语》的话："岁寒，然后知松柏之后凋也。"

即便陆象先这样的人也自认不如老贺，表示一天看不到老贺，不受他熏陶，不跟他学习，自己的臭毛病就会滋生出来。

不可否认，该记载应该是用了"夸张"这种修辞手法，陆象先是贺知章是亲戚，私交甚厚，互相吹捧一下在所难免，但他们都是德才兼修者，吹捧是有限度的，绝对不会毫无根据地夸夸其谈。

老贺除了跟同辈之人相处融洽之外，跟晚辈也毫无架子，倚老卖老、为老不尊这样的词语跟老贺不会有丝毫瓜葛。

当初，"诗仙"李白来到京城与贺知章相识，那时的李白可不像现在这么有名气，更谈不上"诗仙"，大他四十多岁的老贺慧眼识英才，二人结为忘年交。这二人都是大诗人，也都是大酒鬼。有一次，二人出去喝酒，喝到后来发现带的钱不够，身为高官的贺老不会白吃白喝占百姓便宜，解下腰间金龟抵了酒钱。（这金龟可并非寻常之物，乃是朝廷根据官员品级给发放的饰品。）

老贺仙游之后，李白悲痛万分，挥毫写下《对酒忆贺监二首》，其中一首是这样的：

> 四明有狂客，风流贺季真。
>
> 长安一相见，呼我谪仙人。
>
> 昔好杯中物，今为松下尘。
>
> 金龟换酒处，却忆泪沾巾。

除了诗仙李白追忆老贺之外，诗圣杜甫也极其仰慕这位前辈，他的《饮中八仙歌》中第一句就这样写道：知章骑马似乘船，眼花落井水底眠。

这就是盛唐时期的大诗人，笔墨为伴，诗酒随身，也不忘为国为民竭尽所能。时过千年，后世之人诵读诗句，翻阅史料，了解着贺老的点点滴滴，仍是神往不已！

请君当人质

公元 725 年，李隆基决定做一件历代帝王梦寐以求的事情——封禅泰山！

此时，大唐内部形势一片大好，但外部形势并不乐观，突厥、吐蕃等强邻不断骚扰大唐边境，尤其是突厥格外强大，他们跟大唐之间的关系很让人揪心，虽然不会爆发全面战争，但烧杀抢掠不断，与此同时还在不停地要求和亲。

张说担心皇帝在泰山玩得正高兴之时，那边突厥跳出来搅局，那样的话多恶心，根本没办法收场，继续高高兴兴封禅不合适，把封禅草草收场也不合适，这样的活动从规模到意义都是无可比拟的，当一辈子皇帝能组织一次就不错了，要是这样的活动都不能尽兴，岂不是抱憾终身。

当张说把这个担心说出来的时候，李隆基和一干大臣陷入沉思，这确实是个棘手的问题，若是论国力和军力还没到能把突厥彻底消灭的程度，再说了打仗可不是儿戏，总不能为一个封禅置国家安危于不顾吧，看来用武力是行不通的，可总不能跟突厥商量，让他们先歇歇，等我封禅完泰山你再来打。

就在大家一筹莫展的时候，裴行俭之子兵部郎中裴光庭想出个好主意：“咱既不动武，也不求和，而是让他送个人质来，这样皇帝就可以踏踏实实封禅泰山。”

“确实是个好主意，咱们有个高级别人质的话，他们应该就不敢放肆了。”其他大臣议论纷纷。

但很快就有人表示反对：“这哪是什么好主意，分明馊主意一个，你让人家送个人质过来人家就送啊？”

就在大家抱怨这主意为何如此馊的时候，裴光庭接着说道：“近年来，突厥屡次请求和亲，我们却一直拖延着，现在陛下派人以和亲为由出使突厥，顺便邀请他们派个重要人物跟随陛下一起封禅泰山，他们一定会乐得晕过去，能陪大唐天子封禅泰山，这样的殊荣可不是四夷小邦敢想的事情啊！”

张说听后一拍大腿：“高，实在是高！”

“请君当人质”计划立刻执行！

李隆基派袁振出使突厥传达旨意，突厥可汗与重要大臣设宴款待袁振，席间可汗问道：“吐蕃、奚和契丹以前都是我们突厥的奴隶，他们都能娶到大唐公主当媳妇，为啥我就没有这个福分？虽然那些公主都不是真公主，但我也不在乎真假，只要给我个公主就行，不然实在脸上无光啊！”

可汗的话正中袁振下怀，当即表示一定把这婚事当个大事来办，回去就替他跟皇帝求婚，同时，袁振表示可汗为表达诚意，应该派个重要角色跟着一起回京，顺便参加封禅活动。

突厥人并未想到大唐是怕他们不安分，才派袁振来稳住他们，当然也更不会想到这个邀请实际是抓个人质。

为了争抢参加封禅的名额，一群突厥高官差点打得头破血流，最终阿史德颉利争取到这个机会，跟随袁振回到大唐。

突厥是当时大唐周边最强大的政权，只要突厥不闹事，其他小政权掀不起什么大风浪。阿史德颉利在突厥位高权重，有他入朝，李隆基可以把心放进肚子里，封禅泰山的第一步也终于迈了出去。

敬神，敬人，敬大臣

公元 725 年 11 月，一条绵延数十里的队伍浩浩荡荡地来到泰山脚下，暂作休整之后，李隆基带领宰相以及掌管祭祀的祠官登上泰山，其他大小官员一律原地待命。

登山途中，李隆基向礼部侍郎贺知章问道："过去皇帝封禅泰山的玉册都搞得神神秘秘，为什么不让大家知道里面写些什么？"

贺知章答道："封禅泰山是皇帝向神仙祈福，也就相当于许愿，许愿不都是默念嘛，陛下看谁把许的愿说出来啊？"

"可是朕的愿望不是为自己许的啊，而是为天下苍生祈福，天下人自然有权知道朕为他们许了什么愿！"李隆基并不赞同历代帝王的做法，所以他才这样说。

于是，李隆基一反传统拿出玉册向群臣宣示。

除了玉册这个环节之外，其他流程基本都是参照以往进行的，最后李隆基封泰山神为天齐王，享受比三公还高的待遇，当然泰山神是不可能出来谢主隆恩的，但封禅活动依然在一片喜气洋洋的氛围中落下帷幕。

泰山神享受完浩荡皇恩之后，李隆基低头一看，随行的群臣们全都眼巴巴地看着自己，不用问，这肯定都是等着讨封赏呢，李隆基也不小气，皇恩普照到了每个人。但是，这个"每个人"仅仅是随行的人，

那些留守长安和洛阳的官员并没有享受到皇恩，自古以来民不患寡而患不均，得不到皇恩的人自然要埋怨，没人敢埋怨皇帝，只好埋怨张说。

为何埋怨张说？是冤枉他吗？

张说受埋怨一点儿都不冤枉，当初挑选随行人员的时候，张说推荐的都是自己的手下和那些跟他关系好的，当时张九龄就劝过他，告诉他作为一个宰相这样做实在欠妥，他并未理睬，现在李隆基真的封赏随行大臣，甚至很多人被破格提拔，您说那些没享受到皇恩的人不埋怨张说埋怨谁？

埋怨归埋怨，并不影响封禅之后的工作，李隆基敬完神还要敬人，甚至在某种程度上来说，敬人比敬神更重要，因为这个人是圣人——孔子。

儒家思想和文化对中国影响甚深，对于大多数人来说甭管是否愿意承认自己受到儒家文化的影响，但这都是个不争的事实，几千年来，儒家思想都在影响着中华民族的心理素质及道德行为。由于篇幅限制，这里不展开论述，感兴趣的读者可以自己去研究研究，别听人家说什么是糟粕什么是精华，自己去学习和思考吧。

孔子作为儒家代表，其地位和影响力可想而知，历朝历代的皇帝不管心里怎么想，几乎都要表现出对孔子的尊敬。

李隆基沐浴更衣之后来到孔子故居祭祀孔子，告诉世人我将以身作则用孔子的标准来当一个合格的皇帝。

那李隆基能否做到呢？

接下来的一场宴会给出了答案。

返京途中，李隆基在宋州大宴群臣，宋州刺史寇泚（cǐ）有幸出席宴会。酒过三巡，菜过五味，李隆基说话了："朕曾经多次派使臣考察地方官，对于考察结果一直没办法核实，此次借封禅之机顺便到几个州溜达了一圈，发现那些使臣工作不到位，考察结果跟真实情况有很大出入。此次封禅，怀州刺史王丘只送给朕一些猪马牛羊，再就没送其他任何东西；魏州刺史崔沔送给朕的帷帐都是粗布织成，没有任何锦绣制品，他们这是在告诉朕——一切从俭。更夸张的是济州刺史裴耀卿，他不但不送朕东西，反倒送给朕几百个字，这几百个字没有一个字歌功颂德，字字都是劝谏，最后还说'如果封禅活动影响到老百姓正常生产生活，那就太失败了，还有何脸面向上天汇报工作！'朕已将这句话牢牢记在心中，并且用来告诫群臣。"

说完之后，李隆基转身对身边大臣们说："这三位大臣才是真正的国家栋梁，他们以百姓为根本，不会靠牺牲百姓利益来讨好朕，这才是真正的爱国忠君之臣。"

李隆基发完感慨，举起酒杯亲自给寇泚赐酒，说道："朕亲自为你赐酒有两点原因，第一，最近你提供的酒菜都不够丰盛，跟刚才那几位一样值得表扬；第二，朕身边的人多次向朕抱怨你提供的酒菜不够丰盛，说明你没有贿赂他们为你说好话。就凭这两点朕得赐你这杯酒。"

皇帝的私心

公元 725 年 12 月，李隆基回到东都洛阳。

封禅活动异常圆满，大家十分高兴，不过要说最高兴的还是王毛仲，因为他要嫁闺女，皇帝还特意安排了大臣为他捧场。

前文中提到过王毛仲参与过李隆基的一些重要活动，另外，这君臣二人可谓渊源甚深。

王毛仲本来是高句丽人，在他还是个孩子的时候，他爹犯法全家都被抓到官府当奴仆，赶巧就成了当时临淄王李隆基的奴仆。李隆基当王爷那阵政局混乱，他这么个有理想有抱负的皇子当然会有自己的想法，为能让想法成为事实必须得有实力，因此，暗中结识各路牛人。

史料对王毛仲的记载中有这样几个词——性识明悟、骁勇善骑射、严察有干力。也就是说这是个有智谋、有武功的文武全才，李隆基非常赏识他，让他做自己的贴身保镖。

在李隆基发动的两次政变中，王毛仲都立有大功，等到天下太平的时候，拉弓射箭这样的粗活不太多了，王毛仲放下大刀长矛搞起经营管理。他管理皇家禁苑每年都能赚不少银子，除此之外饲养员的工作做得更是出色，李隆基刚当皇帝的时候大概有二十四万匹官马，王毛仲当了几年饲养员，官马数量暴增到四十三万匹之多。

【第五章】 开元盛世

李隆基赏识王毛仲的才能，对他也是极其宠爱，给他令无数重臣可望而不可即的荣誉——开府仪同三司，即便是宰相也只有姚崇和宋璟才能享此等头衔。

此时的王毛仲正是如日中天，朝中大臣都竭尽所能地巴结他，就连杨思勖、高力士这样得宠的太监都要在他面前点头哈腰。

此等身份地位的王毛仲嫁闺女肯定是件轰动至极的事情，李隆基知道他不缺钱、不缺势，婚礼肯定能搞得热热闹闹，不过还是十分热心地询问有啥需要帮忙的。

王毛仲想了想还确实有个忙要请皇帝来帮，也没客气便直接说道："婚事已经万事俱备，只是想请的客人请不到。"

李隆基听完之后先是一愣，然后稍一琢磨就明白了，先一愣是因为他想不明白，这世界上还有王毛仲请不到的客人吗？稍一琢磨便想明白那个请不到的客人是谁，于是答道："你放心吧，朕一定让宋璟去给你捧场。"

有皇帝这句话，王毛仲心中一块大石头落了地，乐颠颠地回家去了。

王毛仲明白，自己看起来有身份、有地位，但在宋璟面前不过是不入流的土鳖，人家宋璟那才是真的有身份、有地位，没皇帝帮忙宋璟一定不会来，现在不管他是奉旨还是心甘情愿，总之要是到场就能让喜宴提升个档次，以后说起来"我嫁闺女宋璟来喝喜酒"那是多么自豪啊！

宋璟为何看不起王毛仲？

并不是因为王毛仲是高句丽人，也不是因为他出身低微，而是因为"毛仲小人，宠过则生奸"。这话是吏部侍郎齐澣说的，齐澣能看透王毛仲的本质，宋璟必然也能，他人老，但眼不花，看人实在准得不能再准。

第二天，李隆基对宰相们说："朕的奴才嫁闺女，你们都去捧个场吧。"

正午时分，酒席宴已经摆开，那丰盛程度实在是文字难以描述的，只要是好吃的不管人们想到的和想不到的在桌上都能看见，即便朝廷大员也不是随随便便就能吃到这么好的东西，面对山珍海味大家都不敢动筷子，因为宋璟还没来。

大家咽着口水，等着宋璟，伸长着脖子往外看，左看也不来，右看也不来，直到饭菜快要凉透的时候，老宋不急不忙地迈着方步进来了。

老宋也不客气端起酒杯就开始敬酒，不过敬的不是王毛仲，也不是在场的文武百官，而是朝着皇宫方向拜谢君命，拜完之后举杯开喝，刚喝一口，便捂着肚子叫疼。

（《资治通鉴》记载：既而日中，众客未敢举箸，待，久之，璟至，先执酒西向拜谢，饮不尽，遽称腹痛而归。）

当然，老王家的喜酒肯定干干净净，没有任何质量问题，在场的每个人都能看出来——这是演戏！而且不禁发出这样的感慨——多么拙劣的演技啊！

但老宋就是要这样做，摆明让你们知道我来这喝喜酒是给皇帝面子，不喜欢你王毛仲，走个过场就撤了，甚至都懒得花心思找个看起来不错的借口。

宋璟没有违抗皇命，也坚持了自己刚直的做人原则，同为宰相，张说跟他比就差远了。

就才能来说，张说当宰相完全没问题，但他私心重，排挤他人，贪财，还不懂得尊重人，赶上自己不高兴就随意教训别人，甚至粗俗地谩骂。

封禅泰山结束之后，大家对他更加不满，一群重量级大臣联合起来给李隆基上书弹劾张说。

这群大臣的代表是崔隐甫、宇文融和李林甫。

这下张说可栽了大跟头，崔隐甫、宇文融都是心狠手辣的官场老油条，那个李林甫就更不用说了，司马光在《资治通鉴》中这样写道："世谓李林甫'口有蜜，腹有剑'。"被这几个人合伙算计张说能不栽跟头嘛！

想要扳倒一位宰相并不容易，但这几个人合起伙来就容易了，他们弹劾张说的罪名如下：私自请术士观天象测吉凶，结党营私，收受贿赂，生活奢靡。

这几条罪名都够狠的，第一条和第二条是皇帝最忌讳的，一般有不臣之心的人才会术士给自己算算是否有当皇帝的命，并且暗地拉帮结派积蓄力量，至于第三条和第四条正是李隆基所反感的，他本身是位勤俭的皇帝，最看不惯别人乱花钱，天下还有那么多老百姓吃不饱饭呢，

179

哪有闲钱让你们这些当官的挥霍。

四条罪名摆在李隆基面前，他二话不说便将张说送到刑部，令宰相源乾曜、刑部尚书韦抗和崔隐甫等人共同审理此案。

此前因为封禅泰山的事情源乾曜和张说已经闹了矛盾，崔隐甫和张说一直不和，韦抗为官清廉、从不徇私枉法。这几个人主审张说，案情很快便有了眉目，除被指控的那四条之外，还有很多违法乱纪行为。

眼看张说就要人头落地，这时李隆基又有点下不去手，特意派高力士去监狱看看什么情况。

高力士跟张说关系不错，他回来之后跟李隆基说："张说好可怜啊，蓬头垢面睡在草堆里，用破烂瓦盆吃饭，精神状态也不好，实在难以想象这人曾经是我大唐宰相啊！"高力士知道李隆基心软，所以才这样说的，果然，这几句话奏了效，李隆基思前想后决定放张说一条生路，仅仅免去其中书令职务，其他一切照旧。

接下来的一段时间里，崔隐甫、宇文融等人和张说直接的斗争更加频繁而激烈，最终，李隆基实在忍不下去，命令张说辞官回家，同时免了崔隐甫的官职，把宇文融也调离京城到外地去当刺史。

通过李隆基对王毛仲和张说的态度能看出来他的一个大问题——个人感情太重，这就使得一个皇帝无法做到公正无私，用人之时没有充分考虑德才兼备，从长远来看，必然留下祸患。

糟糠之妻

李隆基跟大臣之间的关系有时处理得不太理想，他跟后宫之中的皇后、妃子之间也存在很大问题。

后宫之中皇后最大，这把宝座也是后宫女人们的终极目标，李隆基当上皇帝之后将原来的太子妃王氏封为王皇后，二人既是生活上的伴侣，也是事业上的伙伴。

李隆基当临淄王之时，王仁皎将聪明伶俐、知书达理的女儿嫁给了他，二人婚后生活十分融洽，李隆基妻嫔妃成群，但王氏地位从未动摇。这跟王氏自身有关，也跟她的家族有关，其父王仁皎、其兄王守一在李隆基发动的几次政变中均发挥出一定作用，"唐隆政变"之后，李隆基当上太子，王氏成了太子妃，两年之后，李隆基登基，王氏便成了王皇后。

岁月催人老，此时，李隆基已经当了十几年的皇帝，王皇后也已经姿色渐衰，患难夫妻的感情远没有之前深厚。

李隆基跟王皇后感情平淡了，那跟谁的感情深厚呢？

武惠妃！

武惠妃跟武曌是一个家族的，只不过亲戚关系不是很近，武惠妃跟武三思、武延秀代表的那个武氏集团并没有什么勾结，武惠妃也不是什么善良之辈，工于心计，一直惦记着皇后的位置。这让王皇后十分不爽，当面背后与之冲突不断，王皇后并非武惠妃对手，几个回合下来便有些招架不住，弄得李隆基越来越不喜欢她，甚至还有将其废掉的想法。

皇后是一国之母，废立皇后可是大事，为此李隆基找来亲信姜皎商量对策。

令人万万想不到的是，姜皎自我感觉过于良好，以为自己跟皇帝关系够铁做什么事情都不会受到惩罚，竟然一时大意将如此见不得人的事情泄露出去。李隆基震怒，授意宰相张嘉贞搞垮姜皎，毕竟姜皎算是李隆基的贫贱之交，亲自对姜皎下手对自己声誉实在不好。

张嘉贞办事能力很强，弄了一些罪名安在姜皎头上，这个盛极一时的家族便瞬间瓦解，姜皎在流放途中不明不白地见了阎王。

姜皎的死让王皇后寝食难安，老王家的人也都跟着心神大乱，皇后要是倒了，整个家族都得跟着遭殃，为保住王皇后的位置，王守一想出一个从根本上解决问题的办法——生个儿子，再想办法让儿子当上太子，这样一来老王家便可以高枕无忧。

儿子对后宫女人来说太重要了，甚至在某种程度上会决定她们的命运，女人都有年老色衰那天，到时皇帝再不会宠幸于她，更可怕的是等到皇帝驾崩之后，如果没个儿子就没人给撑腰，如此重要的东西王皇后竟然没有，为能生个儿子，王守一不惜铤而走险，采用宫中大忌的方法——符咒术。

王守一让一个叫明悟的和尚为王皇后祭祀北斗七星和南斗六星，剖开霹雳木，在上面写下"天""地"二字和李隆基的姓名，然后将两

片霹雳木合在一起，这样便打造好一个求子"神器"，王皇后整天带着这件"神器"，可惜的是"神器"并未给王皇后带来儿子，反倒带来致命祸患。

宫中向来十分忌讳人们搞这种超自然的活动，当然皇帝除外，搞这样的活动相当于跟"天"沟通，要么是窥探天机，要么是跟"天"合起伙来作弊，这都是皇帝所无法容忍的。王皇后能否怀孕和生儿子只能跟李隆基有关系，不能跟其他因素扯上关系。因此，当这事走漏风声后，李隆基震怒，王皇后被贬为普通百姓，王守一被赐死，就连跟王守一关系过于密切的张嘉贞也吃了挂落儿，被贬到地方当刺史。

皇后宝座终于空了下来，武惠妃想当皇后，李隆基也想让她当皇后，但诸位大臣纷纷表示反对，武惠妃是武三思的远房亲戚，武家跟李家有不共戴天之仇，怎么可以让武惠妃当皇后呢！

张说想借册立皇后的机会再立一功好重返宰相行列，但他已经没有这个实力了，仅有张说这么一个小团队支持远远不够，最终李隆基未让大家失望，武惠妃只能看着皇后宝座流口水。

贫贱之交

俗话说：糟糠之妻不下堂，贫贱之交不可忘。

有些人可能会认为王皇后算不上糟糠吧，就算李隆基当不上皇帝也是王爷，她也是个王妃啊。事物都是相对的，相对于老百姓来说王爷的媳妇不能是糟糠，王爷的朋友也不能是贫贱之交，如果相对于皇帝来说，一个落魄的王爷实在算不上什么，那时候的媳妇就是糟糠之妻，那时候的朋友也是贫贱时期结交的。

李隆基当上皇帝之后对贫贱之交一直很够意思，对他们采取的政策也一直比较合理，但人是会变的，尤其是当上皇帝的人更是会变，前段时间刚刚因为王皇后的事情处理完姜皎，接下来的王毛仲也快出事了，不过他出事之前确实相当风光。

最近，开府仪同三司的王毛仲又壮大了队伍，他跟龙武将军葛福顺结成亲家，一般的将军跟葛福顺可没法比，葛将军掌管的是禁军，那可是负责皇宫保卫的主力部队，几乎每次宫廷政变都离不开禁军。现如今王和葛联起手来，难免让人想入非非。

吏部侍郎齐澣找机会提醒李隆基不得不考虑一下王毛仲跟葛福顺的事情，李隆基并未当场表态，这让齐澣心里十分不踏实，如若走漏消息必然会被王、葛弄死，于是，他对李隆基说道："这事关系到臣的身家性命，希望陛下能为臣保守秘密。"

齐澣这样说摆明就是信不过皇帝，还好李隆基大度，答应替他保守秘密。

这个齐澣实在有些缺心眼，他让皇帝保密，自己嘴却不严，跟好友麻察把跟李隆基的对话一字不漏地都说了，齐澣眼拙，没看出麻察是什么货色，这厮生性阴险狡诈，转身就把这消息传遍京城，并且很快传进李隆基的耳朵，李隆基气得暴跳如雷，立刻把齐澣给拎了过来，大骂一通之后将他和麻察连降数级贬到小县城去当官。

处理了齐澣，王毛仲的问题并未解决，李隆基宅心仁厚想让当初跟自己一起的奴才享享福，这奴才却是个小人，而且是那种得势便猖狂的小人，王毛仲飞得太高想要下来实在困难，高高在上的人很难看清形势，只想着继续向上飞，根本不想着怎样下来。

此时的王毛仲简直就是目空一切，不把任何人放在眼里，甚至包括杨思勖和高力士这样的大太监。

杨思勖心狠手辣，经常带兵打仗，南征北战，杀过的人简直像天上的星星一样多。

高力士虽有贤宦之称，但也绝不是好欺负的主儿，后世之所以称其为贤宦，是因为他为国为民做过些善事，同时又能一心一意辅佐李隆基，但他对别人可就没那么客气了，尤其是欺负他的人。

王毛仲的嚣张气焰愈烧愈烈，终于把两位太监给烧怒了，杨思勖不好直接拔刀砍人，但高力士天天待在李隆基身边，机会总是少不了的。

终于，机会来了。

公元 730 年，王毛仲喜得贵子，李隆基派高力士送去好酒好肉、绫罗绸缎、金银珠宝以示祝贺，除了这些礼物之外，还有一般人不敢想象的赏赐——授予这个刚刚出生几天的孩子五品官！

高力士送完礼物回来交差，李隆基问他："王毛仲高兴吗？"

"高兴是高兴，但好像不是特别高兴。"高力士的回答似有所指。

"这是为何？"

"他抱着儿子给我看，还对我说：'为啥我的儿子就当不了三品官呢？'"高力士犹犹豫豫地答道。

"好大的胆子，朕忍他已经很久了，当初铲除韦氏集团的时候，他缩手缩脚不肯全力帮朕，朕也没跟他计较，这些年他干的那些烂事朕都睁一只眼闭一只眼，就因为他曾经是朕的奴才，现在越来越无法无天，竟然因为刚刚出生的儿子而埋怨朕。"李隆基越说越生气。

高力士当然不会放过这样的大好机会，在旁边继续煽风点火，说道："他现在权力确实太大，勾结了很多重要岗位的官员，像禁军什么的，陛下若不早点动手，不一定闹出什么乱子来。"

李隆基想了想，决定把这奴才给办了。

公元731年正月，李隆基把葛福顺等人贬到边远地区当别驾，别驾就是副刺史，曾经的朝廷大员被贬到外地都当不上刺史，可见李隆基是不想让他们再翻身。至于对王毛仲的处理更是果断，开始说是贬到外地，没过几天再下一道命令——赐死！恐怕这位红极一时的开府仪同三司怎么也想不到自己竟然会是这样的结局吧。

《周易》说"亢龙有悔"，意思就是说飞得太高容易失败而后悔，万事万物皆是如此，物极必反。

跟王毛仲相比高力士实在太英明了，高力士越来越受到李隆基的宠信，甚至到了他不在身边皇帝就睡不香的程度，除了在生活方面如此之外，工作上高力士的作用也是越来越大，各地上报的文件都要先经过他的手，小事直接拍板，大事才上报皇帝。

各位大臣争相跟高力士拉关系，这些人中最成功的要数金吾大将军程伯献（程咬金的孙子）和少府监冯少正，二人跟高力士拜了把子，结为异姓兄弟。高力士老母去世的时候，那两位异姓兄弟也去哭丧，悲痛欲绝的哭声传遍大街小巷，比死亲妈还伤心。

另外，高力士虽然身为太监，也娶了媳妇，其实，人就是这样——缺什么吆喝什么！明明是真真正正的太监，就是要娶个媳妇证明自己也是男人，有幸跟高力士结亲的吕家苦了一个闺女，换来了满门鸡犬升天，升官的升官，发财的发财。

跟高力士有关系的这些人都很张扬，但高力士一直很低调，而且祸国殃民的事情从不染指，因此，他这一生都没有什么大的灾难。

不靠谱的宰相

此时的唐朝正处于极盛时期，但李隆基的用人策略以及用人制度都出现比较大的问题，从宰相来看，除了像宋璟等几个优秀的除外，张说、张嘉贞、源乾曜、李元纮、杜暹（xiān）等人都不是德才兼备的。源乾曜为官清廉，但没有担当，总怕承担责任，有点困难都会推到张说等人身上；李元纮和杜暹俩人经常闹矛盾，还把这矛盾带到工作中。李隆基对他们很不满意，该降级的都降了级，有降就得有升，但新升上来的也不理想，简直就是一群不靠谱的宰相。

裴光庭担任中书侍郎，兼任吏部尚书，虽说他在封禅泰山之前给皇帝出了个"请君当人质"的好主意，但当上吏部尚书之后却出了昏招——官员升职靠年限。也就是说官员们不需要努力工作，到年头自然升职加俸，跟能力、业绩完全不挂钩，那些资质平庸、好吃懒做的官员把裴尚书的方法称赞为"圣书"，对于那些把全身心都投入工作中的人来说无疑是一盆冷水。宋璟为此多次跟裴光庭争论此事，但这是吏部的工作，最终还得裴尚书说了算。

裴光庭是出了昏招，不过跟黄门侍郎宇文融比起来还算好的。

宇文融做的事情有对社会有利的，也有有害的，他在促进农业生产方面做了大量工作，也取得显著成效，但他对社会造成的危害也决不能忽视，此人擅长敛财和理财，还办了个培训班组织很多官员一起学习，这些官员出师后一起敛财，皇帝的腰包越来越鼓，这直接带来两个问题：

第一个问题，官不应与民争利，官府应该是为百姓服务的，而不是仗着自己垄断地位大肆敛财让小部分人获利。这种敛财的危害十分之大，甚至孔子认为："宁有盗臣，而无聚敛之臣。"就是说宁可有偷盗的大臣，也不要有敛财的大臣。

第二个问题，加速了李隆基的腐败。客观来讲，李隆基生活不断腐化堕落不能全赖宇文融，如果换成李世民当皇帝，或者是李隆基刚当上皇帝那会，朝廷绝容不下宇文融这样的做法，现在天下太平无事，李隆基这皇帝当得越来越舒服，正所谓饱暖思淫欲，在物质极大丰富的皇宫里，李隆基一步步地开始堕落起来，在这种情况下，宇文融又赚来大量钱财，加剧了李隆基奢侈的速度和程度。

宇文融仗着能为皇帝赚钱开始嚣张起来，当上宰相之后更是看谁都不顺眼，尤其是那些受皇帝宠爱的，这几天他又跟信安王李祎（李世民的重孙子）较上了劲，恰好赶上李祎入朝拜见皇帝，宇文融便趁机指使御史弹劾他。

宇文融这人嘴不严，爱自吹自擂，他安排好弹劾工作之后跟身边人显摆自己马上就能扳倒一个军功显赫的王爷，结果身边的人嘴也不严，消息竟然泄露了，并且还让李祎给知道了，李祎当即把这情况跟李隆基进行了汇报。

第二天，那位御史递上奏章的时候，李隆基勃然大怒，奏章情况果然跟李祎所说相差无几。手下人竟然敢串通起来骗自己，并且是拿王爷开刀，盛怒之下，李隆基把宇文融贬到汝州去当刺史。

宇文融仅仅当了百十来天宰相就被赶出京城，更具有讽刺意味的是，他刚刚当上宰相的时候见谁跟谁说："让我这宰相当上几个月，定保天下太平无事！"

然而，宇文融刚走没多久李隆基就开始郁闷起来，跟裴光庭等人抱怨道："你们都说宇文融不好，现在他不能给朕赚钱，朕都没钱花了，你们说怎么办？"

就在裴光庭等人诚惶诚恐的时候，一封匿名信救了他们，信是谁写的没查出来，但内容很丰富，详细揭露出宇文融收受贿赂的事情，李隆基也顾不上自己没钱花的事情，再下贬谪令把宇文融贬为县尉。后来，又有人举报宇文融不但受贿，还贪污，这下李隆基火更大了，最终，宇文融窝窝囊囊地死在被流放的路上。

为君不易

李隆基的大臣也不都是上面那些不靠谱的，也有很多为国为民的，不过这样的大臣经常会给皇帝添堵。但总体上来说李隆基身体内明君的基因大于昏君，虽然被添了堵，也喜欢这样的大臣。

宰相韩休为人刚直不阿，不畏权贵，说话耿直，只要李隆基犯的错误被他发现，必定穷追猛打让李隆基把错误改掉。时间久了，李隆基都有了心理阴影，每次吃喝玩乐、钓鱼打猎或者犯点小错误的时候，都会问手下："这事小韩知道吗？要是不知道的话千万别让他知道啊。"

人生不如意十有八九，往往都是话音刚落，那小子就会出现，声泪俱下地把皇帝数落一顿，直到他低头认错为止。

李隆基身边有这样一个人，自然就不能舒舒服服地享受人生，有一天，他照镜子的时候，旁边小太监说："陛下，您看您瘦的，都快皮包骨了，都是小韩那厮总欺负陛下，只要陛下发话，我就派人把他办了。"

李隆基答道："唉！不行啊，有他这样的大臣在，朕是不容易了，可是这样才能让国家更强大。要说韩休，他就更不容易了，天天冒着掉脑袋的危险，不断地提醒朕要当个好皇帝。现在朕是瘦了，可是天下人肥了。"

李隆基叹了口气，接着说道，"朕身边不是也有几个马屁精吗，说的都是朕爱听的，他们每次汇报完工作，朕都睡不好觉，经常是长夜漫漫，无心睡眠。韩休说话是难听，但他每次批评完朕，朕都能睡个安稳觉。朕活着不能只顾着自己吃喝玩乐，要想着能让全天下的人都能过上好生活，朕让韩休当宰相是为了天下，不是为了自己啊！"

李隆基明白"为君难，为臣不易"的道理，因此能让韩休做宰相，但韩休跟宰相萧嵩之间观点总是不一致，韩休连皇帝都不给留情面，何况是一位宰相，经常当着很多人的面揭萧嵩的短，萧嵩争不过韩休便想提前退休，李隆基并不想让他退休，萧嵩异常诚恳地请求道："承蒙陛下错爱，臣已官至极品，趁着陛下还没讨厌臣的时候，让臣全身而退不是很好嘛。"

李隆基知道萧嵩想要退休是因为受韩休欺负的原因，心中十分不忍，过了一段时间便把萧、韩二人的宰相都罢免了，韩休被降为工部尚

书。还好，新提拔的两位宰相张九龄和裴耀卿都是德才兼备。

　　这次人事调整再次暴露出李隆基心肠软无原则的弊病，作为普通人来说同情弱者自然不可厚非，但作为皇帝做决定的时候应以国家为重，必须抛弃个人情感。

主角：李隆基

配角：杨贵妃、李林甫、张九龄、杨国忠、安禄山、高力士、哥舒翰、李白等

事件：唐玄宗李隆基虽然明白"为君难，为臣不易"的道理，但随着生活水平大幅度提高，勤政为民之心日渐消失，极度安逸奢侈的环境让李隆基迷失自我，跟当年那个英明神武的皇帝判若两人，能有"开元盛世"跟李隆基励精图治是分不开的，如果他不励精图治了，那盛世必然会慢慢消失。

可能有人会问：一个人真的会有这么大的变化吗？

答案是肯定的！

一个人发生重大变化跟外部环境有很大关系，看看盛唐社会确实有让李隆基骄傲的资本。拿人口来说，开元末年人口达到四千八百多万，远高于唐朝初期和武曌统治时期，这么多人粮食够吃吗？李隆基一点儿也不用操这个心，当时的人均粮食占有量约七百斤，大家可能对这个数字没什么概念，我给大家简单做个对比，"七百斤"这个数字在后来的一千多年中从未被达到过，直至20世纪80年代，我国的人均粮食占有量才突破这个数。李隆基一骄傲便觉得自己不需要好好工作了，不好好工作那都干什么呢？简单概括一下就是在华清宫泡着温泉，欣赏着歌舞，思考着如何长生不老。

"开元"变"天宝"

人生苦短！——这是李隆基目前最大的感慨，皇帝当得太舒服，可惜只能当几十年，最终仍然逃不脱"驾崩"的结局，要是能改变这个结局该多好啊！

为改变这个结局，一直英明神武的李隆基终于走上古往今来诸位平庸和昏庸皇帝的老路——寻访仙人，炼丹制药，以求长生不老。

公元734年2月（《新唐书》和《旧唐书》记载为公元733年，《资治通鉴》记载为734年），李隆基有幸与一位神仙相约，并且这还是一位极具影响力的神仙，直至今日仍被世人称道，他与铁拐李、汉钟离、蓝采和、何仙姑、吕洞宾、韩湘子、曹国舅共称为八仙，他就是张果老——倒骑毛驴，日行万里。

活生生的张果老叫张果，号称给尧帝当过侍中，尧帝距离唐朝大概有三千年的时间，那张果至少就有三千多岁，李隆基也想活个几千岁，便想请张果帮帮忙。

张果在当时名声极大，武曌当皇帝的时候多次请他进宫，张果并未给女皇帝面子，此次不知为何竟然给了李隆基面子，跟随中书舍人徐峤来到洛阳面见皇帝。

张果能否让人长寿我们并不知道，但我们能够推断出他必定十分健谈，因为李隆基与他长谈之后十分高兴，封其为银青光禄大夫，赐号通玄先生。根据野史记载，李隆基甚至想把自己那个一心向道的女儿——玉真公主——嫁给张果，张果在谈笑间把这门亲事给拒绝了。

李隆基非常赏识张果，但皇宫这种世俗之地并不是世外高人的居所，不久，张果便跟李隆基辞行，再入深山。

过了一段时间，李隆基又想跟张果聊聊，便派人寻访，当时，张果巡游至邢州（今河北省邢台市），听说皇帝要召见，但他不又想见皇帝，于是采用最干脆的方式——死——来拒召。

神仙也会死？

包括李隆基在内的大家都比较诧异，好在张果的弟子比较孝顺，看着大家的白眼，顶着极大的压力把师父的尸体下葬了。

张果被埋，大家对神仙的好奇心仍然不减，有好事者将坟挖开，想研究一下神仙的尸体。当棺材被打开的时候，大家都惊呆了！棺材之中空无一物，尸体不翼而飞。

一传十，十传百，这个消息很快传到李隆基耳中，李隆基一看这神仙真够神的啊！于是，下诏改五峰山（张果隐居之地）为仙翁山，又在仙翁山上修一座栖霞观用来祭祀张果。（现如今，仙翁山改名为张果老山，山中有一块唐朝时期的古碑，碑文记载了上面的故事，关于这段故事在《邢台县志》中也有明确记载。）

大量事实证明，李隆基确实由当年那个正经的皇帝变得不那么正经了，当年他很鄙视炒作祥瑞的行为，现在却十分热衷于祥瑞。

公元742年，陈王府参军田同秀迎合皇帝心意，对他说道："恭喜陛下，贺喜陛下，臣刚才见到了陛下的老祖宗——玄元皇帝！"（玄元皇帝就是老子李耳。）

"啥情况？细说说。"像大多数人一样，李隆基对自己的老祖宗很感兴趣。

"玄元皇帝飘在半空中，对臣说：'我在尹喜故居藏了灵符。'"说这话的时候，田同秀的脸上丝毫看不出有一点瞎编的迹象。（据说，老子骑青牛出函谷关的时候，关令尹喜热情款待老子，并请他留下宝贵的文字材料——《道德经》。）

李隆基二话不说，当即派人去尹喜故居寻宝，正如大家所预料的那样，几经周折，灵符必然会被寻到，只不过是老子放的还是别人放的就无法得知了，李隆基并没有去想到底是谁放的，这个结果令其满意即可。

由于天降宝物，群臣上表道贺，请求在皇帝尊号中增加"天宝"二字，李隆基欣然接受，同时，用了二十九年的年号"开元"更改为"天宝"。

几年之后，有人再次说见到玄元皇帝，并且玄元皇帝又藏了灵符，当然，结果必然是李隆基再次派人拿到灵符。

不断地得到各种祥瑞，让李隆基这皇帝当得越来越开心，自然就

想多当些年，便把更多的心思放在长生不老上。

公元 745 年正月，李隆基对宰相说："朕在宫中修了个祭坛为百姓祈福，没想到祈福的道具竟然飞升上天，并且空中还有神仙说：'圣——寿——延——长——'"。

宰相们看皇帝兴致极高，也不好意思打断，继续听他在那讲述传奇经历。

李隆基看宰相听得津津有味，继续说道："朕在嵩山炼成仙丹，放在祭坛之上，晚上派人去拿，结果半空中有神仙说，'仙丹未成，本尊正在此看护！'等到早上的时候，朕才再次派人取了仙丹。"

这事是真是假我们不好妄下断言，但事实证明李隆基并未活到今天。

唐衰的伏笔

信些超自然的东西对大唐造成的直接危害并不会太明显，但信小人的花言巧语，那情况就大不同了，在这些小人中，最突出的是李林甫。

李林甫也不是外人，标准的皇室宗亲，他太爷爷长平王李叔良是高祖李渊的叔伯兄弟，这么算来李林甫比李隆基还长一辈。身为长辈的李林甫对晚辈确实不够厚道，不但不帮侄子好好治理大唐，反倒把大唐搞得一团糟。

《论语》里面有这样一句话，用来形容李林甫再恰当不过——巧言令色，鲜矣仁。意思就是巧言令色之徒大多不是什么好东西。在当时人们对李林甫的评价是"口有蜜，腹有剑"，"口蜜腹剑"这个成语也就是这样来的。

李林甫没什么才学，做事却很有一套，他知道要取悦李隆基不一定非得从他本人下手，从身边人下手效果更好，李隆基身边什么人最红？太监和妃子！

经过一番努力，李林甫跟李隆基身边的大小太监关系搞得极好，另外跟最得宠的妃子武惠妃关系搞得更好。这样一来，皇帝的一举一动、喜怒哀乐李林甫都了如指掌，再加上他本来就擅长察言观色，因此，每次跟李隆基汇报工作都能取得十分理想的效果。

公元734年，李林甫距离权力巅峰只有一步之遥，做的是宰相的工作，只不过还没有宰相的职位。

如此强大的大唐王朝能够由盛转衰也并非易事，仅仅一个李林甫远远不够，再说了，哪个昏庸皇帝身边就一只恶犬？

在诸多恶犬中，大家最熟悉的恐怕莫过于安禄山，要说安禄山之前不得不说另外一个人——张守珪。

张守珪有勇有谋，两军阵前经常见他一马当先带头冲锋，指挥过程更是机智而沉稳，由这样的将军带兵打仗，他的敌人可就惨了。公元734年夏，张守珪大破契丹，同年冬，斩杀契丹王李屈烈和可突于（《资治通鉴》等一些史料记载为可突干），将他们的脑袋送回都城。

李隆基一激动就想封张守珪为宰相，张九龄把激动的李隆基给拉住了，让他谨慎点，宰相责任重大，不能因为有功就封相，再说了，这破了契丹就封相的话，那把突厥、奚、吐蕃都灭了岂不是再无官可封，李隆基一想，张九龄说得也对，便没封张守珪为相，但赏赐无比丰厚。

公元736年，张守珪派安禄山讨伐奚和契丹余党，安禄山看张守珪打仗很容易，以为自己也没问题，轻敌冒进被打得丢盔弃甲，连滚带爬地跑了回来。

本来是件能立功的差事结果给搞砸了，并且还要掉脑袋。

张守珪这边把刀都举起来了，眼瞅着唐朝历史将会发生极大变化，但关键时刻，安禄山的一句话让唐朝的历史变成现在这个样子。

"大夫不欲灭奚、契丹邪！奈何杀禄山！"

很多人会觉得这句话似曾相识，好像在哪儿见过。

没错，当初韩信要被砍的时候大吼道："上不欲就天下乎？何为斩壮士？"李靖要被砍的时候也吼道："公起义兵，本为天下除暴乱，不欲就大事，而以私怨斩壮士乎！"

这招屡试不爽啊，通过这一喊能看出来，安禄山还是有些水平的，虽然赶不上韩信、李靖，但比一般人肯定是强得多，一般人被砍头要么

193

饱暖思淫欲

跪地求饶，要么暴跳骂娘，要么撕心裂肺地喊冤枉，能在这个时刻保持冷静，并且展示出自己有价值的人不会太多，安禄山恰好就是这样的人，关键时刻能救自己的也只有自己，正是因为自己有价值，人家才会留你一条性命。

安禄山喊完这一嗓子，张守珪有点舍不得杀了，将其送到京城请皇帝发落。安禄山死里逃生终于可以缓口气，刚到京城，他这口气又上不来了。

张九龄负责审理此案，他的批示很简单："杀！当初孙武为正军规连君王的嫔妃都能杀，现如今张守珪若是严守军令，那安禄山必须得死！"

李隆基也有点舍不得杀安禄山，虽然他这次吃了败仗，但之前立过不少功，大唐周边战事不断，总得养些能打的将领啊。

张九龄一看这可不行，因为他会相面，看安禄山的面相便知此人绝非忠义之士，甚至可能会谋反。

（《资治通鉴》记载，九龄固争曰："禄山失律丧师，于法不可不诛。且臣观其貌有反相，不杀必为后患。"）

最终，张九龄没争过皇帝。安禄山保住脑袋，丢了官职，仍然归张守珪管，继续带兵打仗。

经过这次大起大落，安禄山开始学聪明了，作战更加骁勇，但也更加谨慎，几年下来军功颇丰，再加上他外表看起来憨厚老实，实际狡猾无比，擅长揣测别人心思，把张守珪哄得很高兴，被张收为干儿子。

有了张守珪这么个大靠山之后，这位"外若痴直，内实狡黠"的混血胡人终于走出自己辉煌人生路的第一步。

跟安禄山搭档的一个人是他老乡，叫史崒（cuì）干，此人长相平庸，属于那种放到人堆里挑不出来的，但相当聪明，精通多国语言，跟安禄山一样，他也十分讨皇帝喜欢，甚至皇帝还亲自赐名——史思明！

后来，正是安禄山和史思明将大唐江山搞了个天翻地覆，不过此时的二人还是大唐的忠臣，这里也只能暂且埋下伏笔。

说到伏笔，这里还得再埋一个。

公元 735 年，李隆基特别高兴，因为他为自己最喜欢的武惠妃的儿子寿王李瑁娶了媳妇。

这儿媳妇是杨玄琰的闺女，小名玉环。

杨玉环这个名字在《新唐书》、《旧唐书》以及《资治通鉴》中均无记载，在《明皇杂录》中第一次说到"杨贵妃小字玉环"，从此之后，这个名字便家喻户晓。

另外，杨玉环还有几个亲姐姐和亲哥哥，除了亲哥哥之外还有一个远房哥哥叫杨钊。

（伏笔埋完，书归正传。）

挥剑斩子

公元 736 年 10 月，李隆基带领群臣从都城长安来到东都洛阳，但刚睡了一觉就商量着要回长安。

群臣均感到纳闷，按照惯例应该是在这住几个月，第二年二月再回去的啊。

原来，昨夜宫中闹鬼了，至于闹鬼的细节无人知晓，大概就是黑暗中有鬼哭狼嚎之声，李隆基信神当然也就信鬼，所以这才着急忙慌准备回长安。群臣住在宫外不知道这情况啊，裴耀卿和张九龄均表示反对，理由是长安那边农民还没收拾完庄稼，我们现在回去会影响到他们。

张九龄等人不知道宫中闹鬼，但有人知道啊，李隆基身边的太监一早就把这事儿跟李林甫说了，大家阻止皇帝回长安的时候他躲在旁边一声不吱，等到别人走后，他对李隆基说："长安和洛阳那是陛下的东西二宫，想住哪儿还不是听陛下的，还需要挑时间啊。臣这就跟相关部门说，让他们立刻准备动身回长安。"

李隆基实在是不想在这多住一个晚上，可他又不好跟大家说宫里闹鬼，如果大家都反对的话，那总得给大家一个理由，现在李林甫出面替他摆平这事，他的心里自然十分欢喜。

数日之后，李隆基的队伍浩浩荡荡回到长安。

刚到长安，张九龄与李隆基又起了冲突。

朔方节度使牛仙客很会过日子，仓库装得满满的，器械储备一应俱全，李隆基正处在大把花钱的阶段，对善于经营管理的大臣很感兴趣，听说牛仙客很厉害，立即派人去核实，核实人员很快将调查结果递到皇帝面前——情况属实！

李隆基一高兴便想提拔牛仙客为尚书。

牛仙客的人品没什么问题，只不过智慧和能力有限，管理些钱粮财物可以，但难以胜任尚书这样的职务。

张九龄能看出牛仙客不适合当尚书，坚决站出来阻止，李隆基也算给张九龄面子，没有加封牛仙客的官，但为鼓励大家帮他敛财，必须得奖励牛仙客啊，于是准备封他个公侯当当。

皇帝做了让步，张九龄仍然不同意，理由是：牛仙客是把仓库装满了，那本来就是他的工作，算不上什么大功，赏些金银财宝也就是了，公侯之名岂能随便给人！

这下李隆基可怒了，大事小事你都跟我对着干，太不把我这天子放在眼里了，再加上李林甫在旁边添油加醋地说："牛仙客多能干啊，本来是当宰相的材料啊，怎么就当不了尚书？张九龄实在不识大体。"

李隆基暴跳如雷，吹胡子瞪眼地跟张九龄吼道："天下事难道都要由你张九龄决定吗？"

这要是一般人被皇帝这么一吼肯定得三魂出窍、七魄离体，张九龄却不卑不亢，深施一礼，答道："陛下不嫌臣愚钝，让臣当宰相，那么臣就得知无不言，言无不尽！"

李隆基一看不可能说服榆木脑袋的张九龄，干脆就不管他了。在李林甫的支持下，牛仙客被封为陇西县公，食实封三百户。

"食实封三百户"在唐朝时期的意思就是，朝廷拨出三百户给你，这三百户的赋税直接揣进你的腰包。想想就不得了，按理说百姓是属于国家的，这样一封就相当于属于个人了，因此，没有极大功劳的人是不应该受此封赏的，这也是张九龄不顾龙颜大怒而极力劝阻的原因。

张九龄没阻止了皇帝滥用职权，还把人给得罪了，其实，这也不是他第一次得罪人，当初李隆基要封李林甫为宰相的时候，张九龄就表示反对，只不过他声望和地位极高，李林甫不敢对他下手，现在李林甫实力越来越强，便开始对张九龄不断展开攻击。

很快，李林甫找到突破口——太子废立问题。

李隆基当临淄王的时候对赵丽妃、皇甫德仪、刘才人十分宠爱，后来立赵丽妃的儿子李瑛为太子，封皇甫德仪的儿子李瑶为鄂王，封刘才人的儿子李琚为光王。等到武惠妃得宠之后，赵、皇甫和刘都引不起李隆基的兴趣，武惠妃的儿子李瑁也因为母亲的缘故而格外招老爹喜欢。李瑛、李瑶和李琚这哥仨十分郁闷，难免发些牢骚，这便被武惠妃抓住机会，哭哭啼啼跑到李隆基面前诉苦："陛下啊，得为臣妾做主啊，太子跟另外几个皇子天天研究着怎样弄死我母子二人，我们娘俩的命好苦啊，呜呜呜……"

此刻的李隆基在武惠妃面前完全丧失用大脑思考问题的能力，也不管情况是否属实，招来宰相商讨废掉太子之事。

张九龄第一个表示反对，把古往今来废掉太子带来不良后果的例子举了个遍。

李隆基本想让宰相支持自己，没想到不但不支持，反倒跟自己对着干，心中十分不高兴。

事后，李林甫对李隆基身边的贴身太监说："废立太子乃是皇帝的家事，没必要问外人的意见嘛！"

正如李林甫所预料的那样，这话转眼之间就传进李隆基的耳朵，李隆基表示很欣慰，知道还是有宰相支持自己的，愈加坚定了废除太子哄武惠妃开心的决心。

公元737年，驸马都尉杨洄诬告李瑛、李瑶和李琚与太子妃的哥哥薛锈阴谋造反。

大家都明白，这不过是个借口而已，诸位怕事的大臣基本保持沉默，张九龄等人表示这事疑点太多，需要做详细调查，同为宰相的李林甫却说："这是陛下家事，臣等不敢乱掺和。"

数日之后，李隆基下诏废太子李瑛、鄂王李瑶、光王李琚为普通

百姓，流放薛锈，不久，再次下诏赐死四人。这几个都是有骨气的硬汉子，至死未肯认罪，让这次斩子行动无法披上合理合法的外衣。

獐头鼠目

朝廷之中不合理、不合法的事情越来越多，连"腊""猎"二字分不清的人都能当上侍郎，当然这跟"弄獐宰相"绝对是密不可分的。

如果问李林甫最痛恨的一个词是什么，我想可能就是"弄獐宰相"了。当初李林甫的亲戚喜得贵子，他一高兴便亲手写下"'闻有弄獐之庆'"几个字送了过去，大家看到之后十分尴尬，想笑吧，怕李林甫报复，不笑吧，憋着实在难受。

根据我国传统，生男孩称为弄璋，出处是《诗经》中的这样一句话："乃生男子，载寝之床，载衣之裳，载弄之璋。"璋是玉器，这句话的意思是祝那个男孩将来能够成为王侯将相，手持圭璧。

这个"獐"跟那个"璋"的意思可就大不同了，这个"獐"是野兽，跟它相关的词大多不好听，例如、獐头鼠目、兔头獐脑等。

正所谓物以类聚，人以群分，跟"弄獐宰相"搭配的必然是"伏猎侍郎"。

萧炅是在李林甫的推荐下当上户部侍郎的，有一次萧炅跟严挺之一起工作，萧炅拿着《礼记》读道："蒸尝伏猎。"其实应该是"蒸尝伏腊。"严挺之以为萧炅一时大意读错了，让他再读一次，萧炅依然恬不知耻地读成"蒸尝伏猎"。（"伏腊"是古代祭祀的名称。"伏"在夏季伏日，"腊"在农历十二月。）

读书人最不喜欢跟萧炅这样不学无术、靠阿谀奉承谋求职位的人在一起，严挺之对张九龄说："朝廷之中岂能有'伏猎侍郎'！传出去多丢人啊！"萧炅因此被降为岐州刺史。

李林甫明白大家看不上萧炅同样也看不上自己，便怀恨在心，没过多久便找到机会把严挺之也弄到地方上当刺史，张九龄虽然还在京城做官，但宰相的乌纱已被摘下。

李隆基登基之后，先后有姚崇、张嘉贞、李元纮、杜暹、韩休、张九龄等人当宰相，这些宰相虽然各有各的缺点，但他们优点都很突出，在任期间都是功大于过，张九龄被排挤出宰相之列后，大家明白了当下局势，想要过安稳日子就把嘴闭严实点。

即便大臣们把嘴闭严实了，李林甫仍然觉得不踏实，为能让皇帝彻底丧失"视觉"和"听觉"，他对谏官说："古往今来从没有像当今圣上这样圣明的皇帝，诸位大臣只管好好听皇帝的话即可，别想着提什么建议，否则定会追悔莫及！"

大多数的大臣是把嘴闭上了，但仍然有人肯于为朝廷铤而走险。监察御史周子谅实在无法容忍像牛仙客这样的庸才担任重要职务，因此弹劾他，李隆基这个昏君在朝堂之上暴打周子谅，然后流放边疆，可怜忠心耿耿的周子谅客死他乡。李林甫又趁机跟李隆基说周子谅是张九龄推荐的，张九龄也因此再次被贬。

经过这样一次次地折腾，朝廷风气越来越差，歌功颂德的方式也是让人越来越反胃。大理少卿徐峤向皇帝汇报道："如今社会风气实在太好了，今年死刑犯一共五十八个，大理寺监狱的树上竟然落满喜鹊，长期以来由于那里杀气太重，根本没鸟筑巢，现在那的每棵树上都有喜鹊窝。"

百官也都十分懂事，借此机会纷纷上表称贺，李隆基很高兴，认为这都是宰相的功劳，封李林甫为晋国公，牛仙客为豳国公。

不过要说到汇报工作不靠谱这事的话，那安禄山绝对是当仁不让。

公元 743 年春，安禄山入朝，先是无主题地乱拍一通马屁，然后说道："去年营州闹虫灾，臣看在眼里急在心上，当即焚香祷告，'臣若心术不正，对皇帝老人家有半点不忠，就让虫子把我的心当点心吃了，要是臣忠心耿耿，一心一意侍奉皇帝老人家，就让虫子散了吧。'臣的话音刚落立刻便有一大群鸟由北方飞来，转眼之间把虫子吃得精光，请陛下将这事记入史册。"

安禄山手舞足蹈，唾沫横飞，李隆基还真就信了，对这个混血胡人愈加喜欢。再加上李林甫也经常夸他人品好、能力强、对皇帝一心无

二，安禄山的受宠程度让世人咋舌。

李林甫之所以夸安禄山，是因为他觉得安禄山就是个傻瓜二百五，跟牛仙客等人差不多，自己完全可以掌控住，因此才会把他拉到自己队伍中。

第二年，李隆基让原本就是平卢节度使的安禄山兼任范阳节度使，当时唐朝共设置十大节度使职位，其中，范阳节度使领兵最多，现在，安禄山一人身兼两大节度使，他的势力也越做越大。

广运潭大会

朝廷风气差得一塌糊涂，不过并不影响老百姓的生活水平，大唐内部长期安定团结的局面积累了大量财富，老百姓能够吃饱穿暖就不在乎宰相或者侍郎是否有文化，他们该种地种地，该纺纱纺纱，该交的税也一分不少。这便为李隆基能够享受生活提供了可能，但总得有人为他敛财啊，自从宇文融死后，一直没有合适的理财专家，直至杨慎矜的出现。

杨慎矜是隋炀帝杨广的玄孙，也就是杨广的孙子的孙子，俗话说龙生龙凤生凤，老鼠的孩子会打洞，杨慎矜继承了他爷爷的爷爷的敛财能力，带领韦坚、王鉷（hóng）为皇帝赚回来大把大把金银。

韦坚是太子妃的哥哥，前太子李瑛死后，在高力士等人的努力下，忠王李玙（后改名为李亨）被立为太子，忠王妃韦氏被册立为太子妃。太子妃的哥哥韦坚敛财能力极强，李隆基派他管理江淮地区租运，一年下来收获颇丰，李隆基是高兴了，民间却怨声载道，不过老百姓就是这样好欺负，只要有口饭吃就会任由封建统治阶级胡作非为。

收获这么多好东西怎么向皇帝显摆呢？

这显然是个重要问题，皇帝看不见的话岂不是白忙活了，为此韦坚等人在禁苑东边的望春楼下挖了一个大坑，这项挖坑工程足足用掉两年时间，那规模绝对不是一般的大，灌进去水就是一个湖啊。

李隆基登上望春楼，看着下面湖水中数百艘从广运潭驶来的豪华船只心情大好，再看看船中堆放的奇珍异宝、全国各地的特产等，好心情更是更上一层楼。除了物品之外，还有数不尽的盛装美女在船上载歌载舞，舞跳得如同仙女凌波一般，但还是没有歌唱得吸引人，因为这歌很特殊，据说是李隆基所写，歌名曰《得宝歌》：

> 得宝弘农野，弘农得宝耶！
>
> 潭里船车闹，扬州铜器多。
>
> 三郎当殿坐，看唱《得宝歌》。

李隆基排行老三，也就是三郎，他看着满船宝物，听着歌声以及群臣此起彼伏的祝贺声，能不高兴吗？皇帝一高兴群臣都跟着沾光，有功之人加官晋爵，无功之人也享受到丰盛的酒席，这场大宴整整吃了一天。

这就是大唐极度繁盛的缩影——广运潭大会！

皇帝虽然看起来十分高兴，但细心人仍然能感受到他眉宇间那股淡淡的忧伤，了解内情的人知道，前几年武惠妃死后，皇帝再也找不到感情寄托，后宫粉黛三千，没有一个是皇帝的真爱。

想为皇帝分忧解难的小太监们绞尽脑汁用尽各种手段都无法让李隆基抹掉眉宇间的忧伤，看来只能找到"真爱"，不然任何办法都是徒劳的。

妃子笑

当李隆基拒绝掉一个又一个美女之后，大家发现这个真爱很难找，难找也不能不找啊，就在大家一筹莫展的时候，高力士说道："寿王妃杨玉环天生丽质，应该符合陛下口味。"

可是杨氏是李隆基的儿媳妇啊！这样会不会显得皇帝口味太重！

色迷心窍的李隆基已经不在乎大家会怎样说了，在一个月黑风高的夜晚，一辆马车在大队人马护送下悄无声息地离开寿王府。

寿王李瑁跟杨玉环本是天造地设的一对儿，借用后人诗句可以这样形容："一个是阆苑仙葩，一个是美玉无瑕。"但造化弄人，"若说

没奇缘，今生偏又遇着他，若说有奇缘，'如何老爹来抢她'！"

生活经常就是这样让人无奈，无奈归无奈，李瑁得接受这个事实，老爸看中的女人自己是留不住的，还好他能得到不少好处，因此并不是很失落。

当李隆基看到眼前这个二十出头的美少女之时，他知道——终于找到了"真爱"！

身为"四大美人"之一的杨玉环美得勾魂夺魄，白居易在《长恨歌》中这样写道："天生丽质难自弃，一朝选在君王侧。回眸一笑百媚生，六宫粉黛无颜色。"

李隆基看中了杨玉环，但直接封成妃子还是不合适，毕竟大家都知道她是寿王李瑁的媳妇，眼下首要任务是把杨玉环的身份彻底漂白，方法并不复杂，那就是把她送进道观变成一个道姑，再还俗，这样一折腾，杨玉环跟寿王妃就再也没有半点关系。

漂白之后，李隆基可以放开手脚大胆去爱，至于怎么去爱的，可以看看白居易的诗——"后宫佳丽三千人，三千宠爱在一身""春宵苦短日高起，从此君王不早朝"。

很快，杨玉环便有了名正言顺的位置，公元745年8月，被册封为贵妃，虽然不是皇后，实际上却享受着皇后的待遇。

一人得道鸡犬升天。杨玉环当上贵妃后，老杨家立刻发达起来，已经死了十多年的老父亲杨玄琰被追封为兵部尚书，后来又追封为太尉齐国公。死人只能得到荣耀，活人却可以得到实实在在的好处，杨玉环的三位姐姐被招入京城分别被封为韩国夫人、秦国夫人和虢国夫人，这三个姐姐中虢国夫人最漂亮，漂亮到不需要化妆的程度，最喜欢素颜，庸脂俗粉只会掩盖其美丽的容颜，杜甫在《虢国夫人》（也有人说是张祜所写）中这样写道：

虢国夫人承主恩，平明上马入金门。

却嫌脂粉浣颜色，澹扫蛾眉朝至尊。

除了已故的父亲以及三位天生丽质的姐姐外，杨玉环的兄弟们也都混进高官队伍，这些人中混得最好的要数她的远房哥哥杨钊。杨钊是标准的小混混出身，从小不学无术，很会耍小聪明，逢迎附和、见机行事的本领极强，他借助杨贵妃及其三位姐姐的关系走近皇帝身边，并充分展现出他的另外一项过人才能——善于经营管理，绝对是把敛财好手！刚好这个时候的皇帝财政开销极大，因此杨钊越来越红，甚至被皇帝亲自赐名——杨国忠。

李隆基开销极大是有原因的，除了大兴土木建造亭台楼榭之外，宫中开销也是极其夸张，仅是韩国夫人、秦国夫人和虢国夫人每人每月就要拿十万钱的零花，这还不包括日常生活开销，不过跟杨贵妃比起来，三位姐姐实在算是寒酸。

杨贵妃有个贵妃院，为保障这个贵妃院的服装，李隆基专门为其配备七百个织绣工人，至于其他方面，铺张浪费的程度跟服装相比有过之而无不及，给大家举个家喻户晓的例子，大家就能想象出铺张程度。

杜牧有首诗叫《过华清宫》，诗中这样写道：

长安回望绣成堆，山顶千门次第开。

一骑红尘妃子笑，无人知是荔枝来。

这首诗是杜牧经过华清宫时感慨唐玄宗和杨贵妃的荒淫生活所作，大概意思是说，从长安看华清宫和骊山，佳木葱葱，花繁叶茂，如同锦绣般堆叠，同时暗指那些富丽堂皇的宫殿和各式各样的建筑，皇帝和贵妃住在山顶最高处的宫殿中，从山下到山顶的层层大门都依次打开，为的是让那骑着快马的人能够迅速通过，大家并不知道这快马是干什么的，但每当贵妃看到都会露出会心笑容，因为她最喜欢吃的荔枝来了。

有人可能会不相信杜牧，认为他不过是个愤青诗人，胡编乱造些文字诋毁统治阶级，但关于杨贵妃爱吃荔枝并且让人不远千里从岭南运至长安的事情在正史中也有广泛记载，《新唐书》中这样写道："妃嗜荔枝，必欲生致之，乃置骑传送，走数千里，味儿未变，已至京师。"

杨贵妃吃饱荔枝有点骄傲，竟然敢跟皇帝发脾气，刚好赶上皇帝也在气头上，一怒之下派人把杨贵妃送回娘家。

第二天，皇帝气消了，但情绪很低落，连早饭都没吃，等到午饭

【第六章】饱暖思淫欲

时间依然没有胃口，高力士明白怎么回事——想媳妇了，这可真是"一日不见如隔三秋"！

李隆基自己吃不下饭，担心杨贵妃也没饭吃，派人送去御膳。李隆基这一天的日子不好过，杨贵妃同样也很煎熬，她怕就此失宠，以后吃不到荔枝是小，丢掉眼前这荣华富贵甚至是性命可就玩大了，因此明白应该收敛脾气，不能再跟皇帝闹别扭。

在高力士的策划下，当天晚上杨贵妃被接回宫中。

有了这次教训，杨贵妃收敛很多，不过还是有得意忘形的时候，过了几年又跟皇帝闹别扭，再次被送回娘家。

这次李隆基很生气，而且还生了好几天，一直没表示要接贵妃回宫。

这下老杨家人慌了，目前老杨家的荣华富贵怎么来的？还不是靠贵妃得宠吗，若是贵妃失宠，说不定一夜之间就回到从前，甚至还不一定能像从前一样过安稳日子，于是，老杨家的人请大臣吉温当说客劝皇帝原谅贵妃。

吉温水平很高，很快便让李隆基消了气，还派使者去看杨贵妃，贵妃看到使者之后哭得跟个泪人一般，对使者说："臣妾罪该万死，对于皇帝的不杀之恩万分感激，臣妾身边的金银珠宝、奇珍异玩都是皇帝所赏赐，把这些东西送给皇帝根本无法表达心意，身体发肤受之父母，唯有用此才能表达臣妾对皇帝的一片赤诚。"说完之后剪下一缕秀发让使者带给皇帝。

（《资治通鉴》记载，妃对使者涕泣曰："妾罪当死，陛下幸不杀而归之。今当永离掖庭，金玉珍玩，皆陛下所赐，不足为献，惟发者父母所与，敢以荐诚。"乃剪发一缕而献之。）

李隆基看到杨贵妃的一缕青丝之后，再也控制不住情感，他发现自己已深深坠入爱河，杨贵妃不在身边的日子着实痛苦。

李隆基为了减轻痛苦也顾不得矜持，当即派高力士把贵妃接回宫中。夫妻之间打是亲骂是爱，李隆基跟杨贵妃这么一折腾，反倒让他们认清自己，知道自己是多么地离不开对方，接下来的日子可想而知，夫妻生活必然是越来越和谐。

只手遮天

李隆基的日子过得很滋润，越来越喜欢这种"春宵苦短日高起，从此君王不早朝"的生活，身为皇帝，他肩上有很重的担子，那些批阅奏章、官员任命的事情可以委托给大臣做，但有些事情得自己亲自做，例如巡幸。

巡幸是指皇帝到全国各地去视察，督促一下地方官员工作，关心一下当地百姓生活。李隆基早年期间喜欢巡幸，那时候他一心想搞好国家，不怕苦、不怕累，现在的他就喜欢待在京城跟杨贵妃腻在一起。

李林甫文化水平不咋样，在揣摩皇帝意图方面却相当高，他知道皇帝不想到地方去受累，地方的行宫再舒适跟皇宫也没法比啊，为了让皇帝舒舒服服在皇宫享福，他也做了不少工作，有虚的、也有实的，总是让李隆基觉得现在天下太平，老百姓安居乐业，自己也没必要到地方去检查工作，有一次，李隆基对高力士说："朕差不多快十年没出过长安了，国内保持着'喜大普奔'的状态，所以，朕想把工作交给李林甫来做，自己多些时间享享清福。"（喜大普奔即喜闻乐见、大快人心、普天同庆、奔走相告四个成语结合出来的新词。）

高力士这个太监心中还是会考虑到国与民的，他知道皇帝这样做并不合适，于是答道："陛下，天子巡幸乃是自古就有的习惯，存在这么多年自然有他的道理和必要性，另外，大权怎能随便交给旁人！"

高力士刚说完这话就后悔了，因为他发现李隆基不爱听这话，连忙磕头谢罪，从此以后再也不敢过多评价国家政事。

李林甫实力不断增加，看谁不顺眼就把谁整个半死，甚至是整死。整人是智力活也是体力活，弄些鹰犬帮自己忙是十分必要的。

在诸多人才中，李林甫十分看好两个人，一个是吉温，另外一个是罗希奭。

李林甫对于吉温的出身非常满意，这出身绝对是"根邪苗黑"，他的伯父不是别人，正是酷吏吉顼，前文中提到过此人，在他的不懈努力下大家才能扳倒来俊臣，现在他的侄子吉温接了他的班，并且青出于

蓝而胜于蓝，至于吉温怎样使犯人屈打成招的没人知道，只是知道他去审犯人的时候，整座监狱上空都会笼罩着撕心裂肺的喊叫声，然后不管罪状写成什么样子，犯人都会签字画押，事后，有人查看犯人是否遭受严刑逼供，结果找不出一点儿伤痕。

至于罗希奭嘛，能跟吉温组成搭档，并被世人尊称为"罗钳吉网"，可见他的水平绝不在吉温之下。

有了吉温和罗希奭当走狗，李林甫便不再需要自己动手，只管动脑就行，说到动脑，李林甫同样也把同僚玩得团团转。

兵部尚书李适之跟李林甫不和，但李林甫在表面上一直表现出跟他关系很好的样子，甚至还跟他说华山有金矿，开采的话可以给皇帝炼出很多金子。李适之喝酒还行（他与贺知章、李白、张旭、崔宗之等人共称为"饮中八仙"），说起心眼可比李林甫差远了，第二天就跟皇帝汇报华山有金矿应该尽快组织人去开采的事情。

李隆基现在对采金子非常感兴趣，听李适之一汇报，立刻就跟李林甫商量这事儿，结果，李林甫答道："臣早就知道华山有金矿，但华山乃是陛下的根基，是王气所在，开采金矿恐怕动摇根基，泄了王气，所以，臣一直没打华山金矿的主意。"

李隆基一听这个感动啊，看来李林甫实在是太爱自己了，并且事情考虑得十分周到，当即就对大家说："从今以后，你们有什么事先跟李林甫商量一下，然后再跟朕汇报。"

李林甫得到李隆基无比的信任，心里仍不踏实，因为，前几年立太子的时候，李林甫力挺武惠妃的儿子李瑁当太子，后来忠厚老实的李亨当了太子，虽然他忠厚老实，但李林甫仍不放心，万一哪天皇帝有个三长两短，太子接了班，当初的旧账很可能会被翻出来算一算，为了把这可能性降低到零，李林甫一直处心积虑要把太子给换掉。

直接攻击太子绝对不是一个明智的做法，毕竟那是皇帝的亲儿子，对于这一点李林甫很明白，因此，他选择从太子身边的人下手。

经过一番缠斗，太子妃韦氏的哥哥韦坚以及一干大臣被贬出京城，李适之自知不是李林甫对手，要求退居二线，交出宰相大印。

忠厚的李亨被这残酷的政治斗争吓得不知如何是好，诚惶诚恐地要求跟太子妃离婚，还好李隆基没有彻底糊涂，他知道太子忠厚仁义不会做出不忠不孝的事情，因此，李林甫虽然铲除了很多异己，但并未达到废除太子的最终目的。

李林甫不但在朝廷内部实现垄断，甚至整个国家与皇帝之间的联系都被他隔绝了。公元747年，李隆基下诏广纳天下贤良，李林甫怕民间那些不知好歹的家伙进宫之后揭发自己的恶行，便进行暗箱操作，最终一个贤良都没选出来，于是上表称贺，说天下贤良无一遗漏，尽被朝廷所用。

对于这样的无稽之谈，李隆基竟信以为真！

唐朝三绝

说到人才，任何时期都不会真的缺少，只不过由于种种原因，人才不能被充分利用罢了。

在诸多人才中有这样一位饱受争议，甚至直至今日人们仍在争论他是只有文采，而没有治世之才，还是有治世之才而无机会施展？这人就是"诗仙"李白，在这里我并不准备深入讨论李白是否具备治世才能，只是想把关于他的一些正史、野史的故事跟大家分享一下。

李白出生于公元701年，字太白，号青莲居士，从小才学出众，十岁精通"五经"，二十五岁离开家乡仗剑闯江湖。为什么说仗剑闯江湖呢？因为李白剑术极高，据说在当时仅次于"剑圣"裴旻（mín），讲完李白再讲关于裴旻的故事。

李白好剑可以通过他的诗得到印证，据不完全统计，《全唐诗》收录的李白的诗中，"剑"字共出现一百零七次，去掉代表地名的四次，属于武器的"剑"有一百零三次，跟剑一个意思的"铗"出现一次，另外，如"干将""镆铘""吴钩""龙泉"等剑名出现十八次，再把剑名与"剑"重叠的四次去掉（"空余湛卢剑""剑花秋莲光出匣""抽妻镆铘剑""吾家青萍剑"），"剑"共出现一百一十八次。

李白除了诗、剑之外，跟他形影不离的还有酒，而且还能喝出风格，喝出水平，跻身于"饮中八仙"之一，"诗圣"杜甫曾经这样评价过：

李白斗酒诗百篇，长安市上酒家眠。

天子呼来不上船，自称臣是酒中仙。

就这样，李白挎着宝剑，扛着酒缸，口中吟唱着飘逸的诗篇开始行走江湖，这一走就走了十年，在这十年期间，一直没有建功立业的机会，但结识很多高人，例如贺知章、玉真公主，还有深受李隆基赏识的道士吴筠，在诸位高人推荐下，李白终于有机会面见圣上。

李隆基之前读过李白的诗词歌赋，十分仰慕其文采，此刻见到本人更是无比惊叹，李白不但长得超帅，而且气质极佳，包括贺知章在内的很多人都称赞他是"谪仙人"，谪仙人就是天上被贬下凡的神仙。杜甫在诗中是这样称赞李白的：

昔年有狂客，号尔谪仙人。

笔落惊风雨，诗成泣鬼神。

李隆基除了和李白谈论诗词歌赋之外，也讨论一些政治问题，李白行走江湖多年，对民情了如指掌，再加上长期研读经史子集，政治方面的理论知识也相当丰富，说到国家大事对答如流，李隆基一高兴就封李白为供奉翰林。供奉翰林主要为皇帝撰写诗文，起草一些不重要的文书，偶尔也会商讨些政治问题。

李隆基没有让李白担任重要职务的原因可能很多，我猜测最主要的原因应该是两点：第一点，在李隆基看来，有李林甫决断政务足够了；第二点，用人所长，李白的文采太耀眼，以至于其他方面的才能显得格外黯淡，恰好这个时候后宫之中正需要一位作词家，为那些歌女、舞女编写诗词。

从治世的角度来看，李白的职位并不重要，但在李隆基看来，李白的出现让他的生活更加丰富多彩，那些诗词可以为吃喝玩乐锦上添花，不光是诗词写得好，而且写作的过程都能被传为佳话。

有一次，李隆基一时兴起急召李白进宫为乐府填词，但昨天李白喝多了，此刻正在酒馆里呼呼大睡，传令官好不容易找到他，并把他抬进皇宫，进宫之后李白还在睡，大家没办法只好弄桶凉水把他浇醒，李白醒后得知有任务，二话不说大笔一挥就开始写，转眼之间十余篇华丽丽的文字横空出世。

（《旧唐书》记载：白既嗜酒，日与饮徒醉于酒肆。玄宗度曲，欲造乐府新词，亟召白，白已卧于酒肆矣。召入，以水洒面，即令秉笔，顷之成十余章，帝颇嘉之。）

李白这文采彻底让李隆基折服，李隆基对他格外好，赐给他美食，并亲自为他调理汤汁。李白当然感激皇帝，于是留下很多华美诗篇赞美李隆基跟杨贵妃，其中最出名的莫过于三首清平调，据说这三首清平调是这样创作出来的。

大家都知道唐朝人爱木芍药，也就是今天的牡丹花，其重要原因是李隆基爱牡丹。这一年，刚好一园子新品种的牡丹盛开，李隆基和杨贵妃到牡丹园赏花，李龟年带领梨园子弟紧随其后，随时准备为皇帝和贵妃歌舞表演，在李隆基小憩之时，李龟年呈上歌谱，请皇帝点歌，李隆基看了看歌谱，说出这样一句话："赏名花，对妃子，焉用旧乐辞为？"

这下可难住李龟年了，心想："不用旧的用啥呀？你让我现场写新的我也不会啊！"不过李龟年马上想到一个人，肯定现场就能写出新乐辞，这人便是李白。

经过李龟年的提醒，李隆基立刻派人去翰林院让李白写点新辞。

不大的工夫，被派出去的人回来了，手中捧着三首清平调，第一首是这样写的：

　　云想衣裳花想容，春风拂槛露华浓。

　　若非群玉山头见，会向瑶台月下逢。

这第一首的意思是：看到云霞我就会想起你的衣裳，看到花儿我就会想起你的容颜，春风一吹，你就像花儿一样绽放，要不是在王母娘娘的群玉山上看见过你，那就一定是在瑶台曾相逢，总之你肯定是仙女。

第二首是这样写的：

【第六章】饱暖思淫欲

一枝红艳露凝香，云雨巫山枉断肠。

借问汉宫谁得似？可怜飞燕倚新妆。

第二首的意思是：你就如同牡丹花一样丰满艳丽，那位跟楚襄王在巫山云雨的神女跟你一比可就差远了，如果问谁能跟你相媲美，大概也只有那位盛装打扮的赵飞燕吧。

第三首是这样写的：

名花倾国两相欢，长得君王带笑看。

解释春风无限恨，沉香亭北倚阑干。

第三首的意思是：名花牡丹和倾国倾城的杨贵妃互相映衬，融为一体，君王满脸笑意欣赏着美花美人，此刻，沉香亭外花正浓，沉香亭内情亦盛，此情此景到底有何等的感染力呢？那就是，这世间什么样的仇恨都将随风消融。

这三首诗引经据典夸人赞景，瑶池仙女、汉宫飞燕都成了贵妃的陪衬，李隆基和杨贵妃当然喜欢得不得了，杨贵妃当即在琉璃盏中斟满西凉进贡的葡萄美酒，饮完美酒领唱三首新诗。李隆基也跟杨贵妃一样兴致高涨，拿起玉笛亲自伴奏。

李白越来越受君王赏识，但他在朝廷一段时间之后认识到宫廷生活的奢靡、政治的昏暗等，这些都令他心情沮丧，对那些权贵更是十分鄙视。有一次，李隆基让他写文章，他便借着酒劲戏耍权贵，要求高力士为他脱靴子，高力士没办法只好忍气吞声干这脏活累活。高力士可不是好惹的主，他联合杨贵妃共同排挤李白，最后，李白终于离开长安，仰天长叹道："安能摧眉折腰事权贵，使我不得开心颜。"

（《唐才子传》记载：尝大醉，上前草诏，使高力士脱靴，力士耻之，摘其《清平调》中飞燕事，以激怒贵妃，帝每欲与官，妃辄沮之。）

《唐才子传》在正史中地位不够高，这段历史的可信度也会遭到怀疑，但《旧唐书》中也这样记载道："尝沉醉殿上，引足令高力士脱靴，由是斥去。"

当然，即便《旧唐书》也会有一定的水分，李白离开长安的真正原因并不一定是高力士的排挤，或者说高力士只是表面原因，真正原因应该是李白对这个朝廷失望了，他知道自己无法融入其中，自己的理想和报复不可能得到施展，与其窝在这里为权贵服务，还不如浪迹江湖，过自己纵酒放歌的神仙日子。

李隆基虽然舍不得李白，但也无法挽留，最后赏赐大量黄金挥泪告别。

如果说李白的离开还算不上大唐政坛的悲哀，那么开元后期、天宝时期以及"安史之乱"时期那么多像李白一样的文人无法从政，这绝对是极大的政坛悲哀。古代社会的文人必读"经史子集"，"经史子集"中很重要的一部分内容便是治世之道，有人可能会说：文人们只会舞文弄墨，缺少政治历练，不是搞政治的材料。可是谁天生就会搞政治呢？不都是一点一点积累起来的吗？不给他历练的机会，怎么知道他适不适合搞政治呢？比如像张九龄既是大文豪也是大政治家，他不也是从小小校书郎一步步走到宰相岗位上的吗？

开元后期直至再后来，像张九龄一样的文人便再没机会在政坛崭露头角，因此，我们根本无法知道像李白一样的文人是否能治理国家，同时文人们知道自己没有可能走进政治圈——因为政治圈被"弄獐宰相"和"伏猎侍郎"把持着，只好彻底转型成更加专业的文人，这也是为何这个时期能留下那么多文坛佳话，却无法像贞观时期留下那么多政坛佳话的重要原因。

李白知道自己这辈子无法留下政坛佳话，干脆洒脱地云游四方，当他骑着毛驴经过华阴县的时候，县令看着超脱世外的李白十分不爽，要把他抓起来赏顿板子，李白笑道："曾令龙巾拭吐，御手调羹，贵妃捧砚，力士脱靴。天子门前，尚容走马；华阴县里，不得骑驴？"

华阴县令也是文化人，立刻猜到此人定是供奉翰林李白，连忙道歉。

李白抛下华阴县令，继续云游。这一日，来到黄鹤楼，看着长江岸边气势恢宏的黄鹤楼，诗兴大发，提起笔来就要写，结果看见墙壁之上已有八句诗文：

昔人已乘黄鹤去，此地空余黄鹤楼。

黄鹤一去不复返，白云千载空悠悠。

晴川历历汉阳树，芳草萋萋鹦鹉洲。

日暮乡关何处是，烟波江上使人愁。

这诗是唐代大诗人崔颢所作，李白读完之后自认写不出比这更好的诗句，于是放下毛笔转身离开，边走嘴里边念叨着："一拳捶碎黄鹤楼，一脚踢翻鹦鹉洲。眼前有景道不得，崔颢题诗在上头。"

时至今日，黄鹤楼东边不远处仍然保留着一座亭子，名曰"搁笔亭"，亭名的典故就来自"崔颢题诗李白搁笔"。

作为一个诗人，最痛苦的事情莫过于"眼前有景道不得"，后来，李白终于在游金陵凤凰台的时候道了个痛快，并且还是仿照崔颢的《黄鹤楼》道的《登金陵凤凰台》：

凤凰台上凤凰游，凤去台空江自流。

吴宫花草埋幽径，晋代衣冠成古丘。

三山半落青天外，二水中分白鹭洲。

总为浮云能蔽日，长安不见使人愁。

就这样，李白四处云游，喝酒作诗，这一日，他来到宣城，宣城下面的一个村子里有个隐士，名叫汪伦，此人视功名如浮云，隐居于小山村，过着日出而作日落而息的田园生活，房前养花，屋后种菜，好不快活。

汪伦一直仰慕李白的文采，听说李白到了此地甚是高兴，但他与李白素不相识，贸然相邀略显唐突，于是，决定用酒把李白引来，汪伦不但像李白一样爱喝酒，而且还爱自己酿酒。

第二天，汪伦挑了两坛子自己酿的美酒来到宣城，他的酒是很有讲究的，选用上等的珍珠糯，清澈甘甜的桃花潭水，酿出的酒是香气醇厚、入口甘甜、酒水碧透。汪伦挑着两坛子这样的美酒在宣城大街上叫卖，他并不是真心卖酒，而是要引李白出现，因此，酒价一斗十千钱，这样自然一点都卖不出去。

李白听说有人卖好酒，一斗竟然要十千，在好奇心和酒瘾的驱使下找到假装卖酒的汪伦。一尝之后便欲罢不能，连连叫好，但是身上没带那么多银子，就在李白左右为难之际，汪伦说话了："金钟玉马不足贵，只求相识相对饮。"并邀李白共饮。

李白一看此人语出不凡，便知不是俗人，于是，也不客气，两人从日中喝到日落，两个酒坛子也见了底，边喝边聊，甚是投机，酒尽兴未尽。汪伦邀李白去家中做客，李白不是扭捏之人，欣然答应，汪伦一高兴借着酒劲夸起隐居之所："十里桃花美，万家酒店香，山青水更绿，人称桃花源。"

到了汪伦家中，取出珍藏二十多年的陈酿，和这酒一比，刚才喝的就逊色多了。李白一尝，这酒真是香气醇厚，味似甘霖，清甜微辣，沁人心脾。

李白在汪伦家住了几天，欣赏田园美景，帮汪伦栽花种菜，四处游玩，却始终没看到汪伦所说的"十里桃花""万家酒店"，就笑汪伦说大话，汪伦听后哈哈大笑："我这就带你去看'十里桃花'和'万家酒店'，'十里桃花'景色甚美，不过'万家酒店'的酒可比我这自酿差得远了。"

汪伦带着李白来到十里之外的桃花岭，桃花岭虽无十里之地，但景色宜人，满山遍野盛开的桃花姹紫嫣红，桃花岭下桃花潭，桃花潭边小酒馆，酒馆门上挂着一块小招牌——万家酒店。李白看后放声大笑："好一个'万家酒店'！"

此时，远方传来优美的山歌，更为这画面平添许多活力。

李白玩高兴了，大笔一挥便留下一首《赠汪伦》：

李白乘舟将欲行，忽闻岸上踏歌声。

桃花潭水深千尺，不及汪伦送我情。

李白的酒友很多，至于他最喜欢跟谁喝酒我们很难猜测，但跟他最相似的应该是张旭。

张旭也是"饮中八仙"之一，李白斗酒诗百篇，张旭斗酒变"张颠"，张旭怎么变成张颠的等一下再说，先看看这二人对饮的情形。

　　阳春三月，李白和张旭在溧阳酒楼喝酒，这是场送别宴，喝完之后李白将要继续云游，酒至酣处，李白赋诗一首——《宴别张旭于溧阳酒楼》，不过他仅仅是在口中吟诵，并未提笔写下，在张旭面前，李白基本都是只动口不动手，不是因为打不过他，而是因为写不过他，人家张旭可是大名鼎鼎的"草圣"，在张旭面前写字那心理素质绝对得过硬。

　　这边李白出口成章，那边张旭挥毫泼墨，两大旷世奇才联手合作使得溧阳酒楼大放异彩，直至今日，溧阳市仍有李白宴别张旭时的诗句："溧阳酒楼三月春，杨花茫茫愁煞人"。

　　张旭为人洒脱不羁，才华横溢，是著名书法家，尤其擅长草书，后世称其为"草圣"。他的书法始于东汉的张芝，以及东晋的王羲之、王献之父子，最终能够自成体系还是要感谢大自然和生活，他能从自然万象和生活琐事中悟出书法真谛，他曾经跟弟子颜真卿说过这样的话："始吾闻公主与担夫争路，而得笔法之意；后见公孙氏舞剑器而得其神。"

　　张旭曾经喝得大醉，兴致上来想要写字，一时找不到笔，急得哇哇狂叫，叫了半天还是没找到笔，此刻写字的感觉上来了，于是，用头发蘸着墨汁一通狂书，后来大家便称其为张颠。

　　这就是张旭，率性而为，写的是字，抒发的是情感。他的传世墨宝有《肚痛帖》《古诗四帖》等。

　　唐宋八大家之一的韩愈在《送高闲上人序》中是这样称赞张旭的："喜怒、窘穷、忧悲、愉佚、怨恨、思慕、酣醉、无聊、不平，有动于心，必于草书焉发之。观于物，见山水崖谷、鸟兽虫鱼、草木之花实、日月列星、风雨水火、雷霆霹雳、歌舞战斗、天地事物之变，可喜可愕，一寓于书，故旭之书，变动犹鬼神，不可端倪，以此终其身而名后世。"

　　在唐朝能跟李白的诗、张旭的字相提并论的还有裴旻的剑。

　　世人称裴旻为"剑圣"，其舞剑已到出神入化的境界，唐朝时期没有录像设备，当时的情形我们再也见不到了，只能通过文字描述想象那令风云变色的场景。

　　裴旻母亲去世之时，他请"画圣"吴道子在天宫寺作壁画超度，吴道子好久没动笔了，灵感不足，怕作品不佳对不起裴旻，便请裴旻舞剑激发一下灵感，裴旻也因丧母悲痛不已，胸中极度压抑，正好需要舞剑宣泄一番，于是脱去孝服，拔剑起舞，顿时，蛟龙腾飞，猛虎咆哮，风云为之变色！

《独异志》是这样记载他舞剑的："掷剑入云，高数十丈，若电光下射，漫引手执鞘承之，剑透空而入，观者千百人，无不凉惊栗。"

吴道子有感于裴旻舞剑气势，灵感涌动，疾笔作画，有如神助。

数十年后，唐文宗李昂下诏将李白的诗歌、张旭的书法、裴旻的剑术封为三绝。从李白赋诗泣鬼神、张旭挥毫满堂风来推想，裴旻舞剑之时定如天外飞仙一般。

哥舒夜带刀

裴旻舞剑可能是天下第一，讲到实战，他比哥舒翰还是差了一些。

哥舒翰是西突厥哥舒部落的人，他的父亲哥舒道元是哥舒部落首领，家中可谓有权有势。哥舒翰年轻的时候喜欢行侠仗义，口碑很好，但由于好喝酒，不务正业，一直没什么成就。

哥舒翰就这样毫无追求的活到四十岁，在他四十岁的时候，哥舒道元在长安去世，哥舒翰在长安为父亲守孝三年，这三年让他受到不小刺激，长安作为都城，精英云集，遍地都是有追求的人，这些人都瞧不起哥舒翰这样喝酒混日子的纨绔子弟。

哥舒翰是个有血性的男子汉，哪受得了这样的歧视啊，下定决心要建功立业，于是，跑到河西加入保卫边疆的队伍。

哥舒翰凭借自己的能力，很快成为一员令敌人闻风丧胆的猛将，他的敌人主要是吐蕃。

唐军种麦子当军粮，每年播种和除草的是唐军，收麦子的却是吐蕃人，唐军只能捡些人家剩下的麦穗，当时大家都称这个地方为"吐蕃麦庄"，面对这样赤裸裸的嘲笑，哥舒翰绝对无法忍受。

公元 747 年，吐蕃军照例来抢麦子，哥舒翰事先设好伏兵，等到吐蕃军进入包围圈的时候，唐军从四面八方杀出，来收麦子的吐蕃人无

一生还。

这仅仅是个小案例，这些年来哥舒翰杀敌无数，在西部地区流传着这样一首民歌：

> 北斗七星高，哥舒夜带刀。

> 至今窥牧马，不敢过临洮。

哥舒翰给吐蕃抢麦贼惨痛的教训，河西、陇右节度使王忠嗣很看好他，任命他为大斗副使，另外，任命李光弼为河西兵马使，这二人都是有勇有谋的难得之才，王忠嗣带领这二人以及一干将士让吐蕃吃了不少苦头，但李隆基对他们的战果并不是很认可，认为他们步子应该迈得更大一点，比如他们眼前这座石堡城就应该一鼓作气将其拿下。

石堡城并不好打，吐蕃人为守住这座军事重地投入大量士兵，对于这个情况王忠嗣一清二楚，并且向李隆基如实汇报，李隆基对王忠嗣极其不满意，便派董延光带兵攻打石堡城，王忠嗣带兵配合，王忠嗣不敢违抗圣旨，只好出兵。

刚刚制订完战略战术，李光弼便前来求见。李光弼是个实在人，也没跟王忠嗣客气，开门见山地问道："您视士卒为手足，虽然接受圣旨，但并不配合董延光，这实际上是耽误了人家啊，关键是此次战争若不能取得胜利，那董延光定会把罪名都推到您的身上！"

李光弼一进屋，王忠嗣就知道李光弼为何来，他也知道李光弼是为自己着想，但他有自己的想法，此刻也没向李光弼隐瞒，直接答道："我王忠嗣难道是追求富贵的人吗？如今为争一座城池，拿下了不见得能对敌人造成致命打击，拿不下对大唐也没什么损失，若全力攻打此城，至少得有几万士兵丢掉性命，我难道会用数万生命作为自己升官发财的筹码吗？如果皇帝怪罪我不全力攻城，大不了免去我的官职。"

李光弼听完王忠嗣的话心里很暖和，再次肯定了自己没跟错人，想想这世间有多少人是靠出卖别人而不断爬升的，能遇到这样一个好人多不容易啊，李光弼恭恭敬敬地对王忠嗣说道："属下担心您受到牵连而提醒您，您能遵循古人的为人之道，这境界远非属下所能达到。"

事实证明，李光弼的担心是正确的，董延光在石堡城下猛攻数日，石堡城丝毫没有被动摇，他便把责任全部推到王忠嗣身上，王忠嗣因此被召回京城。（再后来的事实证明，王忠嗣确实是对的，后来哥舒翰指挥大军拿下石堡城，死伤不计其数，但拿下石堡城后对吐蕃人影响并不大。）

王忠嗣入朝之后的情形比他预料的还要严重，因为，李林甫一直看他不顺眼，（坏人看好人永远都不会顺眼，当然李、王之间也有一些具体矛盾，这里不做展开论述。）这个老奸巨猾的李林甫知道如果仅仅是贻误军机这样的罪过不会让王忠嗣受到致命打击，因此指使人诬陷王忠嗣与太子李亨暗中勾结，这样一来罪过可就大了。

王忠嗣被多个部门轮番审讯，眼瞅着就要含冤致死，就在这关键时刻哥舒翰来到京城。

王忠嗣被革职查办之后总要有人接他的班，哥舒翰有实力，有名气，李隆基很看好他，想让他当陇右节度使，这可是个重要岗位，任命之前皇帝要亲自训话的。

临行之前，军中将士让哥舒翰多带些金银珠宝，到京城之后好四处打点打点，一定要把王将军救出来。

恐怕没有人比哥舒翰更想救王忠嗣，王忠嗣对他有知遇之恩，对于一个视忠义比生命更重要的人来说，这份大恩大德值得他用性命去报答，但他除了盘缠之外没多带一两金银、一颗珠宝，他是对大家这样说："若正道尚存，王将军一定不会含冤而死，若正道已丧，带多少金银珠宝又有何用！"

到京城之后，哥舒翰面见皇帝，君臣二人相谈甚欢，李隆基决定让哥舒翰代替王忠嗣接任陇右节度使之职。

哥舒翰顺利当上节度使，但这并非他此行真正目的，谢过隆恩之后并未起身，而是说起王忠嗣无罪的问题。

原本高高兴兴的李隆基听到爱臣提起王忠嗣来，顿时不高兴了，转身就要走，哥舒翰趴在地上吭吭磕头，李隆基在前面走，他在后面跪着跟，言辞中肯，声泪俱下，表示愿意用自己的官职换王忠嗣活命。

李隆基爱才，很喜欢这位性格豪放的哥舒翰，听完他感人肺腑的陈述之后，对王忠嗣的恨意消除大半，冷静下来再想，自己的儿子忠厚老实，而且久居深宫哪能与外人勾结，最终，李隆基免去王忠嗣死罪，贬到汉阳去做太守。

西征小勃律

李隆基在石堡城栽了跟头，但在小勃律国扳回了一局。

小勃律国原本是大唐的属国，十年前，吐蕃拉拢他，把自己的公主嫁了过去，从此以后，小勃律国不再给大唐进贡，小勃律国周边的二十几个小国也都归附了吐蕃，李隆基不差那点贡品，但无法容忍权威受损，先后派出田仁琬、夫蒙灵察等人前去征讨，每次都是乘兴而去败兴而归。

公元 747 年，李隆基又派出大将高仙芝、监军边令诚再征小勃律。

高仙芝是高句丽人，从小跟随父亲为大唐东征西讨，骁勇善战，极具军事才能，但为人贪婪，残忍，好大喜功。

前几次征讨小勃律失败并不是唐军将士无能，实在是路途过于艰辛，从大唐到西域需经历万水千山，还要在帕米尔高原长途跋涉，极其恶劣的自然环境严重影响行军，而且对于后勤补给来说几乎无法实现，部队只能靠出发时候携带的粮草自给自足，这样孤军深入的队伍还要面对彪悍的吐蕃军，想打胜仗谈何容易。

高仙芝带兵能力超强，翻山越岭，克服种种自然困难（怎么克服这些困难的至今仍是个谜）之后出现在吐蕃的连云堡城下，吐蕃士兵面对从天而降的唐军立刻乱了阵脚，匆忙组织抵抗。

唐军主攻将领是陌刀将［《唐盛唐衰（壹）：秦王破阵》中介绍过该种兵器］李嗣业，李嗣业身高七尺，臂力惊人，舞动陌刀如风车疾转，《旧唐书》中是这样形容的："当嗣业刀者，人马俱碎。"

由这样的猛将负责主攻，直杀得吐蕃军胆战心惊，仅仅用了一个上午的时间，连云堡便收入大唐囊中，吐蕃丢下五千多具尸体落荒而逃。

拿下连云堡后，边令诚再也不敢往前走了，前途太艰险，一不小心就会丢掉性命，高仙芝也看出他的心思，让他带领三千老弱残兵留守连云堡。

边令诚不敢继续进军确实有客观原因，接下来的行军简直就是一场探险，他们要在茫茫的帕米尔高原上一次又一次地跟大自然作斗争，高仙芝再次发挥出自己的统帅才能，连哄带骗带领大军越过天险，到达吐蕃的一个小附属国——阿弩越。

此时高仙芝孤军深入，虽然阿弩越兵微将寡，但如果他们拼死抵抗，拖住唐军，等到吐蕃援军到来的话，高仙芝根本无路可退。

还好高仙芝运气极佳，未动一兵一卒，阿弩越竟然投降了。

其实，这事很好理解，像阿弩越这样的小国对于领土、主权等方面的意识相对淡薄，给谁当小弟并不重要，重要的是自己能过安稳日子，免受战火焚烧。当盔明甲亮的唐军将士出现之时，他们象征性地思考一下便选择投降。

阿弩越的投降对高仙芝来说太重要了，他们经过长途跋涉到达这里人困马乏，更重要的是迫切需要补给，阿弩越投降后，高仙芝狠狠喘了口气，然后以饱满的热情挺进大勃律。（几十年前，勃律被吐蕃征服，分裂成大勃律和小勃律。）

等等，不是说去打小勃律嘛，现在怎么成打大勃律了？

高仙芝明白自己深入敌后，打仗要格外小心，任何一个小小的差池都会让他再也无法回到唐朝怀抱，因此，能智取的绝不强攻。此刻他采用"假途灭虢"的策略，唐军先锋部队的头领席元庆站在小勃律都城孽多城下跟小勃律王说你们别紧张，我不是来打你们的，就是借个道，从你们这路过一下去打大勃律。

小勃律人紧张的神经立刻放松下来，席元庆抓住机会把小勃律的重要大臣一网打尽，小勃律王跟吐蕃公主躲进山洞等待吐蕃救援。

高仙芝带领大部队到达孽多城后立刻砍下其中几个大臣的脑袋，这几个大臣对吐蕃忠心耿耿，拿他们开刀再适合不过。砍人的同时，高仙芝派出一队人马去砍桥，这座桥距离孽多城六十多里，是吐蕃增援的

必经之桥，当唐军砍断桥梁的时候，吐蕃援军已到对岸，望着滚滚河水，除了跳着脚地大骂，他们还能做些什么？

绝望的小勃律王只好领着媳妇出来投降，高仙芝押解二人与边令诚会合之后凯旋。

取得这样的成绩大家都很高兴，高仙芝想让皇帝也跟着一起高兴，便立刻派人进京告捷。

这下可惹怒了一个人——夫蒙灵察，他是安西四镇节度使，也是高仙芝的顶头上司。

夫蒙灵察发脾气既有道理，也没道理。

说没道理是因为这仗跟他一点关系都没有，完全是高仙芝的功劳，高仙芝直接上报皇帝合情合理。

说有道理是因为夫蒙灵察不但是高仙芝的将领，而且也一手提拔了他，从情理上来说高仙芝有此战功应该跟夫蒙灵察汇报一下。

高仙芝凯旋之后，夫蒙灵察破口大骂："你个奴隶，谁推荐你当上的于阗使？"

"是您！"

"谁推荐你当上的焉耆镇守使？"

"是您！"

"谁推荐你当上的安西副都护使？"

"是您！"

"谁推荐你当上的安西都知兵马使？"

"是您！"

"那你竟然敢绕过我擅自向皇帝报捷？要不是看你立功的份上，我现在就砍了你的脑袋！"骂完这通之后，夫蒙灵察总算消了些气。

高仙芝对敌人很残忍，但对自己人很好，尤其是对提拔自己的将领，任凭夫蒙灵察破口大骂，他只是唯唯诺诺不断认错。

夫蒙灵察的举动让边令诚十分不满意，他这次给高仙芝当监军没吃到什么苦，没受到什么累，却可以跟着分享功劳，心中甚是感激，于是他向李隆基汇报道："高仙芝深入敌境万里，立下奇功，竟然还遭人侮辱，甚至担心掉脑袋，以后谁还会为朝廷效力啊？"

收到边令诚的汇报后，李隆基立刻把夫蒙灵察调回京城安排个不重要的职位，高仙芝接替夫蒙灵察担任安西四镇节度使。

另外，李隆基也没有难为小勃律王，封他为右威卫将军，在长安养老。

李隆基对西域各部族的首领给予充分尊重，这对维持边境安稳有重要意义，但没仗打的话将军就没有功劳啊，此时的高仙芝露出他贪婪、残忍的一面。

高仙芝诬告西域对大唐不够尊重，好大喜功的李隆基表示无法容忍该种行为，多次派高仙芝西征。

高仙芝在西域烧杀抢掠，老幼病残也不放过，抢回来的金银珠宝需要用骆驼队往家里运，西域人人自危，为了活命只好联合起来共同对抗大唐。

终于，在公元751年爆发了著名的"怛罗斯之战"，以唐军大败而告终，这一战对唐朝影响很大，而且对中亚，乃至世界的格局都造成一定影响，至于具体的影响这里不做展开论述，总之给唐朝带来很大的可见和不可见的伤害。

外若痴直

自唐朝初期以来，保卫边疆的将领都会选择德才兼备者，通过高仙芝在西域问题上处理不当带来的后果就能看出边疆将领的作用。因此，皇帝们都会把那些忠厚仁义的人派到边疆，并且任期也不会太长，免得山高皇帝远的让那些人的恶习滋长出来，那些表现好的边疆将任期满后，被调回京后都会给予高官，甚至进入宰相圈。

这样的做法延续了数十年，非常科学合理，不过李林甫十分排斥这种做法，他虽然也是宰相，但知道自己这宰相是怎么来的，知道自己的功劳远小于那些保家卫国的将军，为此，想尽一切办法打压他们。

李林甫出了名的阴险狡诈，智商有余，才学不足，很快他便想出

从根源上杜绝边将入相的方法，那就是让胡人担任边疆统帅，这些人大多文化水平不高，又不是正统汉人，在一定程度上会让大家难以接受他们当宰相。

李林甫跟李隆基多次沟通此事，当然不能沟通自己的真实想法，而是编造一些其他理由，例如，胡人在朝廷没有朋党，陛下对他们好，他们就会一心一意对陛下好，重兵握在这些人手里，陛下多踏实啊。

晚年的李隆基基本上是李林甫说什么就信什么，尤其是这些理由听起来确实还不错。因此，他开始刻意重用胡人作为边疆统帅，当然，要是像哥舒翰这样的部族将领做统帅确实不错，但像安禄山这样的人手握重兵可就不好说了。

安禄山是混血的胡人，长相憨厚，看起来是个老实巴交的大胖子，内心却无比阴险狡诈。（《资治通鉴》是这样描写的："禄山体充肥，腹垂过膝，尝自称重三百斤。外若痴直，内实狡黠。"）

有一次，李隆基指着安禄山的大肚子说："小安子，你这肚子里都啥花花肠子啊，怎么这么圆这么大啊？"安禄山想都没想，立即答道："俺这肚子里没别的，都是对您老的赤胆忠心。"

安禄山看起来是对皇帝赤胆忠心了，对太子可就没那么尊重了，虽然他不尊重皇帝的儿子，但皇帝一点儿都不生气，反倒很开心，事情原来是这样的。

安禄山第一次见到太子的时候不肯给太子磕头，还理直气壮地说："俺是胡人，也是粗人，不懂朝廷礼仪，不知道太子是哪路神仙！"李隆基耐心地向他解释道："他是朕的继承人，将来朕百年之后成了神仙，他就是你们的皇帝。"

其实，这样的逻辑关系安禄山一清二楚，就是为了拍皇帝马屁在装糊涂，即便李隆基已经解释清楚，他还继续装糊涂："俺脑子不太够用，心中就只有您老人家，可不知道什么继承人。"说完这些之后才十分不情愿地给太子磕头请安。

不得不说，安禄山拍马屁的功夫确实了得，比那些只会直白而赤裸地说皇帝好话的马屁精们要高得多，他看起来对皇帝不够好，不听皇帝话，甚至不把皇帝的儿子放在眼里，但要表现的却是——心中只有皇帝一个人！

如果大家认为"不拜太子事件"是安禄山拍马屁的巅峰之作的话，那就大错特错了。

这一日，李隆基正在跟杨贵妃吃喝玩乐，安禄山过来拜见，跟以往一样，他先给贵妃磕头请安，然后再给李隆基磕头请安。李隆基对于这个举动一直很纳闷，哪个大臣不是先拜皇帝再拜贵妃的？为何安禄山偏偏不走寻常路，这一次，李隆基实在忍不住了，便问道："小安子，你不是说心里只有朕吗？怎么先给贵妃磕头呢？"

"俺们胡人都是先母而后父！"安禄山看起来无比憨厚地回答道。

在此之前，杨贵妃把安禄山收为干儿子，现在他这样一说，李隆基就觉得：原来在他心中我就是他亲爹啊！

安禄山比杨贵妃大十多岁，但为了荣华富贵，安禄山认为这个屈辱可以受，看来有句话说得没错——藏大奸者能忍大辱。

（《新唐书》记载，禄山阳为愚不敏盖其奸……令见皇太子，不拜。左右撅语之，禄山曰："臣不识朝廷仪，皇太子何官也？"帝曰："吾百岁后付以位。"谢曰："臣愚，知陛下不知太子，罪万死。"乃再拜……其拜，必先妃后帝，帝怪之，答曰："蕃人先母后父。"帝大悦……帝视其腹曰："胡腹中何有而大？"答曰："唯赤心耳！"）

安禄山除了拍马屁水平高之外，战斗力确实也很强，多次用各种手段大败奚、契丹等，这让李隆基更是对他宠爱有加。

李隆基让相关部门为安禄山修建个大宅院，不限制花多少钱，关键是要弄好，为把这宅院弄得高端大气上档次，李隆基多次嘱咐过手下，甚至亲自对他们说："胡人眼光高，一定要把房子弄好，别让人家笑话朕。"这宅子以及装修有多奢华？在这里我也不用细说，举两个小例子即可，人家的饭碗涂金涂银，筷篓都是用银丝编织而成，您说其他的能差的了吗？

为庆祝安禄山搬进这高端大气上档次的新宅子，李隆基专门让诸位宰相和一干大臣前去道贺。

　　从此之后，李隆基只要吃到点儿什么好东西，或者收获些鲜美食物一定会派人给安禄山送去一些。

　　上述这些事情虽然有些过分，但也还凑合，接下来发生的事情可就有些让人难以启齿。

　　公元751年，安禄山过生日，李隆基和杨贵妃赏赐大量物品，不过大家都知道，安禄山根本不缺这些东西，因此，几天之后，又专门把他招进后宫，作为干妈再赏赐一件非常特殊而有创意的礼物。

　　杨贵妃专门给干儿子做了一个超大号的婴儿被，安禄山一高兴现场就披上了，一个三百斤的胖子裹在锦缎做成的襁褓之中，那场面可想而知，包括李隆基在内的所有人把眼泪都笑了出来。从这以后，安禄山以干儿子的身份经常出入后宫，并且还留宿其中，满城尽是流言蜚语，但李隆基不以为然。（《资治通鉴》记载：自是禄山出入宫掖不禁，或与贵妃对食，或通宵不出，颇有丑声闻于外，上亦不疑也。）

　　孔子曾经说过："巧言令色，鲜矣仁。"

　　有些人善于花言巧语，装出和颜悦色、讨人喜欢的样子，这种人很少是仁者。他们这样做大多是有险恶的用心，要么是贪图别人财物，要么就是想借助别人的势力和地位以达到自己的目的。

　　这世界上有些人并不在乎别人是不是"仁"，只要他有权有势就会想尽办法去巴结。

　　此刻的安禄山在皇帝面前红得发紫，还是手握重兵的节度使，因此很多人巴结他。

　　户部郎中吉温一直是李林甫的得力打手，他发现李林甫为人过于阴险，说不定自己哪天一不小心犯在他手里肯定没好下场，还不如尽早投靠安禄山，在他看来安禄山宽厚仁爱，性格好得一塌糊涂，因此，主动前去巴结。安禄山也在四处收买人心，吉温示好，他立刻笑脸相迎，两人结为异性兄弟。

　　仅从表面来看，李林甫跟安禄山关系也非常好，可以说安禄山能取得今天的地位，很大程度上都是李林甫在帮忙，皇帝总要把权力、军队交给大臣，李林甫一直打心眼里看不起安禄山，认为他不过是个跳梁小丑，永远都在自己掌控之中，把他捧红，总比把那些德高望重的汉人将领捧红强得多。

安禄山对此心知肚明，但吉温怕他不明白，特意强调道："李丞相虽然对你很好，但一定不肯让你入相，咱应该团结起来共同排挤他。"

安禄山除了跟吉温称兄道弟之外，跟很多位高权重的大臣关系都搞得极好，例如，公开场合跟杨国忠勾肩搭背。

即便有这么多盟友，安禄山仍然十分忌惮李林甫，跟他在一起不管讨论公事还是私事都高度紧张，因为李林甫眼睛贼，貌似能看穿安禄山的心思一般，恰好安禄山肚子里装的不是"赤胆忠心"，而是准备偷鸡摸狗的花花肠子，这样一来，李林甫一看他，他就心跳加速冷汗直流。（《资治通鉴》记载：禄山于公卿皆慢侮之，独惮林甫，每见，虽盛冬，常汗沾衣。）

随着李隆基年纪越来越大，安禄山的不臣之心也就越来越盛，再加上手下严庄、高尚等人不断怂恿，安禄山便开始暗中积蓄起造反的力量。

奸相难入土

安禄山的实力越来越雄厚，甚至雄厚到可以跟另外两股势力抗衡，这两股势力就是李林甫和杨国忠。

从李林甫的角度来看，安和杨的崛起让他很不爽，当初捧他们两个完全是因为他们没文化，水平低，能力差，现在看来，完全是看走了眼。

这些年来，杨国忠依靠自己的能力以及和杨贵妃的关系，取得了李隆基的宠信，杨国忠得宠之后继续帮李隆基敛财，同时还能带兵打仗，当然，带兵打仗可不是件简单的事情，杨国忠很快也发现了这个问题。

公元750年，南诏与大唐翻脸，攻城略地搅得大唐西南边境不得安宁。

南诏是大唐西南部地区的政权，公元738年，在大唐扶持下，蒙舍诏统一"六诏"（另外五诏是蒙嶲诏、越析诏、施浪诏、浪穹诏、邆

225

赕诏），建立南诏，从此之后，南诏与大唐保持良好合作关系，协助大唐牵制吐蕃。

这个世界上总有些闲着无聊的人爱挑起事端，大唐西南地区边将一直瞧不起南方蛮族，公元750年，姚州（今云南省姚安县及附近地区）太守张虔陀侮辱南诏王阁罗凤的妻女，还诬告他们谋反。

忍无可忍的阁罗凤攻陷姚州，杀死张虔陀。

张虔陀是死有余辜，但大唐还是要派兵镇压南诏的叛乱，此时刚好杨国忠大权在握，他派自己的老朋友鲜于仲通任剑南节度使，讨伐南诏。

鲜于仲通带领八万大军气势汹汹开往南诏，结果被人一通暴打，连死带伤六万多人就没了（也有史料说全军覆没），鲜于仲通连滚带爬逃回京城。不过杨国忠的能量太大，即便这样的事情也能掩盖，鲜于仲通并未受到惩罚，还当上京兆尹。

杨国忠能掩盖住鲜于仲通的惨败，但事实就是事实，南诏携大胜之威继续在大唐西南边境频繁出击，如果不加遏制谁也不知道会带来什么后果，为此，朝廷还得商量退敌良策。经过多方势力斡旋，最终仍然是李林甫占据上风，他跟李隆基提议让杨国忠带兵讨伐南诏。

仅就讨伐南诏这件事来说，杨国忠并没什么好担心的，能打赢自己领功，打不赢自己也能把责任推出去，但他离开京城之后，李林甫天天在皇帝身边说他坏话怎么办？

怕被说坏话也没办法，斗不过人家只能硬着头皮离开京城，不过，临行之前该做的工作还是要做。

杨国忠面色凝重，求见李隆基，见面之后立刻扑倒在地，先是号哭一通，然后说："陛下博学多识，必然知道'三人成虎'的故事，臣此次不畏艰辛远征南诏为的是保家卫国，李林甫一定会趁臣不在的时候说臣坏话，到时希望陛下能够英明决断，别让臣被谗言所伤啊！"

与此同时，杨贵妃也在给李隆基吹枕边风，担心哥哥被小人所害。

为了让杨氏兄妹安心，李隆基保证杨国忠到前线转悠一圈后回来立刻当宰相，不管杨国忠信与不信，他都得出发了，不过得到个皇帝的口头保证，心里总算可以安稳一些。

杨国忠到达前线后，还没来得及喝口茶，皇帝的圣旨紧跟着就到了，杨国忠高高兴兴奉旨回京。

原来，杨国忠刚刚离开京城，李林甫就病了，并且病得极重，李隆基招杨国忠回京就是做了最坏打算，如果李林甫有个三长两短，朝廷上下只有杨国忠能接这个班。

杨国忠的内心不断诅咒着李林甫尽快咽气，但不能表现出来，还是要装模作样地去李府探望病情。

此刻的李林甫已病入膏肓，只能躺在床上等死，这个时候他才想到自己两腿一蹬、两眼一闭清静了，子孙后代以及这个大家族可就惨了，自己干过多少坏事自己心中最清楚，所以，他虽然知道像杨国忠这样的人不落井下石的可能性几乎没有，但仍抱着最后一丝希望，对他说道："我死之后您定能接替我的职位，我的身后事就烦劳您多多关照了。"

数日之后，唐朝第一奸相李林甫终于到阎王那里去报到了，这样的消息令全国上下一片沸腾，那情形完全可以用"喜大普奔"来形容。

李林甫死后，杨国忠接替了他的职务。

杨国忠跟李林甫都是一路货色，要德无德，要才无才，完全依靠各种下三烂的手段处理事情，为收买人心，他广纳"贤才"，当然他纳的那些"贤才"跟他一样，既不贤，也非才。

客观来讲，杨国忠还不如李林甫，他在政务方面一塌糊涂，人品更是烂得不能再烂，没有李林甫牵制之后，简直就是无法无天，差不多全天下的人都知道他跟虢国夫人勾搭成奸，当然，李隆基肯定不知道，从另外一个角度看，这也是昏君的悲哀，昏君几乎丧失所有的视听，完全被人愚弄。

正如李林甫所预料的一样，他的家族虽是皇亲国戚，仍免不了被寻仇，小角色是没有资格来寻仇的，只有杨国忠和安禄山这个重量级的才能担此重任。

大多数人都知道杨国忠和安禄山不是厚道人，但总得等李林甫被埋上再下手吧？可是，杨国忠和安禄山才不管大多数人怎么想呢，这二

227

【第六章】饱暖思淫欲

位对李林甫的忍耐早就到了极限，只要有机会报复，一天都不想多等。

杨、安二人联起手来告李林甫生前谋反，再加上李林甫曾经与王鉷有结党之嫌，王鉷又因为受一场未遂的政变牵连而被迫自尽，这样一联系，李隆基就更加确定杨、安汇报情况属实，李林甫造反证据确凿。

就这样，李林甫尚未入土便遭到清洗，他的尸体被从豪华棺椁中拖出，随便塞进个盒子里就埋了。

死人都被这样折磨，活人可想而知，李林甫的近亲及党羽被大量诛杀和流放。

李林甫生活极度腐败奢华，妻妾成群，儿女数量仅次于皇帝，足足有二十五个儿子和二十五个女儿，这样的人当宰相怎么可能给百姓带好头？除了生活方面的问题之外，作为宰相就算他的肚子里不能乘船，但也不应该是小肚鸡肠的嫉贤妒能之辈，不然的话全国人才被他挡在门外，这个国家能好得了吗？

不过，李林甫也有他的优点，作为实权宰相，他当政的十多年间对经济、制度等方面的建设有着一定作用，但从全局来看，虽然朝廷富了，社会却已埋下无数隐患，甚至盛唐转衰的一个重要事件——"安史之乱"——跟他的关系也是第二大，第一大的肯定是唐玄宗李隆基。

一代奸相李林甫玩弄权术、欺上瞒下、排除异己、结党营私，坑了国家，也害了自己，这么大的家族转瞬之间灰飞烟灭。

混混宰相

大家之前恨透了奸相李林甫，但等杨国忠当上宰相之后，大家真想把李林甫挖出来，让他接着干。

跟李林甫比起来，杨国忠的权力更大，他在保持自己原有职务的基础上把李林甫的权力也全部拿到手中，财政大权、人事大权这两个重要的权力都在他手里，同时他还是剑南节度使，手握不小的兵权。

权力大是件好事吗？

这个问题确实不好回答，要看掌权人的能力，能力不足还手握大权的话对人对己都是灾难，前文中说过"力小而任重"不会有好下场，用这句话形容此刻的杨国忠再适合不过，拿官员任命来说，让大家看看他是怎么胡搞的。

以往官员任命过程都是非常严谨而复杂的，吏部要经过几轮的面试、笔试，然后对结果进行公示，只要有异议就重新面试、笔试，要经过三次这样的过程，官员才能拟定好，拟定好的名单要交给门下省，门下省审核没问题之后才能报给皇帝，最终任命官员，这样一来时间就会比较长，差不多都是每年春天开始，夏天才能完事。

杨国忠觉得这样很麻烦，便让手下几个小官私下拟定官员任命名单，再把那些候选官员叫到一起，直接公布结果，同时，门下省的相关人员也参加这个办公会，办公会开完任命也就结束了。

这样个搞法能选出来好官吗？这简直就是公开卖官啊，完全看谁有关系、谁行贿的手笔大来安排官职。如果官都有问题了，那社会能好得了吗？

不但选官这样瞎搞，征兵也是同样。杨国忠这个剑南节度使在南诏那里吃了不少亏，一直找机会报复呢，但屡战屡败，于是大肆征兵。和平时期的老百姓不愿意上前线啊，正常方法征兵征不上来，就换成铁腕强行抓兵，老百姓没办法，只有通过自残逃避征兵，白居易有一首诗叫《新丰折臂翁》，诗中有这样的描述："是时翁年二十四，兵部牒中有名字。夜深不敢使人知，偷将大石捶折臂。"砸断胳膊是不用去当兵了，把百姓逼到这份上，大唐还能好吗？

上面说的两个例子都是工作方面的，生活方面杨国忠更不像话，李林甫是妻妾成群，但人家都是在家里娱乐，杨国忠可没那么低调，公开在大马路上跟虢国夫人打情骂俏，要是一般青年男女也还好说，堂堂大国宰相这样做实在是污染老百姓的眼睛。

（《资治通鉴》记载：杨国忠与虢国夫人居第相邻，昼夜往来，无复期度，或并辔走马入朝，不施障幕，道路为之掩目。）

杨国忠这么不要脸到底是什么样的心态呢？《资治通鉴》中记载了他对手下说的这样一段话便能看到他的内心世界："吾本寒家，一旦

缘椒房至此，未知税驾之所，然念终不能致令名，不若且极乐耳。"

这段话的意思就是：我本来就是个街头混混，因为贵妃的缘故才能如此风光，虽然现在这样风光，但没有人会知道最终如何，与其担心将来，还不如及时行乐。

身为一个集诸多权力于一身的宰相竟然能说出这样的话，这是把国家当成他及时行乐的玩具啊，老百姓在他眼中简直猪狗不如。

难道就没有人能在李隆基面前揭发一下杨国忠的恶行吗？

这个问题看似简单，但确实比较复杂，并且还有历史渊源，首先，从李隆基本人来说，此时昏庸程度令人咋舌，他宠信杨国忠，就算别人在他面前揭发，也不会信；其次，由于李林甫执政期间大唐人才急剧流失，朝廷之中敢于直言进谏的人少之又少；再次，还是跟李林甫有关，他当了十多年的宰相，逐渐切断李隆基对外视听，李隆基只听这位宰相的，现在杨国忠取代李林甫之后仍然是这个局面。

公元 754 年，天降暴雨，断断续续下了一个月，也不知道李隆基哪根神经出了问题，竟然想起应该关心一下老百姓，问杨国忠："雨下这么大，老百姓的庄稼怎么样啊？朝廷有没有必要组织救灾？"

听皇帝这样一问，杨国忠立刻以高昂的热情答道："臣这就去调查调查。"

按照一贯的作风，皇帝交办的事情杨国忠办的都是又快又好，这次也不例外，第二天，调查结果就出来了。

杨国忠拿着两个精心挑选的饱满、硕大的谷穗给李隆基看，汇报道："雨下得是不小，但咱大唐有神仙庇佑，陛下看看这谷穗，还用赈灾吗？"

看这谷穗的样子，不但不需要赈灾，甚至还需要担心老百姓会不会吃饱了撑的寻衅滋事。

李隆基好不容易关心一下民生，但杨国忠可不管百姓死活，有钱留给皇帝和自己花多好，拿去赈灾多可惜。

杨国忠不赈灾，个别心系民生的地方官看不下去了，给皇帝上疏表示自己辖区受灾严重，别的地方谷穗饱不饱满他不知道，他的谷穗是没长出来。

结果这封奏疏根本没到李隆基手里，杨国忠看完奏疏扔到一边，把那个官员抓起来安个莫须有的罪名就办了。

这样一来，谁还敢跟试图跟皇帝汇报实情！

放眼大唐，真的就没有人能跟杨国忠对抗吗？

当然有！

这人便是安禄山。

"安史之乱"的战鼓擂响

有人可能无法理解杨国忠和安禄山为何会发生血拼，其实稍微看看这二人的嘴脸顿时就会明白，这二人将贪婪演绎至极致，不可能容忍身边有这么个强大势力跟自己争利益，冲突必然是难免的，并且这种冲突必然还是不死不休的。

既然是不死不休的，那就没必要比画虚招，例如控告对方贪污受贿、卖官鬻爵、强抢民女、欺压百姓等都显得太小儿科了，要告就得告他谋反。

杨国忠的嘴一直没闲着，只要稍有机会就跟李隆基说安禄山要造反。

在这场斗争中安禄山很吃亏，因为他大多数时候待在范阳，只能靠手下用金银珠宝在京城做工作，杨国忠在说安禄山坏话的时候，总有人会替他辩解，再加上李隆基确实昏庸得无以复加，虽然安禄山有反叛迹象，但李隆基仍然相信他是绝对忠诚的。

公元 754 年 1 月，照例安禄山应该入朝，杨国忠对李隆基说："安禄山一定不敢来见陛下，因为他想谋反。"

杨国忠说什么李隆基都信，唯独说到安禄山的时候怎么说都不信，这就是昏君让人难以理解的地方，不该信的全信，该信的全不信。

虽说难以理解，但也能理解，不该信的那些基本都是搜刮民脂民膏、祸国殃民的事情，这样的事情恰好是昏君喜欢的，他们贪图享乐需要牺牲老百姓的利益；该信的都是利国利民的，但利国利民的事情都需要皇帝克制自己欲望，励精图治，辛勤工作，所以昏君不相信。

　　不过李隆基不相信安禄山造反的原因并非上面所讲，主要原因是安禄山是他一手提拔起来的，是他充分认可的人，甚至还被杨贵妃收为义子，否定安禄山就说明自己眼光有问题，甚至可以说否定安禄山就是否定自己，因此，李隆基极其不愿意接受安禄山会造反这个说法。被自己养的狗咬了，是一件多么痛苦而又难以启齿的事情啊！

　　安禄山真是够狡猾，杨国忠跟李隆基说他不会前来见驾，他偏偏就大摇大摆地来了，而且丝毫没有心虚的样子，见到正在华清宫泡温泉的李隆基后也不顾自身形象，跪在地上就开哭，边哭边诉说衷肠，表完衷心之后话锋一转，说道："臣是胡人，被中原人看不起，因为陛下宠爱才有此荣华富贵，不知什么原因得罪了杨宰相，看来我的死期不会太远了。"说完之后，哭得更加伤心，眼泪跟喷泉似的，惨嚎之声如同杀猪一般。

　　李隆基看着脚下这个憨厚、忠诚、正在痛哭流涕的胖子，怜爱之情顿生，好言安慰之后又赏赐大量金银珠宝。自此之后，任何关于安禄山造反的话李隆基都听不进去，哪怕是太子说的也没用。

　　两个月后，安禄山准备返回范阳，临行之时李隆基脱下外套赐给他，安禄山捧着御赐外套登船离去，上了船后日夜兼程，一口气跑回范阳老家，他怕中途发生意外，路赶得特别急，那情形完全可以用狼狈逃窜来形容，很多人也因此看出他即将造反。但是，凡是跟李隆基汇报安禄山要造反的都被抓了起来，剩下那些人除了闭嘴也没什么可选择的。

　　安禄山回到范阳后立刻加快招兵买马的速度，大批更换手下，把重要岗位都换成自己人。公元755年，安禄山派遣副将何千年进京，请求将三十几个汉将换成番将，理由当然是有利于保家卫国。

　　几乎所有人都能看出此举目的，偏偏李隆基认为这不过是为国为民的正常人事调动，并再次赏赐安禄山。

　　大多数人不敢提安禄山要谋反的事，杨国忠等几个亲信还是没日没夜地不停念叨，李隆基打心眼里不希望安禄山谋反，不过种种迹象确实表现出可疑之处，他虽昏庸但也还有点智商，因此，派出使者到范阳调查安禄山的情况。

使者刚到范阳就被安禄山收买了，回京之后向皇帝汇报了八个字："竭忠奉国，无有二心！"李隆基神采飞扬地跟太子李亨、宰相杨国忠等人吹嘘自己不会看错人，安禄山绝对靠得住。

李隆基处于高枕无忧的状态，安禄山有条不紊地做着造反的准备工作，又用了数个月的时间，终于兵精粮足，万事俱备。

可能很多人会有这样的疑问：安禄山如此受宠为何一定要造反呢？

原因应该是下面几点：

第一，再受宠、当再多的节度使跟皇位比起来都是小儿科，离皇帝越近的人越知道皇位多吸引人。

第二，中原地区长时间没有战乱，人们习惯了和平安定的日子，军队也习惯了这样的日子，战斗力一降再降，跟安禄山手下那些长期跟奚、契丹战斗的士兵差距很大，因此，安禄山觉得自己有机会坐上皇位。

第三，李隆基已到古稀之年，说不定哪天就驾鹤西游，安禄山跟太子李亨不但没交情，而且还得罪过他（当年安禄山为了表示心中只有皇帝一个人而不拜太子，皇帝是高兴了，太子肯定看不上他啊），如果太子当上皇帝，说不定他目前拥有的一切会瞬间消失，要想保住这一切，唯有铤而走险夺皇位。

公元 755 年 11 月，身兼范阳、平卢、河东三镇节度使的安禄山在范阳起兵，理由是：受皇帝密诏，入朝讨伐国贼杨国忠。

一时间，朝野震动，天下皆惊！

后 记

　　到"安史之乱"爆发之时，唐朝已经持续一百三十多年，在这一百三十多年中虽然经历武周的变故，但整体来看，社会一直大踏步前进，生产力水平不断提高，政治制度不断完善，百姓的物质生活和精神生活日益丰富，盛唐为后世留下无数瑰宝，也是中华民族永远的骄傲。

　　接下来唐朝进入衰败期，且不说百姓日子多么艰辛，就连皇帝都被赶出京城，从玄宗李隆基到肃宗李亨，从代宗李豫到德宗李适，他们的政权都从繁华的长安城搬到过偏远的小山村，这可真是"龙游浅水遭虾戏，虎落平阳被犬欺"。

　　借《增广贤文》之句，《唐盛唐衰》第四部取名为《龙游浅水》，敬请您的关注！